居安思危

国家安全与乡村治理

福建农林大学课题组
温铁军　张俊娜　邱建生／编著

人民东方出版传媒
People's Oriental Publishing & Media
東方出版社
The Oriental Press

《国仁文丛》(*Green Thesis*) 总序

因为有话要说，而且要说在我们团队近期系列出版物的前面,①所以写总序。

我自20世纪60年代以来从被动实践中的主动反思，到80年代以来主动实践中的主动反思，经两个“11年”在不同试验区的历练,②加之后来广泛开展国内外调查和区域比较研究时已经过了知天命之年……自忖有从经验层次向理性高度升华的条件，便先要求自己努力做到自觉地“告别百年激进”,③遂有21世纪以来从发起社会大众参与改良、对“百年乡建”(rural reconstruction)之言行一致地接续，而渐趋达至“国仁”思想境界，亦即一般学人必须“削足”才能跟从制度“适履”，但只要纳入主流就碍难达到的“实践出真知”。

因此，我在2016年暑假从中国人民大学退休之际，要求为今后几年的一系列出版物担纲作序，也主要是想明了指出“国仁文丛”

---

① 这几年我们会有十几本书分别以不同作者、不同课题成果的名义问世。这些出版物都被要求做单独的“成果标识”。但我们实际上要做的仍然是这几十年的经验归纳总结和理论提升,“实事求是”地形成“去意识形态化”的话语体系。由此，就需要为这个分别标识的系列出版物做个总序。

② 参见即将出版的《温铁军自述——难得5个11年》(暂定名)，其中对20世纪80—90年代在官方政策部门开展农村改革试验区及21世纪启动民间为主的新乡村建设试验区，分别作为两个11年的经历予以归纳。

③ 参见温铁军:《告别百年激进》，东方出版社，2016年。这是我2004—2014年这10年演讲录的上卷，主要是与全球化有关的宏大叙事和对宏观经济形势的分析，甫一出版即被书评人排在当月优选10本财经类著作的第一位。

是何词何意，亦即：这个丛书是个什么思路和内涵。

一、释义之意

“国”者，生民聚落之域也。“上下五千年”是中国人开口就露出来的文化自豪！原因就在于，人类四大文明古国除了中华文明得以历经无数朝代仍在延续之外，其他都在奴隶制时代以其与西方空间距离远近而次第败亡。由此看中国，唯其远在千山万水之隔的亚洲之东，尤与扩张奴隶制而强盛千年的西方相去甚远，且有万代众生勉力维护生于斯而逝于斯之域，“恭惟鞠养，岂敢毁伤”，兹有国有民，相得益彰。遂有国民文化悠久于国家存续之理，更有国家历史传承于国民行动之中。

“仁”者“爱人”，本源于“仁者二人也”。先民们既受惠于光风水土滋养哺育的东亚万年农业，又受制于资源环境只能聚落而居，久之则族群杂处，而需邻里守望、礼义相习，遂有乡土中国仁学礼教上下一致维系大一统的家国文化之说，于是天下道德文章唯大同书是尊。历史上每有“礼崩乐坏”，随之社会失序，必有“国之不国，无以为家”。是以，“克己复礼为仁”本为数千年立国之本，何以今人竟至于“纵己毁礼为恶”……致使梁漱溟痛感“自毁甚于他毁”的现代性为表、横贪纵欲为里之巨大制度成本肆无忌惮地向资源环境转嫁而至人类自身不可持续！

据此可知我们提出“国仁”思想之于文丛的内涵：

中国人历史性地身在三大气候带覆盖、差异显著的复杂资源地理环境下，只有以多元文化为基础的各类社会群体兼收并蓄、包容共生，才能实现并绵延中华文明数千年的历史性可持续。

这个我们每个人都身处其中的、在亚洲原住民大陆的万年农业文明中居于核心地位的“群体文化”内核，也被老子论述为“阴阳之谓道也”，进而在漫长的文化演进中逐渐形成了极具包容性的、儒道释合一的体系。①

由是，在21世纪初重启中国乡村建设运动之后，我们团队试图把近代史上逐步从实践中清晰起来的乡建思想，寻源上溯地与先贤往圣之绝学做跨时空结合，归纳为人类在21世纪转向“生态文明”要承前启后的社会改良思想。②

是以，“道生万物，大德中庸。上善若水，大润民生。有道而立，大象无形。从之者众，大音希声”③。此乃百年改良思想指导下的乡村建设运动之真实写照。

基于这些长期实践中的批判性思考，我们团队认同的《国仁文丛》的图形标志，是出土汉代画像砖上那个可与西方文明对照的、扭合在一起的蛇身双人——创造了饮食男女人之大欲的女娲，只有和用阴阳八卦作为思想工具“格物致知”了人类与自然界的伏羲有机地合为一体，才有人类社会自觉与大自然和谐共生的繁衍。蛇身双人的扭结表明在中国人传统思想中物质与精神的自然融合，既得益于多样性内在于群体文化规范而不必指人欲为“原罪”而出伊甸园；也不必非要构建某一个派别的绝对真理而人为地分裂成唯物与唯心这两个体系，制造出“二元对立结构”的对抗性矛盾。

此乃思想理论意义上的“国仁”之意。

---

① 最近10年一直有海内外学者在研究乡建。国外有学者试图把中国乡建学者的思想上溯归元到孔子或老子，国内也有人问我到底偏重晏阳初还是梁漱溟，还有很多人不理解梁漱溟晚年由儒家而佛家的思想演变。其实，我们从来就是兼收并蓄。在儒道释合一的顶天立地和五洲四海的融会贯通之中形成乡建思想。因此，这些海外研究者的关注点对我们来说本来不是问题。

② 本文丛并非团队的全部思想成果，但在“国仁文丛”设计之前的成果没法儿再纳入进来，只好如此。

③ 这些年，我一直试图对承上启下的中国乡村建设运动中形成的国仁思想做归纳，遂借作序之机凝练成这段文言，意味着国仁追求的是一种“大道”“大润”“大象”“大音”的思想境界。

行动纲领意义上的“国仁”，十多年前来源于英文的“green ground”。

我们搞乡村建设的人，是一批“不分左右翼，但分老中青”的海内外志愿者。① 大家潜移默化地受到“三生万物”道家哲学思想影响，而或多或少地关注我自20世纪90年代以来坚持的“三农”问题——农业社会万年传承之内因，也在于“三位一体”：在于农民的生产与家庭生计合为一体，在于农村的多元化经济与自然界的多样性合为一体，在于农业的经济过程与动植物的自然过程合为一体。

据此，我们长期强调的“三农”的三位一体，在万年农业之乡土社会中，本来一直如是。告别蒙昧进入文明以来的数千年中，乡村建设在这个以农业为基础繁衍生息的大国，历来是不言而喻之立国之本。

据此，我们长期强调的三位一体的“三农”，本是人类社会转向生态文明必须依赖的“正外部性”最大的领域，也是国家综合安全的最后载体。

中国近代史上最不堪的麻烦，就在于激进者们罔顾“三农”的正外部性，把城市资本追求现代化所积累的巨大“负外部性”代价向乡土中国倾倒！于是，我虽然清楚“三农”本属于三位一体，也曾经在20世纪90年代末期和21世纪第一个10年特殊强调“‘三农’问题农民为首”，主要是因为那个时期的形势严重地不利于农民这个世界上最大的弱势群体。实际上，也就是在做这种特殊强调而遭遇各种利益集团排斥的困境中，我才渐行渐知地明白了前辈的牺牲精神，大凡关注底层民生的人，无论有何种政治诉求、宗教情怀和文化旨趣，总难免因慈而悲、因悲而悯，在中国百年激进近现代史中，也

① 中国乡建运动之所以能够延续百年而生生不息，乃在于参与者大抵做到了思想和行动上都“去激进”，不认同照搬西方的左右翼搞的党同伐异。

就难免“悲剧意义”地、历史性地与晏阳初的悲天悯人①、梁漱溟的“妇人之仁”等，形成客观的承继关系。据此看，20 世纪初期的“乡建派学者”也许应该被归为中国最早的女性主义者。② 我们作为继往开来的当代乡村建设参与者，有条件站在前辈肩上高屋建瓴、推陈出新，不仅要认清 20 世纪延续而来的中国“三农”困境，而且要了解 21 世纪被单极金融资本霸权强化了的全球化，及其向发展中国家转嫁巨大制度成本的制度体系。这个今人高于前人的全球视野，要求我们建立超越西方中心主义意识形态的世界观和宏大叙事的历史观，否则，难以引领当代乡村建设运动，遑论提升本土问题的分析能力。

从 2001 年中央主要领导人接受我们提出的“三农”问题这个难以纳入全球化的概念以来，即有一批志愿者着手复兴百年传承的“乡村建设”。部分年轻的乡建志愿者于 2003 年在距北京大约 300 公里之遥的河北翟城村开始了新时期乡建，一开始却根本就没有外部资金投入和内部管理能力。因为这种民间力量为主的社会运动无权无钱，很大程度要靠热血青年们艰苦奋斗。那，年轻人激情四射地创了业，也激情四射地生了孩子，老辈们就得跟上支持和维护。十多年来，有一句低层次的话多次被我在低潮的时候重复：存在就是一切。只要我们在主流随处可见的排斥下仍然以另类的方式存活下去，就证明了超越主流的可持续性。我们在最开始心里就觉着，应该给这个社会广泛参与的乡建运动将来可能形成的可持续生存系统，

---

① 参阅温铁军:《“三农”问题与制度变迁》，中国经济出版社，2009 年。记得一位学者型领导曾经语重心长地告诫我：农民在现代化的大潮中挣扎着下沉，就剩下两只手在水面乱抓。你的思想无所谓对错，只不过是被溺水者最后抓住的那根稻草，再怎么努力，也不过是落得跟着沉下去的结局……

② 乡建前辈学者梁漱溟因在 1953 年与毛泽东激辩合作化问题而被后者批为“妇人之仁”。据此，梁漱溟可以被认为是中国 20 世纪 50 年代的早期女性主义者。尽管在实事求是的态度面前，打上何种类别的标签并不重要，但如果这是当代学者们的本能偏好，也只好任由其是。

提出一个可以做国际交流的概念，一个符合21世纪生态文明需要的、大家可以共享的名号。于是我们就跟海外志愿者们商量，提出了这个英文概念“green ground”。若直译，就是“绿色大地”；若意译，则是“可持续基础”。如果把音译与意译结合起来考量，那就是“国仁”。有国有仁，方有国人国祚久长不衰。

从十多年来的乡建工作看，这三个意思都对路。

二、文从之众

俗话说，三人为众。子曰：“三人行，必有我师焉。择其善者而从之，其不善者而改之。”如此看文丛，乃众人为师是也。何况，我们在推进乡村建设之初就强调“去精英化”的大众民主。①

前几年，一直希望整个团队愿意理解我试图“让当代乡建成为历史”的愿望，尤其希望大家能够结合对近代史中任何主流都激进推行现代化的反思，主动地接续前辈学者上一个世纪之交开始的乡村建设改良运动，在实际工作中不断梳理经验教训。或可说，我“野心勃勃”地企图把我们在新旧世纪之交启动的新乡建运动，纳入百年乡建和社会改良史的脉络。诚然，能够理解这番苦心的人确实不多。②

---

① 关于精英专政与大众民主的分析，请参阅《人间思想第四辑：亚洲思想运动报告》第2~19页，人间出版社，2016年4月出版。

② 近年来，我不断在乡建团队中强调对乡建经验的归纳总结要尽可能提升到理性认识高度，并且要努力接续百年乡建历史，并带领团队申报了一批科研项目。那么，要完成科研任务，就要花费很多精力。对此，一些长期从事乡村基层工作，必须拿到项目经费才能维持单位生存，也就来不及形成理论偏好的同人难以接受，甚至有些意见相左之人表达了误解、批评。这本来不足为奇，对批评意见也不必辩解。总体上看，大乡建网络的各个单位还是积极配合的。但，考虑到这些批评说法将来可能会被人拿去当某些标题党的报道和粗俗研究者的资料，因此，我才不得不以总序的方式让相对客观些的解释在各个著述上都有起码的文字依据——尽管这些话只是简单地写在脚注中。

这几年，我也确实算是把自己有限的资源最大化地发挥出来，将乡建志愿者中有理论建设能力的人在获取学位之后推荐到设有乡建中心或乡建学院的不同高校，尽可能在多个学科体系中形成跨领域的思想共同体。目前，我们在海内外十几个高校设有机构或合作单位，有数十个乡村基层的试点单位，能够自主地、有组织有配合地开展理论研究和教学培训工作，立足本土乡村建设的“话语体系”构建，已经开始收获丰硕成果。①

总之，我们不仅有条件对21世纪已经坚持了15年的“当代新乡建”做个总结，而且有能力形成对20世纪前辈乡村建设运动的继承发扬。

我们团队迄今所建构的主要理论创新可以表述为以下五点：

一是人类文明差异派生论：气候周期性变化与随之而来的资源环境条件改变对人类文明差异及演化客观上起决定作用。据此，人类文明在各个大陆演化的客观进程，至少在殖民化滥觞全球之前应是多元化的，不是遵循在产业资本时代西方经典理论家提出的生产方式升级理论而展开的。这个理论有助于我们构建不同于主流的生态化历史观。

二是制度派生及其路径依赖理论：不同地理条件下的资源禀赋和要素条件，决定了近代全球化之前人类文明及制度的内生性与多元性，也决定了近代史上不同现代化的原始积累（东西方差异）途径，由此形成了不同的制度安排和体系结构，并构成其后制度变迁的路径依赖。这也成为我们开展国别比较和区域比较研究的重要理论工具。

三是成本递次转嫁论：自近代以来，在全球化所形成的世界体系中，核心国家和居于主导地位的群体不断通过向外转嫁制度成本

---

① 国内有中国人民大学、中国农业大学、国家行政学院、清华大学、重庆大学、华中科技大学、北京理工大学、上海大学、西南大学、福建农林大学、香港岭南大学，海外有英国舒马赫学院、美国康奈尔大学，近期正在形成合作的还有国际慢食协会的美食科技大学（意大利）等。

而获取收益，得以完成资本原始积累、实现产业资本扩张和向金融资本跃升，广大发展中国家及其底层民众则因不断被迫承受成本转嫁而深陷“低水平陷阱”难以自拔。当代全球化本质上是一个因不同利益取向而相互竞争的金融资本为主导、递次向外转嫁成本以维持金融资本寄生性生存的体系。在人类无节制的贪欲面前，最终承担代价转嫁的是“谈判缺位”的资源和生态环境，致有人类社会的不可持续之虞迫在眉睫。

四是发展中国家外部性理论：二战后绝大多数发展中国家都是通过与宗主国谈判形成主权，这可以看作一个“交易”。任何类型的交易都有信息不对称带来的风险，因转交交易范围之外的经济和社会承载而为外部性问题，任何信息单方垄断都在占有收益的同时对交易另一方做成本转嫁，由此发展中国家谈判形成主权必有负外部性，导致难以摆脱“依附”地位。但，越是一次性博弈则风险爆发造成谈判双方双输的可能性越大，发达国家在巧取豪夺巨大收益的同时，其风险也在同步深化和加剧。

五是乡土社会应对外部性的内部化理论：中国作为原住民人口大国中唯一完成工业化的国家，其比较经验恰恰在于有着几千年“内部化处理负外部性”的村社基础，其中的村社理性和政府理性构成中国的两大比较制度优势。但政府同样是人类制造出来但反过来统治人类自身的成本高昂的异化物！遂有政府与资本相结合激进推进现代化之后严重的经济、社会、文化、资源、环境等负外向性问题，成为中国可持续发展的严重障碍，才有如此广泛的民众愿意参与进来，以期通过乡村建设使“三农”仍然作为中国危机“软着陆”的载体。

以上五点核心思想，主要体现于我们基于“本土化”和“国际化”两翼而展开的以下五个领域的研究工作中：

一是应对全球化的挑战。在资本主义三阶段——原始积累阶段、产业资本扩张阶段和金融资本阶段，核心国家/发达国家总是不断以新的方式向外转嫁制度成本，乃是全球化给广大发展中国家、给资源环境可持续带来的最大挑战。这个思想，在我们的主要课题研究中，作为全球宏观背景，都有所体现，也发表在我们关于全球资本化与制度致贫等一系列文章中。

二是发展中国家比较研究。团队与联合国开发计划署合作，构建了“南方国家知识分享网络”，开展了“新兴七国比较研究”和“南方陷阱”等对发展中国家的深入研究。目前正在进行比较研究的新兴七国包括中国、巴西、印度、印度尼西亚、委内瑞拉、南非、土耳其。已经发表了有关文章和演讲，两部专著也在起草和修改之中。

三是国内区域比较研究。中国是个超大型国家，各区域的地理条件和人文环境差异极大，对各区域的发展经验进行研究、总结和归纳，是形成整体性的“中国经验”并建立“中国话语”的基础。团队已经完成了苏南、岭南、重庆、杭州、广西左右江、苏州工业园区等不同地区的发展经验的分析；已经发表了多篇文章，形成的专著也获得多项国家级、省部级出版奖和科研奖。

四是国家安全研究。国家综合安全是当前面临“以国家为基本竞争单位的全球化”的最大挑战。基于国际比较和历史比较，团队研究表明了新中国通过土地革命建立政权与其利用“三农”内部化应对经济危机之间的相关关系——从历史经验看，新中国在其追求“工业化+城市化=现代化”的道路上，已经发生了九次经济危机，凡是能动员广大农村分担危机成本的，就能实现危机“软着陆”，否则就只能在城市“硬着陆”。团队正在开展的研究是以国家社科基金重大项目为依托，探讨如何从结构和机制上改善乡村治理以维护国家综合安全。

五是“三农”与“三治（县乡村三级治理结构)”研究。我们自提出“三农”问题并被中央领导人接受之后，用了十多年的时间来研究乡村“三治”问题（指县治/乡治/村治）。自20世纪80年代农村去组织化改革以来，作为经济基础的“三农”日益衰败，而作为上层建筑的“三治”成本不断上推，二者之间的错配乃至哲学意义上的冲突愈益深化！其结果，不仅是农村大量爆发对抗性冲突，陷入严重的不可持续困境，还为生态环境、食品、文化等方面“贡献”了诸多问题。比形成对问题的完整逻辑解释更难的，是我们如何打破这个“囚徒困境”。也因此，任何层面上的实践探索都难能可贵，即使最终被打上“失败”的标签，也不意味着这个堂吉诃德式的努力过程并不重要，更不意味着这个过程作为一种社会试验没有记录和研究价值。

综上，“大乡建”体系之中从事研究的团队成员众多，且来去自由，但混沌中自然有序。我认为团队在这五个领域的思想创新，在五个方面所做的去西方中心主义、去意识形态的理论探索，已经形成了“研究上顶天立地，交流上中西贯通”的蔚然大观。仅这个《国仁文丛》的写作者就有数十人，参与调研和在地实践者更难以计数，收入的文字从内容到形式都有创新性，但也都不拘一格。如果从我20世纪80年代就职于中央农研室做“农村改革试验区”的政策调研和国内外合作的理论研究算起，我们脚踏实地开展理论联系实际的科研实践活动已经数十年了。其间，团队获得了十多项国家级“纵向课题”和数十项“横向课题”，获得了十几项省部级以上国内奖以及一项海外奖。在高校这个尚可用为“公器”的平台上，我们团队通过这些体现人民大学“实事求是”校训的研究和高校间的联合课题调研，已经带出来数百名学生，锻炼了一批能够深入基层调研，并且能够有过硬文章发表的人才，也推进了分散在各地城乡的试验区的工作水平。

由此看，当代大乡建由各自独立的小单位组成，虽然看上去是各自为政的“四无”体系——无总部、无领导、无纪律、无固定资金来源，却能“聚是一团火，散是满天星”，作出了一般海外背景或企业出资的非政府组织“做不到、做不好，做起来也不长久”的事业。诚然，这谈不上是赞誉我们团队的治理结构，因为各单位难免时不时发生各种内部乱象。但，乡建参与者无论转型为 NGO（非政府组织）还是 NPO（非营利组织），都仍愿意留在大乡建之中，否则再怎么干得风生水起也难有靠自己的思想水平形成“带队伍”的能力！若然，则乡建改良事业得以百年传承的核心竞争力，恰在于“有思想创新，才能有人才培养，才有群体的骨干来带动事业”。君不见：20 世纪乡村建设大师辈出、试验点竟以千数，21 世纪新乡建则学者咸从、各界群众参与者何止数十万计！

这就是大众广泛参与其中的另一种社会历史……

由此看到：发展中国家为主的“世界社会论坛”（World Social Forum）打出的口号是“另一个世界是可能的”（another world is possible）；而在中国，我们不习惯提口号，而是用乡建人的负重潜行在大地上写下“另一个世界就在这里”（another world is here）。

人们说，20 年就是一代人。从 2001 年算起，我们发扬“启迪民智，开发民力”的前辈精神，在新世纪海内外资本纵情饕餮大快朵颐中勉力传承的“大乡建”，作为大众广泛参与的社会改良事业已经延续 15 年了！再坚持 5 年，就是一代人用热血书写的历史了。

作为长期志愿者大家都辛苦，也乐在其中！吾辈不求回报，但求国仁永续。唯愿百年来无数志士仁人投身其中的乡建事业，在中华文明的生生不息中一代代地传承下去。

以此为序，上慰先贤；立此存照，正本清源。

温铁军

丙申年甲午月

公元二〇一六年六月

目　　录

第三篇　农业：现代化何以为继？

第四篇　粮食：金融化趋势下如何保障安全？

第五篇　生态文明：发展中国家的希望

第六篇　探索：本土经验与地方创新

附录　课题组已发表英文文章摘要

前　言

本书是国家社科基金重大项目“作为国家综合安全基础的乡村治理结构与机制研究（批准号 14ZDA064）”的中期成果。主要内容是中期报告正文及课题发表文章的汇编。课题组设计这个科研项目的提纲时，便受惠于本项目首席专家集数十年交叉学科研究之大成，他提出的宏观与微观相结合的系统性思路得到团队专家的一致认同。因此，我们期望该项目成果报告能够体现“集成创新”——从全球化挑战、发展中国家不得不应对输入型危机，遂有成本转嫁，而承载危机代价的乡村唯有加强善治才能内部化处置外部性风险——这个高度概括的逻辑关系，凝结着我们科研团队多年来从事国际比较和国内实践的综合性思考。2015 年课题正式展开以来，中国恰好遭遇“经济下行期”，连带发生成千上万打工者失业，而乡村破坏、治理残缺难再发挥“劳动力蓄水池”作用等情况表明，课题组多年来强调的上述逻辑解释堪称“不幸而言中”……

首先应该关注的是“历史的经验值得注意”。我们这个课题思想不仅由来已久、与时俱进，而且事关重大、殊为不易。

回顾 1988—1994 年的经济周期，当时以深化改革为名义，采取了应对危机的一系列政策，曾经引发 20 世纪 90 年代以来的诸多社会连锁反应。对此，我们在 90 年代中期就针对性地提出要用“三农”问题取代农业问题的政策建议，很重要的原因在于农民利益受损，导致农村中的大规模群体性事件愈发严重，到 90 年代后期农村群体性事件无论是数量还是烈度，都已经超过城市产业资本危机大规模下岗引发的事件。领导人常常半夜接到重大群体性事件的报告，以至难以睡个安稳觉！据悉，在中央正式接受“三农”问题取代农业问题这个政策建议之前，形势一度严重到中央平均每天接到27起群体性事件的报告。可见，农村中的基层治理问题，20年前就已经形成令人担忧的混乱现象。

21世纪之初的2001年12月，本课题首席专家在国家领导人面前直陈“三农”时弊，明确指称20世纪90年代全面市场化改革以来党在“三农”工作上存在的倾向性问题。紧接着，2002—2003年，“‘三农’问题作为全党和全国工作的重中之重”被党中央和国务院相继提出。

我们自2003年以民间力量为主在村里筹办“乡村建设学院”以来，就一直试图把本来应该属于人民内部矛盾却被危机应对政策激化的群体性事件转化成“非对抗性”矛盾。我们2004年为中国人民大学农业与农村发展学院申报成功的国家985“中国农村发展试验创新（I类）项目”、2006年申报获批的第一个国家社科基金的重大项目，也都与此有关。那个时候，在学术界还未提出过发生在农村的社会冲突“本质上是对抗性”的相关理论，尽管理论家们对把招商引资作为第一要务的地方政府亲资本政策也多有批评。因此，我们从立项汇报到开题研讨，都需要根据马克思主义哲学原理向大家解释何为“本质上具有对抗性”的矛盾，以及在当代社会已经大量发生的对抗性冲突中怎么做才能把已经激化的矛盾从对抗性转为非对抗性。此后，我们申请的国家985二期项目继续深化了这项研究的指导思想。同期，课题首席专家多次出席国务院重大问题座谈会和有关部委的政策咨询会议，我们课题组有关国内外比较研究和基层试验成果，都成为国家政策的参考或依据。

在农村基层开展具有近现代历史意义的“乡村建设”（rural reconstruction）试验研究十多年之后，2014年我们第二次申报国家社科基金重大项目。虽然研究的主题还是乡村建设与乡村治理，但2007年次贷危机、2008年华尔街金融海啸、2009年全球危机，演化为中国2011年以来的经济下行和投机盛行，最终造成2014—2015年的房市、股市泡沫暴跌，反过来恶化实体经济等一系列事件，这不仅使我们的视野更加国际化了，也使得未曾谋面的国家社科基金评委对本课题思路更加认同——金融资本的全球危机及其对发展中国家造成的成本转嫁，都与承载“输入型危机”巨大代价的乡村治理有关。

我们注意到：在全球经济危机打击之下，沿地中海国家形成了一个危机圈，圈内国家无论何种制度、何种宗教，几乎全部爆发了严重的社会冲突。由此可知：全球化的成本转嫁所形成的巨大危机，对于大多数存在内生矛盾且情况比较复杂的国家而言都是挑战。我们据此形成了一个相对简单的经验性的判断：全球化条件下金融资本核心区的经济危机的代价转嫁到发展中国家，几乎全都表现为剧烈的社会冲突。总之，那些被称为“颜色革命”，或者是表现为其他部族、族群、宗教等一系列的暴力冲突，很大程度上和全球化的成本转嫁，或者和全球金融资本危机的代价转移有直接关系。课题组从国际经验比较研究的角度，认为中国尤其要关注全球化挑战下的国家安全。既然国家社科重大项目是服务于国家重大战略决策的，那么，决定课题是否可以立项的应该是问题意识是否足够清晰。

1. 国家综合性安全与全球化挑战的相关性

课题组对发展中国家的综合性安全，构建了具有一般性的分析框架：全球化挑战——核心国家危机代价向发展中国家转嫁；承载输入型危机的乡村只有通过完善治理，才能维护国家稳定……

（1）全球化时代发达国家虚拟经济与发展中国家实体经济的关系

我们在以前的研究中做过这样的归纳，进入金融资本阶段的发达国家现在是虚拟化的符号经济主导，而发展中国家现在是实体经济主导，二者之间的关联是发展中国家把一般的商品和原材料向发达国家出口，形成发达国家经常项目的逆差，这个逆差怎么处理？发达国家借助“资本市场”这个概念，诱导发展中国家用出口一般商品形成的外汇到其资本市场进行再投资，于是发达国家形成资本项目的顺差，在整个体系里面出现两套话语，前者叫“自由贸易”(free trade)，后者叫“资本流动”(capital flow)。发达国家以这两套话语去要求发展中国家“转轨”。结果就是发展中国家在实体产业和金融层面都无利可图，一方面得压低本国社会福利来维持劳动力价格长期比较低，一旦出口市场有所波动，就陷入失业和动乱；另一方面随之而来的是自然资源与环境的不可持续。

(2) 双输：发达国家金融扩张导致发展中国家宏观调控两难

2008 年的时候，我们在调研写作《解读苏南》这本书时就提出过世界在后冷战时期划分为北方和南方两大阵营，分别处于资本主义的不同历史阶段。金融危机发生之后，北方发达国家表现的是金融竞争，南方发展中国家表现为产业竞争。

美国在出台量化宽松政策之后，大量释放的货币并不直接进入世界实体经济，而是通过机构投资者进入资本市场。早已经虚拟化的资本市场有两个线索，第一个是进入能源、原材料和粮食的期货市场，每一次能源、原材料、粮食期货市场的大幅度波动，体现的都是一个大规模增发出来的“垃圾级”货币的消纳场作用，金融资本的这一部分投资通过制造期货市场波动产生高收益，但这直接压抑实体经济的复苏，发展中国家在实体经济层面的消费需求也就难以拉动。而价格不断升高的能源、原材料和粮食是通过国际贸易让发展中国家进口，客观上推高了基础商品的价格。对中国这样的实体经济大国来说，当基础商品价格推动 CPI 高于实体经济的增长速度时，资金析出流向泡沫化的房地产，政府需要实行紧缩的金融政策，提高资金价格。一边资金价格提高但另一边实际的消费需求并没有提高的时候，实体经济的收益就更低。这时候，大量的金融资本加快从实体经济析出，更多进入投机市场。房地产投机市场又和中国政府的几万亿元的基础设施建设联结在一起，于是就加重了政府的国债和地方债来替代内需，尽管它在充实中国实体经济上发挥了重要作用，但是也使发展中国家进口通货膨胀的机制不断地恶性循环着。投机品市场的高利贷需要中央政府来调控，但同时，因为它和整个宏观经济的增长紧密地联系在一起，政府又投鼠忌器地很难对它进行有效的调整。

所以，发展中国家都会陷入一个宏观调控的两难困境，也就是说：单靠任何一个实体经济国家，要逆转以美国为首的其他西方金融资本国家共同向发展中国家进行制度成本转嫁的趋势是很难的。同理，既然西方金融资本国家能够顺畅转嫁制度成本，也就乐得分享金融资本收益，碍难向实体经济回调，也就难以扩大就业，财政长期赤字和社会对抗性冲突就都不可避免。这就是双输格局。

西方热衷资本市场的另一个趋势是，在利于金融资本自由流动的国际秩序之下，美欧日相继推出量化宽松政策，发行大量的低息资金，通过对海外投资——经资本市场进入发展中国家的实体经济做战略投资或者战略收购以产生高收益。其他国家购买美国的国债资产，形成美国资本项目顺差带来的资金收入，美国把它所获得的资金用于购买其他国家的实体商品和战略性资产。发展中国家一方面向美国出口实体商品，另一方面用换来的外汇在美国资本市场上购买债券；同时自己的实体产业被美国资本收购。对美国来讲，它的低利率资金的海外投资是高收益的，而国内居民生活是低通胀的；但是在中国，实体经济的低收益和投机品市场造成的高利贷并存，于是越来越多的资金被吸引到投机品市场中。所以，世界的实体经济是被资本市场和海外投资所引导，并非和制造业为主的实体经济自身资金要素相关联。于是金融脱嵌于实体经济，实体经济脱嵌于社会。

2. 中央、地方、小农之间的“不可能三角”

我们在申请课题的时候做了一个总体的框架图，里面含一个“不可能三角”图。在面临国际输入型风险时，有三个承受主体：中央政府、地方政府和小农。

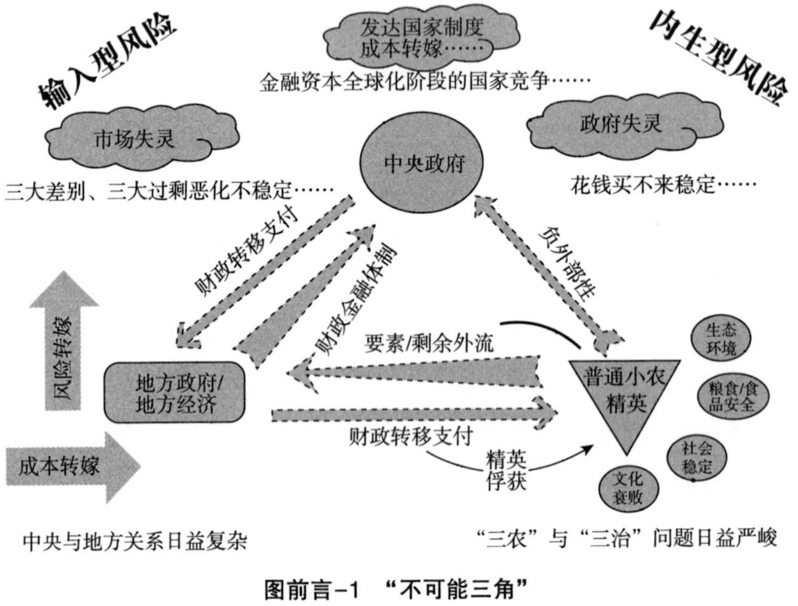

图前言-1 “不可能三角”

伴随着30余年的高速发展，中国的中央政府与地方政府在经济基础层面陷入了一个地方产业竞争与中央金融垄断相互强化的循环之中：地方政府主导产业资本竞争，但历史上却几乎从来就不承担产业资本恶性竞争造成的代价——赤字依赖和坏账上交，并导致中央政府只能强化财政和金融的权力垄断。实际上，这个制度演变在20世纪90年代末基本形成，但反过来又进一步加剧地方招商引资的竞争……在这一循环往复中，中国经济在中央与地方之间形成了日益固化的层次划分：地方政府的经济基础仍然是产业资本主导的实体经济，而中央政府依靠的经济基础则演变成金融资本主导的金融经济。

在客观发生经济分层的条件下，中央政府和地方政府各自遵循着不同的“政府理性”和相应的行为逻辑，两者之间的利益结构格局失衡也就在所难免。并且，经济分层日益固化，而使得中央的调控即使在经济正常运行条件下也难以贯彻，所以，课题组认为中央—地方利益失衡格局可能将维持很长一段时间，不大可能被一般强调的市场改革或法律约束等现代化制度化解。

经验表明，在经济正常运行状况下，连有限责任都不承担的公司化地方政府永远是追求高增长的，中央的宏观调控也就不可能被地方政府自觉落实；何况有些“见了红灯绕着走”的发达地区干部，因粗放 GDP 考核被越级提拔，这就使得地方对抗中央具有利益机制决定的内生积极性。而只有在风险累积至危机爆发的时候，因上下各种利益集团都发生利益受损，中央的宏观调控才有条件地被地方政府接受。

中央政府在财政金融领域获得巨大收益，从而实现对地方和农村的强力反哺。从中央下拨的经费结构上看，第一是养人大于养事；第二是专项经费大于一般转移支付，而且经费随着行政层级呈不断衰减态势，即省部级获得的最多，地市级其次，等到最基层的乡镇时成了杯水车薪。并且在项目下达的过程中，出现了普遍的“精英俘获”现象，即地方政府和农村中的政治精英、经济精英结合，把专项转移的项目往往做成套取财政补贴的项目。这样不仅导致惠农项目很难体现中央财政的普惠功能，也使得农村社会的两极分化越来越严重。普通小农在资源要素和经济剩余长期外流的情况下，为了获得收益或者说为了维持自己的生存就不断地向生态环境、食品安全、社会稳定、文化等这些弱势领域转嫁负外部性。中央政府每年不得不开支大量的经费在维稳上，但仍捉襟见肘！

显然，在基层治理领域面临着因南辕北辙而越来越严重的“政府失灵”。

这是我们现在面临的一个错综复杂的国家安全矛盾。我们叫它“不可能三角”，换句话说就是，三者之间难以形成利益一致。我们从图示中看到，这三者中两两之间矛盾对立。

3. 国家战略安全“锚”定何处

在目前国家安全复杂的局面中，国家安全战略的这个锚应该定在什么地方？一种说法是发展的问题要用发展来解决。相应的观点即，出现问题是因为我们发展得还不够，需要进一步引进外资，并配合外资做国内的制度优化。但在上述西方主导全球化的双输格局下，如果我们用发展的思路来解决发展的问题，最终是堕入发展陷阱。另一种说法是内部矛盾要在内部来解决，也即我们说的利用乡土社会化解外部风险的能力，内部化地处理国家安全所面临的风险。

(1) 20 世纪 50—80 年代的危机及化解方式

我们在另一个获奖研究成果《八次危机》中，系统总结了 1949 年以来中国的历次经济危机，指出危机的化解每次都依赖于乡土社会，凡是能够顺利由乡土社会承担成本的，整个危机就能相对比较平和地过去，基本体制也没有发生重大变化。如果危机只能是在城市进行硬着陆，那就是巨大的制度变迁，或称改革。

在 20 世纪 80 年代之前，中国共有两次引进外资，每次外资转化为中央赤字，对应发生两次危机，共发生了四次危机。每到上山下乡时，也正是危机发生时。大量城市失业青年转移到农村去，使得失业危机不爆发在城市里。另外，通过动员农村劳动力，实现了农村基本水利设施的建设，使得国家工业化资本原始积累依赖的“规模劳动替代稀缺资本”的机制能够发挥。

和它形成鲜明对比的是 1979—1981 年。1978 年的改革开放背景其实是一个严峻的经济危机，我们认为是整个 20 世纪 70 年代领导集体第二次引进西方外资导致的严重赤字引发的这次危机。但，因农村已经进行了去组织化的改革，不能再吸纳失业人口“插队”务农——不可能插户，大量失业人口滞留在城市里面，导致了严重的社会问题，于是出现了80年代以来经济危机向社会领域、政治领域的转嫁、传导。

(2) 农村劳动力蓄水池机制的发挥

与此对应的经验值得借鉴。2008年遭遇金融危机之后，广东省倒闭了约15000家外向型企业，主要分布在低端的劳动力密集型加工制造业。2009年沿海总共有2500万的失业人口。中国有效的经验是通过内部的基础设施建设，吸纳沿海不能就业人员回乡，因此出现了劳动力的回流，这与1978年之前的情况有异曲同工之妙。1978年之前每次危机都伴随着知青上山下乡，实质是城市失业劳动力向农村转移。而1981年到2008年，这个机制基本上是失灵的，劳动力单向地从农村向城市流出。但在2009年，在2005年提出新农村建设战略和2008年4万亿国债的刺激下，农村基本建设高潮再一次发挥了吸纳沿海失业劳动力的作用。

所以，城市和农村相比，农村更易于稳定。农村吸纳失业劳动力的机制，一方面是小农有地，是兼业化的小有产者经济，另一方面农村本来就可以经营多种工副业，还可以参与国家投资的三农基本建设等。

4. 新农村建设对国家安全的积极意义

国家进行新农村建设纯粹是因为乡村能够吸纳失业人口吗?

(1) 乡土中国的经济基础对国家稳定的作用

我们在以往的研究发表中指出，乡土中国的经济基础不同于城市，长期以来一直是中国城乡二元结构体制下的经济增长所依托的“无风险资产”，这对于重新认识农村在工业化进程中所扮演的角色或许具有一定的启示意义。

下图显示了在宏观经济的风险—收益层面，无风险资产对于优化国民经济增长路径的作用。正常情况下经济增长的风险—收益情况如曲线①所示；然而，当经济增长率低于一定水平时，各种社会风险集中爆发的可能性骤然增加，有可能会使宏观经济陷入停滞，经济增长的风险—收益水平曲线切换为曲线②所示情景。如果能通过提高无风险资产的收益水平，使国民经济免于迅速掉进“下降通道”，那么无风险资产也就具有了“软着陆”载体的作用。

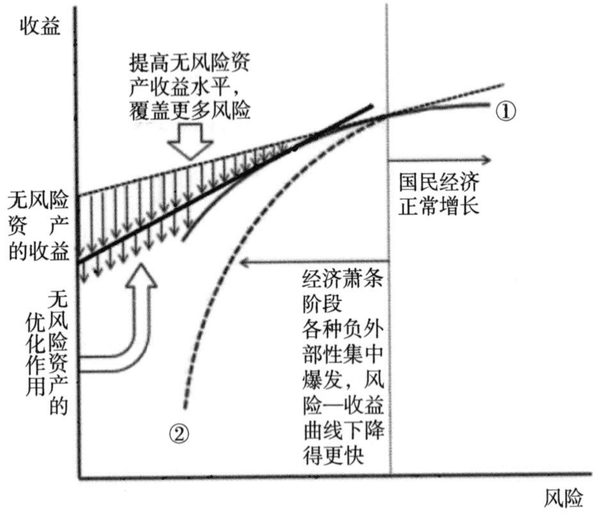

图前言-2　国民经济中的“无风险资产”对于优化宏观经济增长路径的作用

从经验过程看，在农业集体化时期，依托人民公社、生产大队和生产小队三级组织化载体，农村吸纳了三次城市宏观经济萧条时产生的共计4000万失业人口，农村成为城市危机软着陆的载体。

农村改革以后，农村作为中国经济增长的无风险资产，效果最为显著的是20世纪80—90年代农村维持的土地平均分配，且大约5年就再分一次的土地制度，是为农户家庭综合经营派生的外出打工者安排了一份无风险资产。但近年来由于土地制度的激进变迁、工农收益差别的拉大，以及城市文明向农村的扩散，新生代农民工离土离乡离农的倾向日渐显著，作为个体的经济理性选择这本来无可厚非，但从宏观层面来看，中国将面临一个越来越严峻的挑战：“三农”这个经济增长、社会发展的“稳定器”，何去何从？

(2)“三农”对于国家安全的两种可能

缓解“三农”问题的政策及其执行，对国家安全存在两种可能。一种可能是，假如乡村治理劣化，安全基础薄弱，在面临国际风险向国内输入时，“三农”表现出风险外溢，也就是说它对这个风险是正反馈加强的系统。这将会导致国家整体安全风险增加。另一种可能是“三农”可以发挥风险吸纳的作用，这是对危机进行负反馈、消化的系统。它的基础在于改善乡村治理，构筑国家安全的微观基础，才能从总体上保证国家安全。

总体来看，我们的观点可以归纳成三点。

第一，发展中国家尤其像中国，其所面临的安全风险，在全球化时代主要是发达国家成本转嫁对发展中国家形成一个输入型的风险。西方货币紧缩的时候有一个传导机制。同理，在大量的货币增发输出通胀的时候也有一个传导机制。无论西方输出通缩还是输出通胀，都会导致发展中国家面临输入型的安全风险。

第二，从国家综合性安全角度看，乡村实际上的治理失序已经制造了内生性风险，乡村内部的各种问题演化成国家面临的一个总体风险。在这个乡土社会内生性风险不断累积，并且经常性爆发的过程中，乡村治理问题及其相关国内外比较研究，已经构成国家总体安全的一个重要部分。

第三，只有停止“百年激进”对乡土中国的破坏，重视“启迪民智，开发民力”的乡村建设；只有提高农民组织化，形成其主体地位来改善乡村治理的依存基础；只有维护并加强能够内部化处置外部性风险的村社理性，才可以在最低制度成本条件下保障国家综合性安全。

国家安全以乡村善治为基础

——国家社科基金重大项目中期报告①

概述

本课题组在关于国家综合安全与乡村治理的相关性研究中，形成了如下三个方面的认识。

首先应该强调两个问题意识。

一是我们通过国际比较研究认为：对于中国的“国家综合安全”的研究必须走出西方发达国家给定的安全观视角，重新确立全球化挑战下发展中国家自主的“安全观”，那就要看到发展中国家安全风险的复合性和复杂性，亦即来自国际的外部性风险叠加国内的内生性风险②。

二是我们对中国近代历史经验的归纳表明：乡村因其多样性、多元性而使得低成本的内在稳定性和可持续性成为可能。据此，乡

① 本报告部分内容源自国家社科基金重大项目“作为国家综合安全基础的乡村治理结构与机制研究”（批准号 14ZDA064）的申请书，由课题组成员福建农林大学海峡乡村建设学院张俊娜（中国人民大学农业与农村发展学院博士研究生）综合课题组既往发表和近期集体讨论意见成文，课题组首席专家温铁军修改定稿。感谢程漱兰教授提供修改建议。

② 薛翠等：《谨防当前国际外部性风险叠加国内社会动荡》，内部报告，2015 年。

村在现代化制度成本不断“积累—爆发”的历程中①，客观上成为历次经济危机“软着陆”② 的载体。由此可知：各地为短期政绩推行激进现代化而破坏乡土社会，实际上是起到了自毁国家安全软着陆的基础的作用。对此，承担国家安全最终责任的中央政府必须加以约束。

其次，我们需要认识到当前乡村治理劣化存在风险累积的趋势。

一是从现实上看，如果以上两个问题意识属于人们应该了解的老常态，那么，当然需要看到“新常态”——乡村治理领域中的“市场失灵+政府失灵”正在被造成这种困境的政策思路所不断深化，并且会按照“路径依赖”规律加强自身南辕北辙的趋势——乡村基层正在成为两极分化加剧、精英治理劣化、安全风险不断累积的领域。

二是从理论上看，课题组在申报书中提出，中国乡村治理正面临难解之“不可能三角”，国内外尚没有与之对应的理论创新。因此，若要客观研究现实问题，务必屏蔽西方后冷战意识形态的影响，才能重新求解：中国在现行体制上根本不可能形成“集中制”或“集权制”——中央政府与地方政府的经济结构存在质的差异性。相应地，这势必造成政令不畅——中央反复强调的善治改良之所以不可能与地方政策对接，在于当前体制内在地发生中央—地方—乡村“三元悖论”。③

最后是我们需要给出缓解这种复杂问题的、不同于主流思路的

---

① 董筱丹、温铁军等：《乡村治理与国家安全的相关问题研究——新经济社会学理论视角的结构分析》，《国家行政学院学报》，2015 年第 4 期。

② 杨帅、董筱丹、温铁军：《中国市场化进程的独特比较优势》，《国家行政学院学报》，2014 年第 4 期。

③ 温铁军、计晗、张俊娜：《中央风险与地方竞争》，《国家行政学院学报》，2015 年第 7 期。

政策建议。

有鉴于上述“市场失灵+政府失灵”的长期趋势与乡村治理劣化的严峻性直接相关，课题组的政策建议重在加强基层社会的可治理性：一是农村“深改”应该重视中国现代化进程中客观地显现出来的两大“比较优势”——政府理性和村社理性；① 二是通过鼓励“大众创业和万众创新”来确立对农村组织创新和制度创新的政策支持；三是从经济、社会、政治三结合的基础建设入手带动治理结构调整，透过文化嵌入、社会关联、伦理性整合等多种社会文化领域的机制创新，“自下而上”地提高农民和农村的组织化程度，才能对接得上官方强调的“自上而下”的政府善治。

本报告讨论的问题兼具长期性和基础性，是建基于此前 11 年间获批的社科基金多个重大重点项目研究成果上的进一步综合创新，是长期坚持实事求是的客观研究发现。课题组 2004 年获批国家“985 农村发展试验研究基地（I 类）”以来，一直从事乡村治理研究，在 11 年研究间先后获得两个国家级重大项目和一个重点项目及北京市社科基金农村发展交叉学科重点项目等支持，形成深厚的研究积累，才在 2014 年 4 月习近平总书记在第一次国家安全委员会的重要指示之后进行立项申请，并于 2014 年 7 月和 2015 年 4 月先后再次获批国家社科基金重大项目和北京市社科基金重大项目。

为了体现这个重大项目在研究上的最新成果，本文扼要搜集了课题组从立项申请以来发表的相关研究成果。

---

① 主流理论界在 20 世纪 90 年代以前保守着传统的、苏联主导的社会科学体系，此后则改为保守美国为主导的西方社会科学体系；而全然不在乎这两者都不适合发展中国家实际需求的客观局限性。本报告指出，我们课题组提出的关于中国经验中存在政府理性与村社理性的比较制度优势，属于实事求是原则之下中国特色的理论创新，但因不符合西方意识形态而被忽略。

一、树立发展中国家为本位的“安全观”研究意识

本课题认为，只有超越一般意识形态化地解读中国发展经验的羁绊①，才能确立更为清晰的国家安全研究的问题意识。我们必须认识到，不同的时空条件和考察视角，会赋予国家安全不同的结构内涵。

一般意义上的国家安全包括十个方面：国民安全、领土安全、主权安全、政治安全、军事安全、经济安全、文化安全、科技安全、生态安全、信息安全。这些领域的相关研究被“学科化”地分门别类，虽然成果很多，但大多难以解释中国面临的综合安全方面的复杂挑战。

诚然，课题组认识到马克思主义基本规律的现实意义：在整个经济基础巨大变化的作用下，上层建筑会逐渐发生跟进变革；但包括思想理论及相关学术界的意识形态，还是属于最缓慢地发生改进的领域；并且由此而具有保守特性，严重地制约着人们对客观世界的认识能力。

因为理解上述意识形态化的研究对解读国家安全问题有局限性，那就更要积极借鉴可以利用的理论资源。本课题在对发展中国家长期开展比较研究的基础上认为，讨论发展中国家的综合性安全问题，尤其需要借鉴萨米尔·阿明的第三世界“依附理论”和伊曼纽尔·沃勒斯坦的“世界系统论”。

萨米尔·阿明近年来多次强调金融资本阶段的全球化危机。他认为，金融投资的爆炸性增长需要各种形式的债务作为“燃料”，尤

---

① 温铁军等：《八次危机：中国的真实经验（1949—2009）》，东方出版社，2013 年。

其是主权债务。金融化垄断集团吸纳垄断的剩余利润的策略要求，就是债务增长。过去意义的主权国家对金融体系的控制手段如汇率、利息等，都已经因为强大的垄断金融资本的肆虐而失去其效用。

萨米尔·阿明曾预言全球化垄断资本主义不可持续，将会出现内爆（内爆的例证之一就是作为全球金融体系一部分的欧元体系和欧洲体系在走向崩溃）①。因全球化垄断资本体系强势制定了游戏规则并使体系内成员国接受，内生性地加强了金融集权对弱势群体转嫁代价。经济主权不再自主，国家缺乏能力去保障其民众的生存权，继而民众大规模地赤贫化、暴力化。②

专栏一：西方发达国家的政治现代化危机

发达国家之所以积累了这么高的债务并且难以化解，从本质上说，这是一种西方资本主义模式的政治现代化的内生性危机。今天人们普遍认为是“普世价值”的民主、自由、平等、人权、博爱等已经具有高度“政治正确”的源于西方的概念，如果作为理念和信仰，则不仅无可厚非，而且应该得到秉持其他理念的群体予以同等的尊重；但如果某个具体的国家试图贯彻落实为有既定形式的某种政治制度，则至少需要对这种形式的制度产生的过高制度成本有所了解，对累积政府债务如何化解（或降低）等方面的经验教训有所研究；唯能以此为据，才有符合国家治理常识的讨论。因为，在发达国家现行政治体制下这些被大力宣传的理念是一回事；其得以借

① ［埃及］萨米尔·阿明：《资本主义世界体系的内爆》，http://news.takungpao.com/mainland/focus/2013-06/1687335.html。

② ［埃及］萨米尔·阿明：《我们正处在一个非常危险的时期》，http://news.takungpao.com/mainland/q/2013/0621/1706652_4.html。

助某种被称为现代化的政治形式来具体运作过程，则是另一回事。客观上看，这些政治现代化运作都在反作用于经济基础，也转化为政府赤字和国家债务——政治家为赢得选举而支付的全部成本、连同其政党给民众做出的福利承诺，在政府财政来源不足时都会直接形成高额的政府债务。

一些发达国家社会福利在财政总支出中所占比重甚至超过50%，这种财政结构支撑的社会政策体系，远非发展中国家因资本高度稀缺而普遍实行“亲资本”导向的政策可以相比。

——摘自课题组2010年的报告《通过新农村建设促进“后金融危机时代”中国和谐、可持续发展——中国的真实经验：60年8次危机及其软着陆》(教育部2009年应急课题研究报告2009JYJR023)。

沃勒斯坦早已指出，全球资本化的巨大成本是从核心国家递次向边缘国家转嫁的，这是核心国家占有全球化制度收益的另一面。世界上关于沃勒斯坦的思想的讨论汗牛充栋，本文无须赘述。在理解他们的分析的同时，更值得我们关注的是，这些向外转嫁制度成本的核心国家，已经成为国家安全问题的最主要的研究者和研究对象。

专栏二：发达国家的债务危机及全球转嫁

为什么美国负债最大，可政府债务危机却首先从欧洲国家爆发呢？

从危机发生之后政府可采取的应对手段来看，当前债务危机最严重的是欧盟国家中那些已经没有实质产业支撑却加入了欧元区的国家，特别值得强调的是，因其放弃了货币主权，而不能再用政府不断增发货币制造通货膨胀的手段来向社会转嫁危机。

亦即欧元区实行统一的货币政策和汇率政策，这意味着这些仍然具有政治主权的欧元区国家把最为重要的经济主权——对内的货币主权和外汇主权都交给了欧洲中央银行，不仅失去了靠制造通货膨胀向社会转嫁危机来缓解债务压力的手段，而且不再有条件采取即时的利率和汇率政策这两个政府宏观调控的主要手段，也就失去了政府即时宏观调控的两只手。

何况，这类国家大多数同时完成了制造业对外转移，那就好比完成了经济上的自断骨肱——失去了货币体系和产业体系这两条作为资本主义经济基础的腿。

欧元区国家虽然有条件发行欧元扩充欧洲金融资本参与全球金融竞争的“数量”，却没有条件提升欧元的“质量”——像美国那样靠军事霸权来维护其作为全球主流储备货币地位；遂决定了其不可能像美元资本那样直接向世界转嫁美国政府债券增发隐含的本国债务增量。

只有美国仍然可以靠既增发货币（采取量化宽松货币政策）又增发国债，以客观上促推全球通货膨胀的方式而向世界上其他仍然主要从事物质生产的工业化国家转嫁危机代价。

——摘自课题组2010年的报告《通过新农村建设促进“后金融危机时代”中国和谐、可持续发展——中国的真实经验：60年8次危机及其软着陆》（教育部2009年应急课题研究报告2009JYJR023）。

这是因为，从现实主义角度看，全球竞技场（global arena）上不可能自觉形成公平合理的体制和原则，对行为体进行公正的利益分配。核心国家的国际地位和权力关系的形成，受位置、空间、资源等地理因素限制，因此，追求大陆、海洋、天空等空间主导权，石油、矿产、粮食等资源支配权和战略要地、海洋通道等基地控制权成为西方近世文明的主题。这种格局下核心国家之间的关系也是一种不可避免的不安全关系甚至军事冲突关系，现实主义的安全观势必成为这些国家的“自觉选择”，并且势必导致国家之间互相猜忌、敌视与对抗而陷入“囚徒困境”，遂使处于强势地位的核心国家的安全问题成为研究的主流。

专栏三：希腊债务危机

希腊深陷债务危机，无法自拔。一旦希腊完全脱离欧元区，则当即要恢复的是本国的主权货币。而除了美国这样的霸权国家及坚决绑在美国地缘战略上“搭便车”的紧密盟友之外，一般市场经济国家的主权货币是否有信用，主要取决于两个方面：一是本国拥有自主产权的资产总量有多大；二是本国的内外贸易总量有多大。这两个额度如果说都很小，则本币没有信用基础。由于这两个都是弱项，因此，一旦它改回使用本国货币，就会出现大规模的主权货币贬值，国内则会发生严重的通货膨胀甚至会导致一旦发行本国货币就会发生“厄瓜多尔现象”(老百姓去银行换外汇，本币信用崩溃，全国改用美元)。

亦即，如果希腊继续坚信所谓的自由主义经济的话，则它一旦退欧，国家金融体系就会崩溃，老百姓就会把手头的本国货币都换成外币（美元或者欧元)，政府就又得去求助于国际货币基金组织、世界银行、欧洲稳定基金，它就还得回来接受债权人更为苛刻的条件。这就变成一个恶性循环，再也不可解了。

但是如果回归到主流的西方金融经济去，对希腊来说是恶性循环。既回不去，也跳不出。

根据马克思主义政治经济学原理归纳全球危机体现的内在规律，可知：西方体制的本质，是“有限责任公司”的经济基础支撑“有限责任政府”的上层建筑。因此，这个体制下的公司破产，其超过注册资本额度的代价转嫁给社会；若政府破产，则超过财政支付能力的代价也同样只能转嫁给社会或国外。对此，可借用“有组织的不负责任”，或可称为“有比较制度优势的不负责任”。

——摘自2015年7月6日温铁军教授在香港岭南大学《当前热点问题——希腊公投及中国股灾》讨论会上的发言。

有鉴于此，本课题研究确定的第一个问题意识是：要从发展中国家在应对全球化挑战中如何维护自身权益的自主性视角出发，研究我国的国家综合安全问题。如果这个视角得以确立，那就要求我们尽可能地改变，至少在立场上有别于占据主流地位的符合西方社会科学的价值观及理论工具的安全研究。

此外还要认识到，当前国内蜂拥而起的“智库”大部分不具备基本条件。所谓全球领先地位的“智库”研究及其制度话语内含的逻辑建构，虽然一般都被主流认为具有普遍意义，甚至被照搬到国内，使人不自觉地臣服于“软实力”的浸淫，但在实质上，它只是以发达国家需求，特别是核心国家的全球安全战略及其内在利益需求为主导的研究框架。不幸之中的大幸是，多年以前我们确立此类客观的问题意识的时候，往往不被主流意识形态认可，但近年来却正在随着人们对全球危机代价转移的切身体验而逐渐被社会大众所接受。

二、发展中国家承受的风险特征：国际的外部性风险叠加国内的内生性风险

当代资本主义的主要矛盾，不再是西方工业化时期资本与劳动

之间的矛盾（产业资本占据矛盾主要方面），而是西方“去工业化”后主要金融资本集团之间恶性竞争的内生性矛盾：总体性金融过剩及其不可回避的金融资本垄断集团争夺全球货币霸权（垄断地位）的对抗性矛盾。在全球生产过剩长期化的制约下，由于金融资本具有流动性、短期性和集中性，在垄断集团的控制下，大部分的剩余价值不再被用来投资于没有流动性的实体经济扩张及深化生产系统，资本持续累积的唯一选择是把这些剩余价值用作金融投资，使剩余价值不断增长，而且以此自肥①。这必然要借助全球化扩张泡沫经济来获取收益并向外递次转嫁成本。

例如，美国遭遇金融海啸之际，连续实施巨大规模的“量化宽松”政策，本应随之而来的通货膨胀却并没有发生，而是发生了“通货紧缩”。主要原因是大量货币流动性进入全球期货市场，导致石油、原材料和粮食价格上涨。一方面，跨国公司借此获取投机收益而更多主宰全球期货贸易的同时，造成不得不进口粮食和能源的发展中国家被迫“进口”通货膨胀。另一方面，这类“输入型通胀”抬升发展中国家的银行利率，构成全球投资市场竞争中发达国家的低利率优势，使其能够更低成本地控制发展中国家的战略产业。这也是发展中国家的一大安全风险来源。②

在战后全球秩序主导国家从产业资本阶段进入金融资本阶段的过程中，所淘汰的实体产业向发展中国家转移。同时实体产业内生的劳资对抗性矛盾、环境问题亦随之转移，成为影响发展中国家内部安全的另一个主要矛盾。

发达国家的经济波动和政策调整，通过全球资本和商品市场传

① ［埃及］萨米尔·阿明：《资本主义世界体系的内爆》，http://news.takungpao.com/mainland/focus/2013-06/1687335.html。

② 温铁军、高俊、张俊娜：《中国对美“双重输出”格局及新变化》，《经济理论与经济管理》，2015 年第 7 期。

导给发展中国家，加剧了一般发展中国家内部本就紧张的经济和社会关系，并越来越多地从根本上危及国家政治安全。发达国家的金融危机，就是金融危机，顶多恶化成经济危机。① 而发展中国家的金融危机，不仅仅是经济危机，而且经常递进成社会动乱、政权颠覆、国家分裂。

美国曾经通过量化宽松政策缓解自身债务危机，并且最大化地获取金融全球化的制度收益，但其造成的巨大制度成本却借助粮食、石油、原材料的价格上涨，转嫁给大量进口基础物品的国家。美国救市政策加剧流动性过剩，造成 2009—2010 年全球粮食价格大幅度提升，特别是北非地区紧缺品种小麦、面粉的价格上涨超过 100%，玉米价格上涨超过 70%，由此引发北非、中东地区的通胀危机、街头动乱和政权危机，使其成为制度成本的承担者。国际组织 2008 年确定 38 国发生粮荒，也是西方金融危机的代价转移造成全球通胀的结果。②

显而易见，发展中国家的安全风险受制于国内外两个方面的复杂因素，且越来越多地在经济、文化、科技、环境等非传统安全问题上体现。

在国际竞争性市场上，发展中国家依然是配角，并且既向发达国家做原材料和低价商品输出——这相当于对发达国家构建输入型通货紧缩，助其以零利率推进对外投资，做出巨大贡献；同时又承受着发达国家转嫁的危机代价。新兴发展中国家国内产业格局失衡、社会性投资与生产性投资失衡、金融创新与投机失衡、政府管控能力和市场需求失衡，③ 被动地陷入资本外流、货币贬值、债务上升、

① 2008 年华尔街金融海啸后，发达国家演化出了政府的主权债务危机，以往历次危机虽然也表现出巨大的财政压力，但与此次有着本质不同。

② 薛翠：《粮食金融化及中非农业合作》，内部报告，2015 年。

③ 纪明葵：《2015 年中美关系及大国走向》，http://views. ce. cn/view/ent/201501/12/t20150112_ 4314106. shtml。

通胀高企、楼市高仰、股市架空等经济困境，以及工厂倒闭、就业不足、追求福利、贪污腐败、弱势政府等社会困境；同时还因本国资源环境遭到严重破坏、社会关系过度紧张，而被发达国家凭借软实力深度蹂躏。

这些影响深远的外部因素，的确不可能靠国内单纯加强传统的部门“维稳”来解决，甚至发生政策体系的冲突：只要在外部环境上加快融入全球化，那么内部传统部门越加强维稳就越适得其反。

三、中国的安全问题研究需同时关注多个维度

中国在 21 世纪全面纳入全球化，客观上是个充满张力的过程。其伴生的综合性安全问题研究也需同时关注国际和国内、中央和地方、城市和农村、农村集体和农户个人等多个维度，具有其他国家不可比拟的复杂性。

1. 美国“双重搭便车”与中国“双重输出”。

课题组在全球化研究中，依据前述沃勒斯坦的“世界体系论”，归纳了资本主义全球化的三个阶段，并发文分析了中美分别是两个不同阶段第一大国的观点。① 观点认为：资本主义经济体系的最高阶段，是金融资本阶段；下一个阶段是产业资本阶段；再下一个阶段则是资源经济阶段。在金融资本阶段，美国是第一大国，其金融衍生品的交易规模占全球份额近 40%②。在产业资本阶段，中国是

---

① 温铁军、高俊、张俊娜：《中国对美“双重输出”格局及其新变化》，《经济理论与经济管理》，2015 年第 7 期。

② 张建刚：《美国衍生品市场发展启示及我们的建议》，http://futures.hexun.com/2012-10-24/147161164.html。

第一大国，装备制造业占全球比重超过 1/3①。世界由此形成美国占据金融资本高级阶段，中国处于产业资本次级阶段，大多数发展中国家处于资源经济低级阶段的世界经济新格局。

中国长期维持的低价出口和贸易盈余及其回流美国的国债再投资，不仅同时补贴了美国的消费者和金融资本、造成美国在“生产不足”条件下的长期通货紧缩，还支撑了美国产业资本的全球扩张。美国从资本市场回流的充裕美元，使其企业界具有低息融资的条件，而发展中国家恰因资本和收益外流而形成国内资本高息；更由于这两种资本体系之间的巨大利差形成美国实体产业占有的金融竞争优势，并据此低成本地控制接受国的战略产业。而跨国投资的收益向美国资本市场回流，进而又成为美国资本市场的支撑②。

北京大学的陈平教授将这一流程概括为：发展中国家用出口换汇再投资于发达国家金融衍生品市场，而发达国家的投资银行则用这些收入反过来收购发展中国家的战略产业；美国不仅“借贷消费”，还大量“借贷收购”，从而形成在全球的战略控制。

本质是，美国作为金融资本阶段第一大国，是典型的寄生性攫取型经济，长期搭着中国物质产品出口和贸易盈余再投资的“双重便车”，在坐享低通胀条件下实现金融资本的全球扩张。

21 世纪之初，中国完成银行商业化改制并且使其全部上市，同时央行大规模对冲增发货币及中央政府推出中国版量化宽松政策。2009 年全球危机之后，沿海发生“去工业化”，中国经济只能向金融资本升级。这与 2010 年开始的美国向实体经济回调正好迎面相撞，造成中美关系从互补转向互斥。这对中国如何应对外部压力和

① 庞革平、王云娜：《我装备制造业产值居世界首位　占全球比重超过 1/3》，http://finance.people.com.cn/n/2014/0404/c1004-24820516.html。

② 兰永海、贾林州、温铁军：《美元“币权”战略与中国之应对》，《世界经济与政治》，2012 年第 3 期。

风险提出了新的挑战。

中国如今更多地面临金融相对过剩的压力，于 2010 年左右加强推进金融投资和实体产业“走出去”战略，并从 2013 年以来，通过全面实施“一带一路”等对外投资项目来带动人民币国际化。一方面，美国不遗余力地利用“后冷战”软实力的多种方式构建阻遏中国金融资本“走出去”的战略布局，包括利用各种“民间基金会”的大量资金投入发展中国家，资助对中国做“新殖民主义”的批判研究和与中国海外投资项目对立的 NGO 运动①。另一方面，美国变成一个相对具有吸引力的制造国，正在积极吸纳中国有潜质的高新产业去美国投资设厂。2014 年，中国在美国的直接投资额达到 120 亿美元，越来越多的企业在美国设厂，贴上“美国制造”的标签。②

这种金融资本阶段的大国对抗趋势是显然的，因为大国急速扩张金融资本信用，只能派生于国家政治军事强权。该国货币作为国际硬通货的“硬度”，主要来源于该国的军事政治实力的硬度。但更显然的是，中国目前确实不具备直接对抗的条件。由此看，中国被动地接受更多美国金融扩张和产业回调转嫁来的代价，使得中国的国家安全风险具有显著的国际国内联动性。③

2. 中央—地方—乡村社会之间“三元悖论”及民间调和。

近代以来，中国为追求民族独立而派生了后发外生型现代化进程，在这种以内向剥夺为主的资本积累的工业化进程中，代表国家资本的中央政府，比其他政府和社会主体，更直接地承受了国际压

① 黄培昭等：《美国 1.5 万 NGO 撒在全世界　成为“推动民主”工具》，http://world.huanqiu.com/roll/2012-02/2476159.html。

② 《中国厂商在美设厂　“中国制造”成“美国制造”》，http://finance.huanqiu.com/view/2015-02/5631300.html。

③ 温铁军、高俊、张俊娜：《中国对美“双重输出”格局及其新变化》，《经济理论与经济管理》，2015 年第 7 期。

力和挑战。中央应对国家层面的重大挑战的方式只能是“政权内卷化”，借助地方和基层力量来应对时势演变对于国家安全的重大挑战。无论哪个时代，“三农”都是最大的剩余输出者，而乡村治理结构的数轮重大调整，核心指向都是对中央、地方与基层社会之间进行“三农”社会剩余分配的不断调整。尽管这种调整对于“三农”剩余的动员成本具有显著的影响，但利益矛盾本质上就具有哲学意义上的对抗性，遂使中央政权、地方政权和乡村社会基于利益关系的一致性建构，自清末以来一直难以达成。我们认为，这种利益结构上的“三元悖论”，恐怕是中国作为一个超大型发展中国家所特有的。

近代以来，以工业化和城市化为中心的整体性变革，既产生出再度成为世界第一大经济体的“百年轮回”经验过程，又派生了由“三农”承载代价的实际后果。① 整体性的“西化/现代化”进程都共存着“都市本位、工业优先、从‘三农’提取剩余、巨大成本向乡土转嫁”等特点，上层和精英的“自强”不期然地导致下层和乡土的“自毁”。正如梁漱溟先生所指：“外力之破坏乡村尚属有限，我们感受外面刺激而起反应，自动的破坏乡村，殆十倍之不止……一部中国近百年史，从头到尾就是一部乡村破坏史。”②

其具体表现为：乡村经济中的“生产力三要素”多形式外流、乡土社会低成本稳态治理秩序随之解体、乡土成为问题与必须克服的目标对象；外加资本主义全球化与制度代价向发展中国家弱势群体和资源环境次第转嫁这一宏观国际背景，共同产生着“乡土社会整体性衰败”的普遍效果。乡村衰败之现象及民众对现代的向往进一步形成乡村“自毁”之社会基础。

① 潘家恩：《百年乡建　一波三折》，《读书》，2015 年第 4 期。
② 梁漱溟：《乡村建设理论》，上海人民出版社，2011 年。

而正是因为看到了农村所承受的国家现代化的代价及其严峻后果，百年来，知识分子纷纷通过自己的努力去挽救衰败的乡村，历史上不同阶段的乡村建设实践即是例证。但同时他们强调“乡村建设，实非建设乡村，而意在整个中国社会之建设”①。

第一波中国乡村建设高潮，表现为 20 世纪初，当地乡绅米春明父子自发创造的“翟城试验”及 20 世纪 20 年代由晏阳初及中华平民教育促进会所主持的“定县试验”；同期还有清末状元实业家张謇先生在其家乡南通开展的县级治理实验；社会企业家卢作孚的北碚实验；这一时期投身于乡村以实现“救民”愿望的还有在战乱频仍、土匪乱世与地方割据环境下推行农民组织化的早期乡村建设领导人、河南村治学院与宛西自治开创者彭禹廷先生；辛亥革命先驱、曾任孙中山大元帅府秘书，旨在分期实现“三民主义”，以革除差役整顿警政、设立民团肃清土劣、清理丁粮改革赋税、破除迷信倡导文明等系列建设实践的福建营前模范村（1928—1933）创办人黄展云先生。

第二波乡村建设运动表现为：1949 年土地革命对底层社会全面动员，并以此为基础，对乡村社会进行全面整体的组织化改造。这虽然让“乡建派”知识分子们的乡村建设行为萎缩，却由于新国家社会广泛参与基础的形成，乡村建设的理念和工作在国家建设背景下，以新的形式被高效、全面地替代与覆盖。比如全民扫盲、技术推广、赤脚医生、乡村民兵，社队企业、大众文艺、水利建设、互助合作，以及对农民主体地位、妇女解放、尊严劳动等的强调。

第三波乡村建设着力点在于，如何让纷纷外流的“三要素（资金、劳动力、土地）”及有利于乡村可持续发展的各种资源逆向回流。为此，21 世纪的乡村建设以试验、培训、研究、推广为方式，

① 梁漱溟：《乡村建设理论》，上海人民出版社，2011 年。

不断往返于“现代—传统”“城—乡”“政府—民间”“知识分子—民众”“理论—实践”之间的广泛地带。以“人民生计为本、互助合作为纲、多元文化为根”为基本原则；以城乡一体为新的分析单位与建设对象；以组织创新与制度创新为基本方针；以城乡互助与包容为生态文明背景下的基本方向；以“学生下乡 教育支农”“农民合作 改善治理”“农业生态 城乡融合”“工友互助 尊严劳动”“社会参与 文化复兴”等五大工作为基本形式，民间团体开展了丰富多彩的创新性探索。

由上，如何将持续百年的努力延续下去，构建中央政府—地方政府—乡土社会这三者之间激励相容的制度框架，使得从中央到农村基层的各层级政府治理主体和各种城乡市场主体之间，形成一种新的有机组合，在行动过程中通过相互关联和补充来增进结构凝聚及功能融合，促进乡村治理各主体彼此依赖、共存互生的整体性，使乡村的安全性、公共性、市场性与社会性等不同机制有机地融为一体，将是乡村治理和国家安全治理所面临的重大挑战。

3. 派生于工业过剩的“农业产业化”战略陷入困境。

农业产业化战略是 1998 年中国工业化遭遇生产过剩危机压力下，应工商业资本的要求而提出的，迄今已经进行了 17 年。虽然农业产量确实增长了，但也造成了“双重负外部性”：食品质量问题严峻及资源环境遭到破坏。其原因有三：

一是根据“要素再定价”规律可知：由于符合农村外部资本要求的土地规范流转的占比很低，因此能够用于支付农业资本化的成本所必需的“绝对地租”总量并没有明显增加。就在同期，加快城市化造成农业生产力诸要素更多被城市市场重新定价，在这种“外部定价”作用下的农业“二产化”所能增加的收益有限，根本不可能支付已经过高且仍在城市三产带动下攀高的要素价格。于是，农村的资金和劳动力等基本要素必然大幅度地净流出。劳动力老龄化更表明，通过工业化来改造农业的主要方式："一产规模化" + "二产车间化" 的竞争力已经丧失殆尽。这说明，中国并不例外于东亚各国农业现代化都遭遇到的普遍困境。

二是根据"资本深化"规律可知：农业产业化内涵性地体现着"资本增密排斥劳动"，即同步带动农业物化成本的不断增加。引入外部资本来改造传统农业带来的相应后果，则是在过去兼业化综合性村社合作社经济通过内部化处置外部性风险的条件下，大部分的经济作物、畜禽养殖还能产生附加值，可是，一旦交给产业资本开展大规模"二产化"的专业生产，就纷纷遭遇生产过剩；因此，单一品类生产规模越大，市场风险越高。如今，一方面，倒掉牛奶、蔬菜大量烂在地里、水果留在树上的情况比比皆是；另一方面，在城市食品过分浪费的消费主义盛行的情况下，大部分规模化的农业产业化龙头企业仍然几无盈利，中小型企业甚至债台高筑，大都转化成地方财政负债和银行坏账。

三是根据"市场失灵" + "政府失灵"的双重失灵规律可知：追求资本收益最大化的农业经营都会造成严重的"双重负外部性"——不仅带来水土资源污染和环境破坏，在最难治理的面源污染中，农业的贡献早已超过工业和城市，成为第一大污染源，而且使食品质量安全进一步恶化。正由于"双重失灵"，愈益显著的"双重负外部性"不断演化为严峻的社会安全成本爆发的风险①。

4. 粮食安全危机。

本课题组提出的国际粮食市场的供求关系，并不是构成粮价剧烈波动的最主要因素。同时，我们发现国际粮食价格的剧烈波动与

① 温铁军、高俊：《农业"三产化"阶段的制度创新》，《中国社会科学报》，2015 年 4 月 8 日，第 A07 版。

美国数次量化宽松的货币政策存在紧密联系，从而引出我们对于“粮食金融化”的概念和内涵做出相关分析。

粮食的金融化，在国际社会上主要是指粮食的美元化，它是在全球经济一体化进程中，各国彼此联系越来越紧密的粮食产业被金融化的体现。美元的大量增发，造成越来越多的过剩流动性冲击粮食市场，导致粮食价格出现剧烈波动；粮食市场同时成为过剩金融流动性的垃圾消纳场，粮价的一次大起大落就能替西方主导国家制造的过剩流动性做“消化”。这两方面都显示出粮食市场的运行脱离实体层面，而粮食则被人为创造出“金融属性”。[①]

大多数殖民主义时期留下的“单一经济”结构的发展中国家，因粮食的对外依存度高，而在核心国家扩张信用推动全球通胀、转嫁危机的时候，此类对外依存度高的发展中国家，势必首当其冲地承担制度代价。

我国粮食价格因“地板”高于“天花板”，[②] 粮食种植实际上早就是亏本的，于是传统农区越来越多的农民放弃种粮，进城打工谋生。2014 年，如果算上大豆，和直接的肉、奶进口折算，则我国粮食的总进口量已经突破 1 亿吨，占全国总消费量的比重接近 20%！[③] 也就是说，即使在中国的粮食生产量“10 年连增”的大好形势下，进口占比 5%的安全线也早已失守，遑论遭遇粮食减产之因应。

须知全球化本质上是国家之间的资本竞争。金融资本主导全球

---

① 计晗、张兰英、温铁军：《粮食金融化挑战》，《中国投资》，2015 年第 2 期。

② 一般发展中国家的国内粮食生产成本被称为地板价，国际价格则是天花板价。但中国自 20 世纪 90 年代初期以来，国内粮食生产成本不断上涨，很多年份高于国际价格。这被称为“地板”高于“天花板”。

③ 胡靖：《“地板”、“天花板”与中国粮食安全困境》，http://news.sohu.com/20150822/n419500606.shtml。

化已经造成的“粮食金融化”，对中国为适应过剩产业资本向农业扩张而建立的粮食安全战略，及因此而缺乏“责任主体”的粮食安全保障方式，敲响了警钟。但近期中国有关粮食安全的政策讨论，对此尚缺少相应的关注。

人们还应该理性看待中国粮食安全“缺乏责任主体”的有关背景：

在整个 20 世纪 80—90 年代，中国粮食安全很大程度依赖占比约 1/3 的农户存粮，国家每年收购和储存占比 1/8，即可实现市场调节和产销安全。但 1997 年遭遇亚洲金融危机，1998 年以后顺应金融商业化改革必须压减坏账而要求粮食配套改革，主要实行了“统一收购、顺价销售、资金封闭运行”。加之全面推进农业市场化，而使得农户粮食生产和消费的商品化率大幅度提高，农户存粮占比随即大幅度下降到几乎可忽略不计。由此所形成的集中依赖国家储备体制维持安全之最大弊病，就在于：本来与粮食安全有实质性相关的农民生产者和种养殖企业、市民消费者和地方政府等四类主体几乎完全不承担粮食安全责任；偌大一个 13.6 亿人口的中国，实际上只有中央政府这一个主体承担着对保障全民粮食安全的无限责任！这个责任主体 1∶4 的客观情况，造成中国粮食安全形势不仅严峻，且随着消费主义左右社会舆论而更加难以改观。

专栏四：粮食金融化给中国粮食安全带来的挑战

包括：粮食价格脱离供求基本面，定价权旁落；粮食市场的不确定性增加，引起连锁反应；生产、储备、进出口及相关部门分属不同系统，条块分割易于引发粮食金融危机。粮食波动的客观结果成为加剧贫富差距的因素。在粮价高企导致低收入阶层生存条件恶化的同时，市民作为消费主体缺乏社会组织创新条件，粮食文化方面被“消费主义”全面掌控、节约传统被抛弃；致使食物浪费恶性循环地刺激政府补贴化肥农药和机械等投入，不仅加剧资源环境破坏，而且造成把中国粮食安全更多依赖外部市场的政策诉求和心理预期。

——摘自 2014 年课题组报告《粮食金融化与中国粮食安全战略研究》(国家粮食局委托课题)。

5. “中央下乡”和“地方下乡”。

客观看改革以来的经验过程，由于公司化的地方政府追求激进发展主义造成的巨大制度成本，最终还是要由客观上属于“无限责任政府”的中央来政治埋单，因此，随着中国进入资本过剩阶段，中央和地方关系很大程度上是一种零和博弈。①

新世纪之交，中国在进入产业资本整体过剩、造成银行坏账全面爆发的同时，经由中央财政对国有银行有条件注资而短期完成了银行商业化改制；也恰因二者同步而引致了中央和地方经济利益结构的新变化：中央政府逐渐升级到以金融资本及垄断行业为主要收益来源，地方政府则一方面谋求升级产业资本来继续与其他地区的“府际竞争”，另一方面则唯有借地产开发才能与中央管控的金融资本博弈。由是，课题组认为：地方政府追求“以地套现”正好迎合了金融资本异化于实体经济的趋势②，遂使土地征占成为 21 世纪以来引致农村冲突的最主要原因。

总体来看，当前乡村所面临的一个大格局是“以国家综合安全

---

① 温铁军等：《解读苏南》，苏州大学出版社，2011 年。

② 杨帅、温铁军：《经济波动、财税体制变迁与土地资源资本化——对中国改革开放以来“三次圈地”相关问题的实证分析》，《管理世界》，2010 年第 4 期。

为目标的中央政府要稳定，以产业综合收益为目标的地方政府要发展”；二者客观上已经属于不同的历史阶段，却在空间上并发于当下之乡村。遂使乡村基层中方兴未艾的“政权下乡”，亦可分为“中央下乡”和“地方下乡”。①

所谓中央下乡，本质上是因乡村“三治”乃国家综合安全之基础，因而需要承担安全责任的中央政府采用国家信用配合政策手段下乡。亦即，以集中制国家的强大主权信用所派生的国家财政和金融作为乡村基本建设和社会政策的主要资金来源，目的在于构建“民生新政”之下的和谐社会。

所谓地方下乡，实际是大多数不可能升级到金融资本阶段，而只能“以地套现”的地方政府，现在“以地托债”的地方政府②，与被亲资本的优惠政策吸引来的外部投资结合在一起搞“资本下乡”，实质上还是以资源和土地的资本化开发来实现产业化经营。尽管这客观上推进了国民经济过度依赖房地产投资造成的快速增长，但经济下行期政府债务负担严重的情况下，地方政府却很难有条件构建能够弱化矛盾的话语体系和缓冲机制，因此社会矛盾明显激化。③

鉴于任何外部主体都面临着与分散小农的交易成本问题④，中央下乡只能经由地方下乡实施，由此势必遭遇重重尴尬。

---

① 董筱丹、温铁军等：《乡村治理与国家安全的相关问题研究——新经济社会学理论视角的结构分析》，《国家行政学院学报》，2015 年第 4 期。

② 课题组发表过改革以来三次土地征占的分析文章，指出 20 世纪 80 年代是以地兴企，90 年代是以地生财，21 世纪初是以地套现，现在则是地方政府在征地成本高于土地出让收益的情况下仍然强行占地，实际上是“以地托债”——在债务压力过大的条件下以有限的土地出让金抵付银行利息，才能托起债务链条。

③ 温铁军等：《中国新农村建设报告》，福建人民出版社，2010 年。

④ 同上。

6. 内生性的不可持续风险攀升。

由于中国是一个超大的大陆型国家，长期存在中央政府和地方政府之间的复杂关系，进一步加剧了国家安全局面的复杂性。在中央政府已经跃升到国家信用派生的财政、金融收益为主要收益来源的条件下，地方政府片面追求经济增长的公司化竞争，不仅导致了在市场的“过度竞争”下，经济、社会和生态环境等国家广义生态环境受到严重破坏，内生性的不可持续风险不断攀升；也使得国际和国内、中央和地方、城市和农村、农村集体和农户个人之间的利益格局日益复杂，使中国的国家综合安全问题空前复杂和棘手，经济发展、地方财政和基层治理的不可持续风险不断增长，从微观基础来看，中国经济很有可能出现“断崖式崩塌”。①

课题组在 2010 年完成的国家社科重点项目的结题报告中已经指出：若从政治经济学的角度历史地看，今天地方政府仍未能从近代史中汲取足够的教训，基本还在延续着已经被过去一百多年的经验一再证明为社会成本过高的做法。

近代一百多年以来，乡村长期面临着两个基本矛盾：一是在国家追求工业化资本原始积累和产业扩张的制度导向下，农村剩余被城市过量提取，导致乡城差距加大，“三农”问题日益严峻；二是政府为了从分散小农为主体的农村提取剩余而在基层形成了“对上代理型”治理结构，与乡村“自我稳定机制”所需要的治理方式刚好相反，村社的自我治理和风险内部化功能受到极大削弱。

在这两个长期制约乡村治理的基本矛盾下，由于乡村资源收益往往只够满足少数精英群体的需求，任何普惠制的或体现“群众路线”性质的制度变迁都难以在乡土社会内部发育和维持；因此，在

① 张木生：《谨防经济断崖式崩塌》，http://www.wyzxwk.com/Article/shidai/2015/01/336998.html。

不断加大的社会冲突压力面前，通过乡村精英群体的灰色治理来勉为其难地维持村庄基本秩序，就成了大多数时期、大多数地方政府的工具性选择。诚然，这是长期放弃价值理性的必然结果。而且，它反过来会进一步强化乡村中经济剩余单向集聚于精英和社会治理单向主导的非稳态结构。由此看，“精英俘获”为内在机制的、灰色治理为工具的村庄，已经不再有能力内部化地消纳外部性风险，反而成为多种潜在冲突不断复合和累积的矛盾体。

由此，需要有组织地开展国内“去学科化”的深化国家综合安全战略研究。须以全球化挑战下中国作为发展中大国的国家综合安全为目标，全面进行内部战略调整，提高乡土社会资源资本化所急需的农村组织化程度，建设“政策金融—六次产业—乡土资源”三者之间的稳定合作关系，则不仅有可能延续以往危机“软着陆”的经验，而且利于构建最低成本的国家综合安全基础。

四、乡村仍有成为国家安全危机软着陆载体的可能

课题组在以往的研究中自主创新地指出：在当代工业化进程中，相对于风险过度集中于城市“资本池”而言，生态化的乡村社会客观上发挥了“劳动力蓄水池”作用，遂使国家得以借助“三农”为载体多次实现经济危机“软着陆”。由此，也使得乡土中国支撑的国家现代化进程几乎不间断地延续了60多年。

然而，也需要看到，工业化和城市化的进程中，乡村“生产力三要素”长期大幅度净流出，这造成“三农”问题日趋恶化，乡村正在成为大量制造安全风险并将风险不断外溢，从而对国家综合安全产生严重负外部性的区域。这似乎是一个悖论，在乡村“去组织化”改革30多年之后，乡村几乎全面地进入了“有组织地不负责

任”的状态。①

1. 国家综合安全的主要矛盾发生在乡村。

除军事安全和核安全外，国家综合安全的诸多领域大都与乡土社会直接或间接相关。本报告大致归纳为以下五个方面。

（1）乡村社会冲突不可能靠照搬城市的现代化政治手段（法制、官制、党制）予以化解。选举、打官司和上访等过去曾经被认为普遍有效的现代政治手段，已经成为影响当前农村社会稳定的最严峻问题之一。

（2）农村文化建设落后，在官方意识形态缺乏组织载体而流于形式的同时，宗族、宗教、宗派等非规范组织派生的亚文化已经占据主流。国家文化安全在农村基层缺乏有效维护和保障。

（3）国家粮食安全在内外矛盾叠加造成的巨大压力下，仍然缺乏有力的微观基础。面对愈益严峻的粮食安全问题，最大的安全隐患是指望部门利益集团代行国家安全职责造成的新世纪“假大空”（数据假、成本大、仓储空）。究其根源，仍然是农村去组织化改革以来长期存在制度性的不负责：无论生产者还是消费者，无论企业还是地方政府，在全面转向市场经济条件下没有形成对此负责的经济主体。

（4）乡村面源污染愈演愈烈，直接与地方政府亲资本政策取向被意识形态化及其导致的国家环境安全责任缺失相关。那些被当作深化改革典型的地方政府公开亲资本、暗中反生态的长期政策取向，已经在事实上成为国家生态安全及食品安全的重要威胁。一方面各级政府 GDP 竞争盲目招商引资是主要内因，另一方面国家对县以下治污投入和防控力量严重不足。

---

① 温铁军、计晗、张俊娜：《中央风险与地方竞争》，《国家行政学院学报》，2015 年第 7 期。

（5）乡村经济可持续对国家经济安全具有长远影响。在快速的工业化和城市化进程中，城市资本挤压乡镇企业发展空间，乡镇企业70%以上倒闭（从无破产保护），而大量土地被征占。进城打工农民面临着“留不下的城市，回不去的乡村”这样的尴尬境地。2014年以来三、四线城镇房地产泡沫崩溃，不仅造成地方债务过重，也使农民原有的生计基础被摧毁，这是因农村不能再成为“软着陆”基础，而使得当期危机只能“硬着陆”的最为突出的经济安全风险来源。

2. 乡村既可成为风险膨胀的气球，亦可成为吸纳风险的海绵。

从我国的实际经验出发，一方面，历史中呈现出来的规律与其他发展中国家具有相似性，即每当乡村社会的内部治理机制受破坏到一定程度，从而导致小农大量破产、乡村普遍衰败，就会爆发严重的社会冲突乃至农民革命；另一方面，新中国也表现出显著的特殊性——因土地革命建立政权，从而巩固了农村以“小农村社制”为基础的中国特色的内在稳定性和历史延续性。

据此看，凡是能够有效利用乡土社会的内部化机制处理乡村经济和社会问题的，就能维护乡村内部的稳定机构。

从历史经验来看，城乡二元结构赋予中国的，除了发展主义和现代性话语下广受批判的城乡差距之外，还有生态文明视角下农村的独特比较优势——因其多样性、多元性而使得乡村有可能实现低成本的内在稳定性和可持续性。由于这是西方学者因缺乏实际经验而难以纳入分析范畴的，遂使欣然于邯郸学步的中国学者和官员对于自己的独特制度优势熟视无睹，缺乏立足本土经验开展理论创新的信心与勇气，反倒是一边倒地诉诸内在具有高成本、高风险属性的现代化治理体系来维护国家综合安全，这无异于缘木求鱼！

但要让乡村继续发挥承载城市资本危机“软着陆”的安全功能，必须以国家总体安全作为治理的“矢量性”① 目标，进行乡村治理的结构调整和机制创新，才能强化乡村“外部风险内部化”的功能，使国家安全宏观战略和国家综合安全体系具有有效落实的微观基础。这方面的探索，既是对当前的乡村治理研究的拓展，又是对治理理论的重大创新。

3. 20 世纪 80 年代苏南乡村发展及稳定经验值得汲取。

课题组关注了苏南农村平和地实现工业化的进程，苏南避开了发达国家原始积累期间不可避免地发生对抗性矛盾的历史轨迹，这是对马克思主义原理的实践改写。村社理性是苏南农村工业化得以实现的根源，它因有效地内部化了工业原始积累的负外部性问题，而可被称为中国发展经验的一个内在机制。苏南农村工业化是以社区内部资本积累为主起步的，资本原始积累非常薄弱。在资本极度稀缺甚至为负资本的情况下，以劳动替代稀缺资本，使劳动力剩余价值实现了社区内部转化。农村社区通过将资源形态的农业用地低成本转变为资产形态的产业用地，使土地资源资本化的增值收益实现了内部转化。

由于社区企业是以社区成员土地共有为基础成立的，企业的经营风险也有社区共同承担，这成为企业独特的比较优势。而村社内部通过公平分配工业就业机会、平衡社区内部的工农从业收益和提供社区福利保障构建了收益公平分配的内部化机制。通过打造“绿色车间”，有效避免了农业衰败。最终，在实现了工业化原始积累的同时，避免了西方工业化进程中“资本增密排斥劳动”这个内在机制所导致的对抗性矛盾的发生。

---

① 董筱丹、温铁军等：《乡村治理与国家安全的相关问题研究——新经济社会学理论视角的结构分析》，《国家行政学院学报》，2015 年第 4 期。

在整个20世纪80年代苏南的高速发展之中，几乎没有发生一起破坏稳定的群体性事件，连上访告状的现象都很少见。整个经验，相对于90年代以后的教训，值得认真总结。①

五、国家总体安全视角下的乡村治理——来自发展中国家的案例

我们的“子课题一”着眼于发展中国家比较研究。该研究来源于我们课题组已经开展了3年的新兴七国（E7）国别比较研究。②

环顾发展中国家，近两年因遭受国际金融资本国家调整策略而导致国内社会动荡频生，时刻威胁着执政党的统治权威，例如：委内瑞拉后查韦斯时代反政府示威浪潮；巴西民众街头抗议政府公共福利政策；印度乡村反政府的武装毛派势力扩张、农民自杀率攀升、性暴力罪案剧增；南非矿工罢工浪潮席卷全国；印度尼西亚民众抗议燃油上涨及政府补贴不足；土耳其反政府抗议运动等。

课题组以国家总体安全为矢量来看乡村治理，对比研究了其他发展中国家的案例，如：“缺乏乡土社会作为危机软着陆基础”③ 的巴西教训、“重建地方治理”的印度经验和“植根大众民主”④ 的委内瑞拉经验等。

---

① 温铁军、刘传磊、张俊娜：《村社理性：苏南农村工业原始积累的内在成因》，待刊稿。

② E7比较研究得到联合国开发署UNDP中国代表处的资助，是不同于西方中心主义话语提出的“金砖五国”的一个国际合作项目。

③ 摘自E7课题组工作报告之巴西报告。

④ 许国平：《查韦斯遗产为何永存?》，http://twnchinese.net/?p=4609；安那琪：《查韦斯的遗产》，http://utopia.e-channel.info/read.php?1699；SMFF（social movement film festival）：《委内瑞拉的自主社区议会》，《委内瑞拉的草根社区媒体》，《委内瑞拉的合作社》，https://smff2013.wordpress.com/tag/%E5%A7%94%E5%85%A7%E7%91%9E%E6%8B%89。

巴西是金融资本全球化进程中的“深化资源型经济”发展模式，搭上跨国金融资本投机粮食及能源市场的便车，GDP 快速增长，2010 年巴西人均 GDP 首次突破 1 万美元，超过英国跃居世界第六大经济体。① 2002—2008 年，巴西政府各种针对贫困人口的直接补贴总额占 GDP 的比重从 6.9%上升到 8.6%。贫富差距缩小，2002 年卢拉上台时，基尼系数为 0.553，到 2011 年罗塞夫继任时，已经降至 0.500，达到半个世纪以来最低；同期，失业率则从 9.1%降至 6.8%。短短 10 年里，有 3500 万人口（约占贫困人口总数的一半）脱离绝对贫困。但是在高增长的 GDP、外汇储备外表之下，巴西实质上是为跨国资本打工的净负债国。

近年来，随着几大经济体发展减速，受制于外国资本及市场的急剧波动、需求下降，巴西也陷入经济持续低迷的泥沼。② 2014 年，累计逆差额达 39.2 亿美元。2015 年，巴西经济萎缩 3.8%，通胀率高达 10.67%，政府支出减少 1%，财政赤字占 GDP 比重飙涨至 10.3%，创下历史最高水平。穆迪、惠誉、标普三大国际评级机构均已将巴西主权债务评级降至垃圾级。③④ 随之而来的是城市居民上街抗议政府福利政策，农民抗争、占领土地、示威的数量开始上升。

印度多个邦有不同的民众科学运动，独立运作，组成联网，名

① 许国平:《查韦斯遗产为何永存?》，http://twnchinese.net/?p=4609；安那琪:《查韦斯的遗产》，http://utopia.e-channel.info/read.php?1699；SMFF（social movement film festival）:《委内瑞拉的自主社区议会》，《委内瑞拉的草根社区媒体》，《委内瑞拉的合作社》，https://smff2013.wordpress.com/tag/%E5%A7%94%E5%85%A7%E7%91%9E%E6%8B%89。

② 严瑜:《巴西：金砖能否重新被拭亮?》，《人民日报（海外版）》，2014-10-30。

③ 莫成雄:《“金砖巴西”2015 年经济萎缩 3.8%风光不再》，http://world.huanqiu.com/hot/2016-03/8648250.html。

④ 徐以升:《巴西真相——为国际资本打工的净债务国》，《第一财经研究院研究报告》经济金融系列第 28 期，总第 53 期，2012 年 5 月 14 日。

叫“全印度民众科学联网”（AIPSN）。发展得最好的是喀拉拉邦。“喀拉拉民众科学运动”（Kerala Sastra Sahitya Parishad），简称 KSSP。KSSP 的思想来源之一乃甘地乡治思想。甘地认为，印度的未来不在城市，而是村落。印度政治应是由民众直接参与的制度。这种民主政治不在国会，而在村会，就是乡村的代表会，即民主政治制度的基础。甘地指出地方自治的条件之一，需要发展本地经济系统，本地生产与消费。1987 年，KSSP 成立民用科技研究中心（IRTC），目的是培养农民学习真正实用的技术。IRTC 研发太阳能、沼气、小型水力发电、省柴灶、保暖盒、省电启动器、蓄水池、水流域管理、综合农畜模式、猪种改良、草药等。① 1994 年，喀邦根据国家宪法修订乡镇议会法，及举行乡镇议会代表民主普选。发起“人民计划运动”，下放权力，不仅在机构和体制上把权力交到乡镇，而且培养村民的自治能力。“人民计划运动”在 1997—1999 年兴建 10 万间房屋、24 万个厕所、5 万口井、1.7 万个公众水龙头、8000 公里道路，清洗 1.6 万个池塘，把 30 万英亩土地改为耕地。② KSSP 与“人民计划运动”的重大意义，在于立足于日常生活的知识与技术，缓解民众生活资源极端短缺的问题，推动民众参与，尝试解决代议制民主或集权体制都不能解决的问题，即民众如何决定自己的需求。这对于全球化过程中越来越边缘化的群体是很重要的。

查韦斯上台后，推行“玻利瓦尔任务”（Misiones Bolivarianas），以消除贫穷、提高社会福利、扫除文盲等，旨在重新分配财富、实现社会正义。其中包括开办扫盲班、夜校；开办售卖经过国家补贴的便宜食物的国营商店，保障委内瑞拉的粮食主权；在贫民小区设

---

① 刘健芝：《印度的民众科学运动——社区建设的树人工程》，《中国改革（农村版）》，2003 年第 3 期。

② 刘健芝：《民众做主人 官员为公仆》，《中国改革（农村版）》，2003 年第 7 期。

立诊疗所，提供免费医疗；为穷人建设新的房屋单位；培训人民成立合作社，以生产社会所需物品，让委内瑞拉经济摆脱对石油工业的依赖。新成立的合作社，获得政府提供设备援助及低息贷款。超过30万人在该计划下获得培训；制定全面的土地征用及重新分配方案，让贫穷人民拥有土地。荒置的大庄园和工厂也被征用，归合作社管理；为贫困母亲提供财务援助，协助她们养育孩子。这一切都是通过组织创新而产生的社区议会、合作社、社区媒体去低成本完成的。委内瑞拉的国债，从1998年占国内生产总值45%，下降到2011年的20%。委内瑞拉还因提早还清拖欠国际货币基金组织和世界银行的所有债务，而退出这两个国际金融组织。委内瑞拉的失业率，从1998年的15.2%，下降到2012年的6.4%。政府提供了逾400万个新的就业机会。

但是，2013年美日、欧洲国家为主的国家全面推进量化宽松的金融政策以后，大量过剩流动性进入国际原油期货市场造成其价格连续大起大落，先是随着美国2008年的量化宽松政策蹿升到140美元以上的最高点，拉动产油国争相扩大出口、进口国被迫“输入通胀”；造成全球危机而实体经济衰落，投机资本则回流资本市场。同期，石油进口大国——美国的能源自给率迅速上升、进口大幅度减少，又迫使油价下跌到2008年华尔街金融海啸之前的低价位，导致与美国势成对立的俄罗斯和委内瑞拉等产油大国的出口收入大幅度减少。此时的委内瑞拉内外交困，查韦斯已经去世，新政府面临过高负债，再也无力支付反贫困等领域的社会性开支；内外反对派借机发起大规模对抗政府的街头冲突。

通过以上案例可以看到，不论喀拉拉邦的民众科学运动还是委内瑞拉的玻利瓦尔革命，它们都在积极地推动大众民主，下放权利给穷人，让穷人掌握重新分配财富的政治权利。唯有让底层人民自主参与政治决策的民主赋权过程，才能打破国内寡头精英和跨国公司在政治和经济上的垄断格局。在中国也有类似的历史经验，只要保留着传统的乡土社会仍然在发挥着政府主导和人民参与作用的内部化机制，就能构建和巩固国家综合安全体系。

六、国家安全战略对乡村治理的理论研究与实践探索提出新的要求

课题组在关乎国家安全的重大问题研究中，只能勉力去除意识形态束缚，尽可能立足于现实，构建宏观与微观相结合、海外与国内相比较的研究框架，对“不可能三角”“中央下乡与地方下乡”“中央风险与地方竞争”“逆周期调节与资本替代”等现象做了理论归纳。

专栏五：逆周期调节

纵观历史，经济危机之下，大多数国家都会采取政府干预行动，归纳起来主要有三种方式：其一是通过国家制造货币信用向市场注入流动性，稳定市场信心；其二是通过政府财政信用对私人企业实施国有化，避免企业倒闭的连锁反应；其三是通过国家开发性金融机构的“准政府信用”，发挥逆周期的调节作用。

在危机条件下企业的顺周期行为是常见的；而逆周期调节则需要政府信用对私人资本信用的有效替代，不仅能够熨平经济波动，并且当复苏和高涨接踵而至之际还会产生制度收益。市场化改革使承担无限责任的中央和承担有限责任的地方之间发生政府信用分化。因此，一般地方政府并不具备内在对接中央政府信用以替代外部资本信用的客观条件。

而我们通过区域比较研究，发现苏州工业园区能够在 20 年间多次“化危为机”——在 1988—1994 年滞胀型周期性危机之中逆势而起，在 1998—2001 年通货紧缩期间获得国家战略投资，2008 年全球经济危机之际推进结构调整，主要是因其承接国家重大战略任务而特有的“集中力量办大事的国家体制”特征。亦即，园区“政企合一”的地方政府信用很大程度上带有无限责任的特点，才能够平滑对接。

——摘自董筱丹：《再读苏南——苏州工业园区二十年发展述要》，苏州大学出版社，2015 年 4 月。

1. 走出乡村微观叙事，超越“国家—社会”二元对立，构建“全球—国家—乡村”的研究框架。

第一步，将“中国在全球挑战下作为后发国家追求工业化进程”作为大背景，认识到近代以来的乡村治理格局改变乃是工业化需要内向型地从农村地区提取剩余完成资本原始积累所致，必然将国家发展阶段的演变纳入“国家—社会”的关系研究。

第二步，须注意的是，在不同的文化和社会中，对于“国家—社会”问题有着明显不同的思考和回答；从西方经验衍生出来的这一范式潜在地预设了国家和社会的对立关系，这种对立性，既不符合中国的社会和文化语境，与当前中国参与以民族国家为基本单位的全球化竞争之历史使命也不相符。

第三步，认识到以往农村研究的局限性。一般从中国农村基层实际情况出发的学者，对于 20 世纪中叶以来中国宏观政治经济环境的变化及作用于乡村治理的内在机制往往缺乏把握，其研究或是以某一片段的经验事实代替一个更长时期的历史演变，或是缺少对农村土地与国家财税等重大制度变迁背景的观照，或是缺少全球化的视角，从而影响了乡村治理研究的深度。

2. 从特殊中归纳一般经验，摒弃各种“主义”的束缚，提出中国本土的理论创新。

我们注意到，即使在政府和市场双重失灵的条件下，构建善治也是可能的，并且在国内一些地方和乡村也存在着很多治理创新的实践经验。这些实践经验对国内其他地区，乃至对制度资源贫弱的后发国家，都具有重要的启发价值，但一直以来受重视程度不够。对这些经验的归纳，需要摆脱先入为主的假设和学术框架，以参与式方法融入这些经验和实践当中，对其进行机制性、规律性的归纳研究，形成有借鉴价值的理论升华和政策建议。

专栏六：地方政府公司化与资本替代

中央和地方政府信用的分化始于1984年以“财政分级承包”为核心的财税体制改革及1994年的分税制改革。这两次改革中，地方政府获得相对独立的财政利益和土地等资源配置主导权，也就有了更鲜明的垄断经营性特征。而且，地方政府因占有以财政权和土地产权为主的公共产权而派生出地方政府信用，主要包括财政信用和可变现资产信用。其中，财政信用是由税收、预算等法律规定所产生的信用关系，来源于地方经济发展和税收增加，与地方政府的财政收入水平相关联；可变现资产信用直接依托于地方政府拥有的土地、自然资源以及固定资产等可变现资产的存量。无限责任的中央政府信用，共同完成对外部资本信用的替代。

——摘自董筱丹：《再读苏南——苏州工业园区二十年发展述要》，苏州大学出版社，2015年4月。

国内学者如能着力结合应对全球化挑战的中国经验研究，将乡村治理问题置于全球化与国家安全的框架之中，将宏观层面的影响因素、传导机制与微观主体的行为研究相结合，尝试回答如何在全球化的挑战中构建服务于中国国家总体安全的乡村治理体系，将具有显著的学术创新意义和政策应用价值。

3. 发掘农村低成本治理经验，构建农村低成本的风险弱化和安全保障机制，作为国家总体安全的微观基础。

林毅夫在 1999 年提出国家应该以国债为主投资于“新农村建设”。当时针对的就是 1997 年亚洲金融风暴引发的中国输入型通货紧缩与生产过剩同步的危机，以及危机期间发生的社会不稳。温铁军等则于 2001 年开始把稳定与治理结合起来开展基层试验研究。据此指出，新农村建设是关涉中国宏观经济调整和社会稳定全局的国家战略，政府公共投资在改善乡村经济社会基础中发挥着不可替代的重要作用；但必须以乡村治理的结构调整和机制创新为前提，才能克服政府与分散小农之间交易成本过高从而导致政府治理成本过高而收效较低的难题。

同理，在落实国家安全战略中，如果因循既往那种造成过高制度成本的维稳道路，同样会是收效甚微的。

七、构建乡村综合治理体系以破解中央—地方—乡村的“三元悖论”①

“三农”经济基础决定“三治”上层建筑，要将“三农”政策

---

① 董筱丹、梁汉民、区吉民、温铁军：《乡村治理与国家安全的相关问题研究——新经济社会学理论视角的结构分析》，《国家行政学院学报》，2015 年第 4 期。

的重心转变到“三农”与“三治”有机结合，下决心从改革以来较多强调提高经济收益，调整到强调有利于稳定乡村社会、改善地方和国家治理上，构建县乡村各有侧重的综合治理—发展体系。

县政改革建议：第一，改变中央和地方的财税关系，创造县域综合体制改革条件；第二，重点改革条块分割的涉农体制，设立体现普惠原则的“农村综合发展基金”，将各部门分散把持的国家粮食与食品安全、生态与环境安全、社会与文化安全以及美丽乡村建设等专项资金统合起来，作为县级资本金对乡、村农民综合性合作组织持股；第三，将县级政府各单位涉农（金融、保险、物流、仓储、科技、房地产、旅游、餐饮、加工、流通等领域）的项目经费参股纳入综合性合作组织，使产生的经营收益反哺“三农”。

乡（镇）政改革建议：通过打造结构相对完整的产业链条，产生稳定的制度收益，同时保持内部的低成本治理。民国时期的著名乡村建设实践，如 20 世纪 20 年代的卢作孚在重庆北碚、晏阳初在河北定县，基本上都是以一个镇作为试验的范围①；农业集体化时期，也是以乡镇同级的人民公社作为一级核算单位，来进行农田综合整治和使用大型农业机械；当代中国的“超级村庄”，如江苏的华西村、永联村、长江村等，从地域范围来说，都差不多是以一个镇的土地面积形成相对完整的产业资本价值链。

当前，自然村和行政村的社会和资源整合仍然受到或隐或显的派性力量的制约，而乡镇则为各种农村公共活动和社会组织的发育提供了空间。客观地比较东亚乡村，只有中国大陆在乡镇一级没有组建综合性合作社，农民组织化程度最低。另有一些案例表明，在农村中各种民间社会和文化力量日益活跃的局面下，乡镇政府可以通过“购买服务”实现治理创新，低成本地撬动各种民间资源，推

---

① 郑大华：《民国乡村建设运动》，社会科学文献出版社，2000 年。

进农村组织创新与制度创新。

村治改革建议：第一，成立以体现成员嵌入关系、集发展与治理于一体的农村综合性合作组织（而不是“大农吃小农”的专业合作组织），或者扩大农村集体经济的资产量；第二，村两委与综合性合作社有机整合，降低历史上长期存在的政府与乡村社会之间的“交易成本”；第三，中央部门应以政府公共财政为杠杆，向农民综合合作组织注资入股，再通过股权分配自下而上地形成农村综合合作体系，使农村资源收益水平提高与农村公共资源总量扩大同步推进，通过增量分配将村庄积累的历史矛盾化解在村庄内部，变“行政吸纳社会”为“合作吸纳冲突”。

综上所述，地方“三农”与“三治”的综合体系如下：村民小组作为一个“社会—地理”实体的成员关系和土地财产关系的存在，使得建立在利益共同体、情感共同体、地缘共同体上的合作成为可能。行政村统摄村民小组，可以最大限度地降低内部交易成本，活化乡村社会关系和社会资源。在村合作的基础上，乡镇是实现规模收益的主要层级和上下联动的重要衔接，一方面为乡村内的各种社会能量提供场域，另一方面应该组建综合性合作社来承接自上而下的中央资源和国家战略任务。而县级发展—治理则需要通过财税体制改革和涉农收益整合，使地方政府从积累矛盾的经济发展竞争转向能够弱化矛盾、缓解冲突的发展—治理综合体。

第一篇

局　势：

发展中国家内外风险叠加

第一章

中国对美“双重输出”格局及其新变化[①]

本文对中美关系在全球金融危机之后“从互补转向互斥”的演化做了客观分析，认为在全球危机成本转嫁的压力下，中国内部一方面发生资金从实体经济析出向虚拟经济转化的顺向运动；另一方面城市经济不可能承载输入型危机，只能“路径依赖”地内向对乡土社会转嫁。由此，只有稳住乡土社会，才能有危机“软着陆”的载体。

一、问题与背景：美国搭“双重便车”与中美之间的“双输”格局

客观来看，中美新型大国关系，本来是两个分处不同阶段的第一大国之间具有经济互补性的利益关系；而且，在这一关系中，中国处于矛盾的非主要方面，美国作为金融资本第一大国占据矛盾的主要方面，是典型的寄生性攫取型经济，长期搭着中国产业资本第一大国的物质产品廉价输美和贸易盈余低价返美的“双重便车”，坐享低通胀条件下实现金融资本的全球扩张。

---

① 作者为温铁军、高俊、张俊娜，本文得到国家社会科学基金重大项目“作为国家综合安全基础的乡村治理结构与机制研究”（批准号 14ZDA064）、国家社科基金年度项目“粮食金融化与我国粮食安全战略研究”（批准号 14BGJ048）以及北京市社科基金重点项目“城乡二元结构下改善社会治理研究”（批准号 15FXA003）的资助。感谢匿名评审人提出的修改建议，笔者已做了相应修改，本文文责自负。本文原载于《经济理论与经济管理》，2015 年第 7 期。

（一）中美是分处于不同发展阶段的两个“第一大国”

历史地看，当代资本主义的主要矛盾，不再是工业化时期资本与劳动之间的矛盾（产业资本占据矛盾主要方面），而是金融资本异化于实体经济的内生性矛盾。具体如下。

一方面金融资本占据主导地位；而在金融资本内部则是美元与欧元两个主流金融资本集团之间的对抗性矛盾。金融资本由于具有流动性、短期性和集中性这“新三性”①，所以必然扩张泡沫经济并借助全球化递次转嫁金融危机代价。这个异化过程从美国 1971 年放弃布雷顿森林体系开始，到 20 世纪 80 年代推出衍生品交易，再到 20 世纪 90 年代推进金融全球化，一直持续到进入 21 世纪强行转嫁虚拟资本危机，其间伴随着大规模扩张军事强权。

另一方面，在这个金融资本异化于实体经济的过程中，西方随金融资本主导国家从产业资本阶段进入金融资本这个资本主义的高级阶段，随之发生其淘汰的实体产业向发展中国家转移。中国作为最大发展中国家，因资源、劳动力价格低廉和“举国体制”的比较优势，而进入产业资本快速扩张的战略机遇期。从 1995 年起主要工业品产量逐渐超过西方国家，1998 年遭遇生产过剩，政府直接采取国债投资拉动增长，到 2005 年即成为世界主要工业品生产第一大国；又在 2008 年遭遇第二次因外需下降造成的生产过剩，政府再度增加直接投资维持高增长，到 2013 年中国的工业总产值若按购买力平价法（PPP）计算，已经占全球 41%，约为美国的两倍（美国占 23%），超过其他 7 个工业国家的总和（日 9%，德 7%，俄 7%，巴西 4%，加、英、法均为 3%）。②

---

① 中国战略思想库：《虚拟资本主义时代的国家安全》，http://www.macrochina.com.cn/sixiangku/2014/201416.shtml，2015-06-04。

② 美国中央情报局：《世界概况》（*The World Fact book*），天马图书出版社和波托马克出版社，2013 年。

1950 年，美国制造业的规模占 GDP 的 29.3%，金融服务业只占 10.9%，然而到爆发金融海啸的 2008 年制造业只占到 GDP 的 11.5%，农业不到 2%；而金融为核心的第三产业的比例提高到了近 87%。① 随着 1999 年《金融服务业现代化法案》的通过，风险巨大的“影子银行系统”② 陡增。从次贷危机爆发的 2007 年全球广义流动性的估算看，美国“影子银行系统”创造的金融衍生产品占流动性的 78%，相当于世界 GDP 的 964%；创造的证券化债务占流动性的 11%，相当于世界 GDP 的 138%。随着金融衍生产品和证券化债务的推出和流行，欧亚的实体产品出口国和中东等地的石油输出国的资金以史无前例的规模流入美国，2007 年美国吸收了全球近一半的资本流入。③ 2008 年金融海啸爆发，美国和欧盟饮鸩止渴大规模创造流动性进入资本市场，到第二次量化宽松的 2010 年全球资本市场扩张到 955 万亿美元，而世界 GDP 仅为 63 万亿美元。④⑤

综上所述，本文认为中国是产业资本阶段第一大国，创造全球工业 GDP 的四成多。美国是金融资本阶段第一大国，创造全球金融衍生品的一半。世界由此形成美国为首的西方占据金融资本高级阶段，中国为首的新兴国家处于产业资本次级阶段，大多数发展中国家处于资源经济低级阶段的世界经济格局。

---

① 李小晓：《对决华尔街》，《中国经济周刊》，2011 年第 41 期。

② 影子银行系统（The Shadow Banking System）的概念由美国太平洋投资管理公司执行董事麦卡利首次提出并被广泛采用，又称为平行银行系统（The Parallel Banking System），它包括投资银行、对冲基金、货币市场基金、债券、保险公司、结构性投资工具（SIV）等非银行金融机构。

③ 李志能：《虚拟资本主义的财富霸权——从对美国经济数据的质疑看世界金融危机》，《人民论坛》，2009 年第 7 期。

④ 引自论文集 *Global governance*：*Crossed perceptions* 中 Rasigan Maharajh 所著论文 *Betwixt now and then*：*travails in the interregnum* 的图 6 “Market sizes (2010)”，转引自 *Handelsblatt*：*Spiegel*，*LWF*，*BIZ and WFE*。

⑤ Sérgio Eduardo Moreira Lima：*Global governance*：*Crossed perceptions*，Brasília：Alexandre de Gusmão Foundation（Funag），2015.

（二）美国搭中国实体经济的“双重便车”支撑美元扩张

中美分别作为不同发展阶段的第一大国，一般认为两国之新型大国战略关系取决于是互补还是互斥。中美曾经有过被美国认为是战略关系最好的时期，那主要是基于“中国生产过剩，美国生产短缺”。[①] 所谓互补关系，实际上是中国客观起到了维护美国金融资本全球扩张做出的“双重输出”的作用。

一是中国输出廉价制成品，既帮助美国维持较低 CPI[②]，又利于美元增发支付其不断增加的对华贸易逆差，实质性地维护着美元作为世界结算和储备货币的绝对地位。

二是中国所获贸易盈余还得输出到美国最低利息率的国债市场，成为对美 FDI 第一国家。

借此，美国利用“特里芬悖论”[③④] 吸纳全球美元资本回流到美国的资本市场，并以低息借债方式进行全球再投资，即通过国内低通胀条件下的低息美元资本与接受国的高息资本之间的市场利差构成的金融竞争优势，低成本地控制其战略产业，获取跨国集团的回

---

① 王建：《中国如何避免生产过剩危机》，《上海证券报》，2014-03-19。

② 李建宗：《外媒称中国廉价商品助美缓通胀 15 年 CPI 均速 2.1%》，http://finance.chinanews.com/cj/2012/02-21/3685038.shtml，2015-06-04。

③ 1960 年，美国经济学家罗伯特·特里芬（Robert Triffin）在其《黄金与美元危机——自由兑换的未来》一书中提出，“由于美元与黄金挂钩，而其他国家的货币与美元挂钩，美元虽然取得了国际核心货币的地位，但是各国为了发展国际贸易，必须将美元作为结算与储备货币，这样就会导致流出美国的货币在海外不断沉淀，对美国来说就会发生长期贸易逆差；而美元作为国际货币核心的前提是必须保持美元币值稳定与坚挺，这又要求美国必须是一个长期贸易顺差国。这两个要求互相矛盾，因此是一个悖论”。

④ 罗伯特·特里芬著，陈尚霖、雷达译：《黄金与美元危机——自由兑换的未来》，商务印书馆，1997 年。

流资本收益支撑美国资本市场。①

研究表明，中国向美国出口商品获得大量美元，成为世界第一外汇储备大国，外汇储备是排名第二的日本的近 3 倍。在这 3.5 万亿美元外汇储备中，约 70%是美国国债和美元资产。②③ 由此，中国低价出口创造的收益大量回流美国。此外，通过货币与资本价格的传导和重置，美元资本可以向全球转嫁国内金融与经济危机。2008 年金融危机爆发后，美国出台量化宽松（QE）政策，导致美元持续贬值，成功地向美国国债、美元资本持有国（以中国为首）转嫁国内危机。

由此可知，作为金融资本阶段第一大国的美国，事实上长期搭乘中国实体生产和贸易盈余的“双重便车”，才得以实现美国虚拟化金融资本的全球扩张。

（三）中美看似“互补”的经济关系实际上也是竞劣，造成“双输”

之所以是“双输”，在于美国搭“双重便车”和中国“双重输出”的后果都是走向反面。

美国越多贸易逆差，对外输出最有竞争力的低息美元就越多，世界第一储备货币的地位也就越稳，保护美元坚挺的“特里芬悖论”的机制性作用也会越显著！但，由此产生的负面作用是客观促使美国金融资本越来越虚拟化。在实体产业大量移出的背景下，美国得不到原来由企业支付的相当于工资总额 50%的社会性开支，转而只

---

① 兰永海、贾林州、温铁军：《美元“币权”战略与中国之应对》，《世界经济与政治》，2012 年第 3 期。

② 田俊荣：《中国外储 3.5 万亿美元居世界第一　是排名第二日本近 3 倍》，http://finance.ifeng.com/a/20130714/10161313_0.shtml，2015-06-04。

③ 朱舜：《日媒：中国外汇储备约一半投资美国国债》，http://finance.cankaoxiaoxi.com/2014/0417/376832.shtml，2015-06-04。

能更多地依靠借债来支付社会性开支，其结果是政府赤字不断增加，不得不把“债务泡沫化”变成国家强权政治的内涵。另一方面，则是企业流向海外导致国内资本市场异化于实体经济而随流动性扩张趋向于“金融泡沫化”，而且不得不更多倚重军事霸权来维护金融资本全球扩张。这是所谓左翼的美国民主党政府同样大规模投资扩张军备的根源。于是，一个“债务泡沫”，一个“金融泡沫”，都成为美国在金融资本主义阶段发生经济危机的主要来源。

处于产业资本阶段的中国，在“双重输出”的格局之下，其不断增加的实体资产，事实上被来自金融资本大国的虚拟金融资本“再定价”（例如大批中国实体企业低价海外上市），从而使中国以劳动为核心要素的产业收益，被以资本为核心要素的美国通过推行“资本化”来长期占有；不仅导致产业平均收益下降、资金大量析出冲入房地产等投机领域构成危机，也派生出劳工待遇低下、环境和社会成本愈益恶化等一系列“负租效应”①。②

二、中国宏观调控困境——以 2008 年全球金融危机为例

自从 20 世纪 80 年代美国主导西方资本主义经济“升级”进入金融资本阶段以来，在短短的 20 年间，美国资本市场竟然“创新”

---

① 张五常认为，“土地、矿物、树木、人力等资源，由上苍赐予，这些资源不通过人的脑子发展起来不值钱，而资源的升值就是租值”。也就是说，劳动、土地等要素资源在资本化过程中的升值体现为租值增加。然而如今，在资本愈益深化的规律作用下，过度追求发展所造成的资源环境问题和社会性冲突日益显现，不仅不能产生资源升值，反而还需不断增加投入用于生态环境修复和社会维稳。

② 张五常：《经济解释卷 4：制度的选择》，中信出版社，2014 年。

出两千多种衍生品，极大地促进了“低成本”的金融经济的全球扩张；同期，与之相应的巨大制度成本，也势必因金融资本大量进入虚拟经济而累积着，并且不断表现为从边缘逐渐走向核心的金融危机爆发——从 20 世纪 90 年代开始，先多次发生在边缘国家，如 1997 年亚洲金融危机；再渐次向金融资本的核心区演进；终于在全球金融投机最集中的华尔街爆发为“金融海啸”……

在资本主义高级阶段占据统治地位的金融资本，更因被占据单极化全球霸权地位的国家掌控而具有对下转嫁制度成本的条件和能力；尽管这只是美国从产业资本向金融资本做阶段性改变的客观演变过程，但任何国家的发展都不可能逃开其在金融资本主义阶段因泡沫化扩张造成的全球危机，以及为了应对危机所内生性地对外或对内转嫁成本。

不过，诚如很多政策研究者指出，全球危机下中国经济的一枝独秀是表象。随着国内经济因积极的财政、货币政策拉动投资实现从恢复性增长迅速进入井喷式增长，宏观经济在 2010—2012 年一度出现过热，但“生产过剩”的长期化这种实质性矛盾并不可能随着经济过热而根本解决；新增固定资产投资并非缓解，反而在某些方面加剧了产业资本的困境。

值得注意的是，2009 年之后，国家救市投资表现出很强的“服务业主导制造业”的特征。实体产业中除了与基本建设相关的领域和一些资源型产业①以外，大部分行业发生了因行业平均利润率下降而被金融资本排斥、异化的现象。金融资本全球化在各国的实践经验早已证明：不论在何种体制下，一旦金融资本异化为独立利益集团的趋势不得克制，则其追求流动性获利的寄生性本质必然反作用于实体经济，使之衰败！这一经验性规律，概莫能外。当下，几乎所有实体经济为主的沿海工业开发区都遭遇到前所未有的挑战。

---

① 因国际金融资本主导基础商品价格大幅波动，资源型产业可以通过“搭便车”实现超额收益。

（一）美国量化宽松政策及金融资本主导的制度调整

金融危机爆发后，为了补充资本市场上的流动性，2008 年 11 月 25 日美联储宣布启动第一轮量化宽松货币政策，不仅购买政府支持企业房利美、房地美、联邦住房贷款银行与房地产有关的直接债务，还将购买由“两房”、联邦政府国民抵押贷款协会所担保的抵押贷款支持证券。到 2010 年 6 月底第一轮量化宽松货币政策结束时，在一年半多一点的时间里，美国的基础货币从 9364.85 亿美元上升到 20151.99 亿美元，增长了 151.19%，增量为 10787.14 亿美元，是国际金融危机之前同一时间长度（2006 年 1 月—2007 年 8 月）基础货币增量 379.57 亿美元的 28.4 倍。①

接下来，则是金融资本主导国家路径依赖地启动了第二轮、第三轮量化宽松政策，以及制造局部战争迫使海外资本回流美国资本市场的币缘战略“巧实力”（Smart Power）频繁运作。②

直到 2013 年 10 月 31 日，美国与其他 5 个西方主要金融资本经济体达成多边货币互换协议，能够熨平任一经济体的任何短期流动性不足，使得核心区不再有金融危机爆发的可能性，才明确了逐渐退出量化宽松的政策考虑。而且，在这个金融稳定机制运行一年之后，于 2014 年 10 月 30 日才正式结束了总量高达 3.8 万亿美元的量化宽松政策。

华尔街金融海啸发生以来的 6 年里，东西方几乎所有金融资本经济体普遍发生了贫富两极分化更趋严重而造成的社会乱象，遂有一系列或多或少地指向金融资本寡头政治的“代表 99%”的占领运动。

这个金融资本危机在核心区爆发、最终通过核心区倡导的制度创新予以化解的全过程，再一次验证了我们提出的“成本转嫁

---

① 鑫干线点金：《美国量化宽松的历史与展望》，http://www.cnforex.com/comment/html/2014/10/21/86db9b8128858fa254a76f43887060e7.html，2015-06-04。

② 兰永海、贾林州、温铁军：《美元“币权”战略与中国之应对》，《世界经济与政治》，2012 年第 3 期。

理论”[1][2]所揭示的、内含于金融资本阶段的制度运作机制——核心国家能够顺畅地对外转嫁成本，而边缘国家只能承载核心或半核心国家递次对外转嫁的成本。

（二）国际市场上基础商品价格大幅上涨[3]

在量化宽松政策释放的巨大流动性冲击下，主要初级产品价格脱离一般的供给和需求的决定作用，形成“被金融化”——由金融投机制造价格涨落。由于这种通过向大型机构投资者回购中长期债券所增加的基础货币供给大规模流向了能源、粮食、原材料等期货市场，致使国际市场上原材料价格一路上涨，到 2011 年中期已经达到了 570 多点，比金融危机爆发前高出了 100 点左右。2011 年中期到 2012 年虽然整体上呈现下降趋势，但最低指数水平仍然远高于 2008 年金融危机爆发之前的最高水平。

从美国发生次贷危机的 2007 年，到爆发华尔街金融海啸的 2008 年，国际市场上大宗商品的 CRB 指数[4]发生了一轮大幅波动，首先是

---

① 在借鉴美国学者沃勒斯坦的“世界系统论”和埃及学者阿明的“依附理论”的基础上，温铁军提出“成本转嫁论”作为解构当代中国经济史和世界资本主义经济史的理论工具。具体而言，西方特色的资本主义在不同历史阶段造成的危机代价，主要是向殖民地和发展中国家转嫁。这是导致发展中国家贫困的主要原因。这一由西方列强与发展中国家之间的一般矛盾所形成的理论，可以归纳为“成本转嫁论”。

② 温铁军等：《八次危机：中国的真实经验（1949—2009）》，东方出版社，2013 年。

③ 2011 年以来，包括主要能源和有色金属等在内的国际主要大宗商品价格总体上呈现出趋势性震荡下跌走势，尤其是 2014 年下半年以来，价格加速下跌趋势更加明显。这标志着美国通过粮食—石油—美元的币缘三角结构消纳垃圾金融衍生品的措施告一段落。

④ CRB 指数（或写作 CRBI）是国际市场上 Commodity Research Bureau Index 的简写，涵盖了 19 种期货合约，其中，农产品包括：大豆、小麦、玉米、棉花、糖、冰冻浓缩橙汁、可可、咖啡、活牛、瘦肉猪；能源类包括：原油、取暖油、汽油、天然气；金属类包括：黄金、白银、铜、铝、镍。

从 2007 年年初的不到 350 点上升到 2008 年年初的将近 500 点，并持续数月；然后则发生自由落体式下滑，在半年的时间内回落到 300 点。①

因国际市场受到量化宽松政策的显著影响，中国这样的实体经济国家遭遇到“输入型”通货膨胀。这在对原材料供给的海外依存度较高的国内制造业上体现得最为明显。事实上，制造业企业的主要原材料购进价格指数发生了一轮基本同步的波动：在华尔街金融海啸席卷全球的 2008 年下半年，该指数从 2008 年中期的 75.7 点一路下降至 11 月的 26.6 点，达到近年来最低水平；而在美国量化宽松政策出台后，该指数旋即发生了从 2008 年 11 月到 2009 年 8 月的长达 10 个月的连续上涨，累计上涨指数达到 36 点，到 2010 年 4 月已经接近 2008 年危机爆发前的最高水平。

图 1-1 中的曲线很清晰地表明中国的实体经济价格波动受到金融危机影响。除了 2008 年金融危机导致一个明显的 V 形变化之外，2009 年、2010 年和 2012 年的三次量化宽松政策也都带来相应的价格起落。同期，代表非实体经济的曲线（非制造业商务活动指数）波动幅度很小，基本保持平稳。

（三）国际产品市场需求持续低迷

和基础商品不同，国际制成品市场总体表现萧条，价格水平相对低迷。根据笔者的一项计算，2009—2013 年，中国制造业的进口价格上涨了 64%，出口价格仅上涨了 19%。

从经济景气指数来看，反映制造业景气情况的制造业采购经理指数（PMI）虽然在 2009 年上半年也有了显著的回升，且一直位于 50 以上，从指标含义来说，整体上位于扩张区间，但更多时段是贴

---

① 网易财经：“聚焦美联储第三次量化宽松”专题，http://money.163.com/special/fedqe3，2015-06-18。

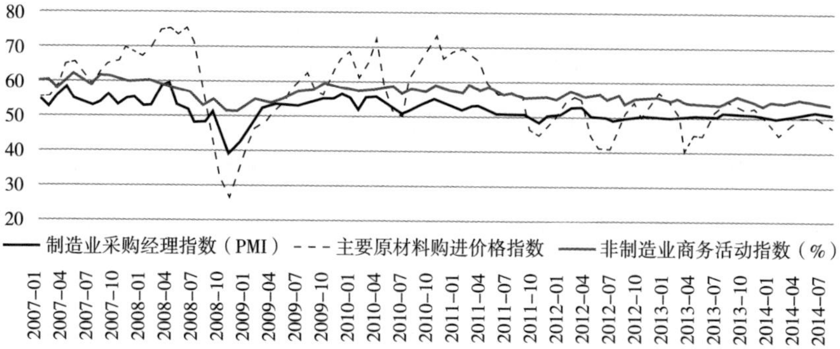

图 1-1 2007—2014 年 7 月中国主要经济景气指数

来源：根据 Wind 资讯提供的数据整理而成。若无特别说明，以下数据均来源于 Wind 资讯。

着经济景气的临界线运行。①

从图 1-2 也可以看出，中国经济对外依存度大幅提高的最近 20 多年，大部分时间中出口商品价格指数都低于进口商品价格指数。2008 年华尔街金融海啸发生后，全球商品价格出现了两个变化趋向，

① 指标解释：非制造业商务活动指数是根据企业完成的业务活动总量（如客户数、销售量、工程量等实物量）月度环比变化情况编制的扩散指数，由于没有合成的非制造业综合 PMI 指数，目前国际上通常用商务活动指数反映非制造业经济发展的总体变化情况，以 50%作为经济强弱的分界点，高于 50%时，反映非制造业经济扩张；低于 50%时，则反映非制造业经济收缩。制造业采购经理指数（PMI），是通过对企业采购经理的月度调查结果统计汇总、编制而成的指数，是国际上通用的监测宏观经济走势的先行性指数之一，具有较强的预测、预警作用。PMI 是一个综合指数，由 5 个扩散指数（分类指数）加权计算而成。5 个分类指数及其权数是依据其对经济的先行影响程度确定的。具体包括：新订单指数，权数为 30%；生产指数，权数为 25%；从业人员指数，权数为 20%；供应商配送时间指数，权数为 15%；原材料库存指数，权数为 10%。其中，供应商配送时间指数为逆指数，在合成 PMI 综合指数时进行反向运算。PMI 通常以 50%作为经济强弱的分界点，PMI 高于 50%时，反映制造业经济扩张；低于 50%时，则反映制造业经济收缩。主要原材料购进价格指数是根据企业主要原材料价格的简单平均水平月度环比变化情况编制的扩散指数。

原材料价格在美国增发货币的影响下大起大落，制造业产品价格整体下降；出口价格指数则在整体上呈现下降态势。二者共同作用，使得国内经济比重最大的实体产业的利润空间被迫压缩。

此外，从经济运行的稳态来讲，全球市场无疑为中国的制造业提供了巨大的产能扩张空间，但从图 1-2 可以看出，全球市场的波动性与中国宏观经济的波动性总体上是同期同向的：在经济萧条时期，出口商品的价格指数下降，构成整体经济萧条的一个部分；而在经济景气时期，出口商品价格的上涨同样加剧了国内原材料的供应紧张。这种顺周期作用，从某种程度上说，强化了中国经济的周期性波动。

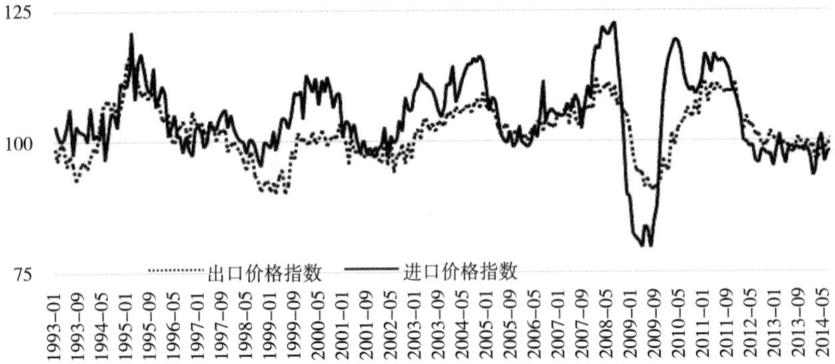

图 1-2　1993—2014 年中国进出口商品价格指数（上年同月 =100）

图 1-2 表明，中国沿海加工贸易型的实体经济的利润空间被挤压，连带其相关制造业的整体利润已经摊薄到寥寥无几。几年下来，已经造成大批企业倒闭破产，很多港台投资迁往东南亚国家，南方沿海的加工贸易型经济事实上已经进入“去工业化”时期。

与制造业相比，非制造业的景气度一直处于高位运行区间，二者之间的差距越拉越大。从创造增加值的情况看，非制造业中的交通运输服务业、仓储批发和零售业等三产部门与第二产业的增加值情况大体相当，而金融业的扩张和盈利情况则显著好于第二产业。

面对此类输入型危机造成的三次产业差别，因遭遇市场失灵叠加政府失灵的双重困境，单一国别的宏观调控根本无力化解矛盾，只好顺势强调提升第三产业所占的比重，其结果是资金纷纷从实体经济析出，涌向房地产和金融投机，连锁性地造成影子银行及其他形式的高利息借贷泛滥，反过来进一步压榨实体经济。

（四）中国救市投资与实体产业内部的挤出效应

2008 年年末以来，在国债拉动的大规模经济建设中，大量投资进入土地基本开发建设，固然提高了土地的总生产能力，使得土地的绝对地租和级差地租得以提高，但也使得国内骤然出现了一轮开发热。在前几年固定资产投资未有明显下降的情况下，2009 年固定资产投资完成额同比增速高达 30.5%，达到 21 世纪以来的最高点（见图 1-3）。

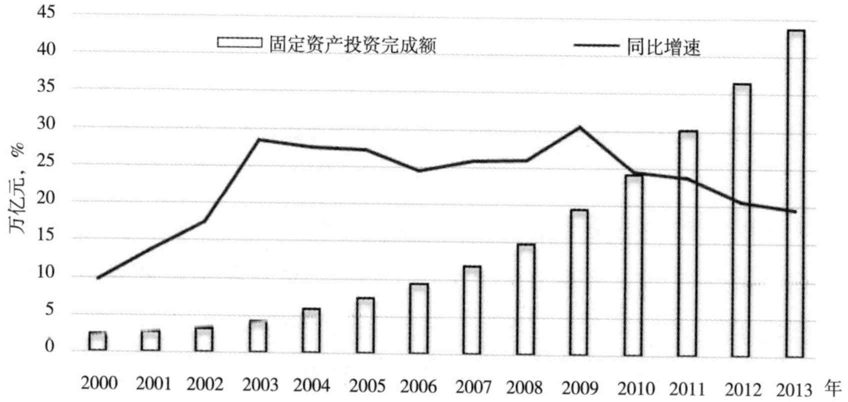

图 1-3　2000—2013 年全国固定资产投资完成额及增长速度

一方面，基本建设占地导致城市征用土地面积以前所未有的态势持续在高位增长，在 2012 年甚至超过了 2000 平方公里；2013 年略有回落，但仍然在 1800 平方公里的高水平上。

几十万亿元固定资产投资规模，毫无疑问在相当大程度上加剧了国内能源和原材料的供给紧张，提高了国内对于国际市场的依赖程度，并不利于改变一般产品制造业在国际市场上的被动地位。

另一方面，劳动力市场价格被持续拉高，以至于沿海过去依靠加工出口的数万家中小企业亏损倒闭的同时，各地频现“民工荒”，从 2009 年 6 月到 2014 年 9 月长达 5 年多的时间里，人工费的年同比价格指数持续大于 105（见图 1-4）。

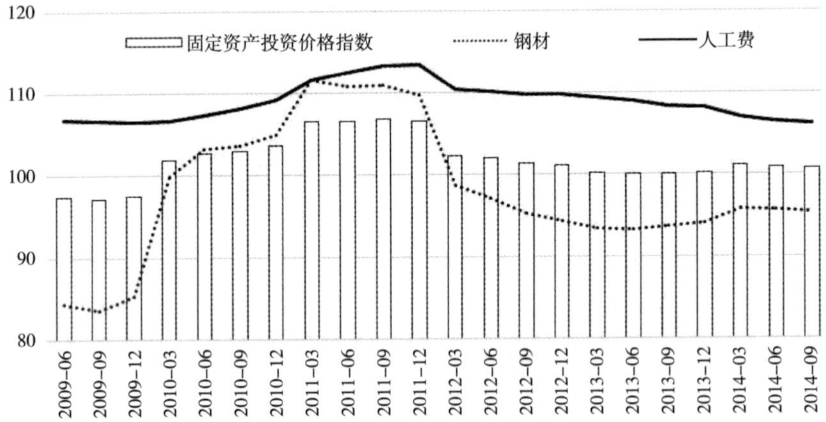

图 1-4　2009 年以来中国固定资产投资价格指数（上年同期 =100）

固定资产投资集中上马，拉高原材料价格和人工费用，对一般制造业的生产运行客观上产生了挤出效应，使得制造业的盈利空间受到挤压。

从图 1-5 中的企业商品价格指数走势图中，可以看出第二产业内部的收益分化情况。2009 年以后，政策性的农产品和垄断性的能源产品价格指数显著高于一般商品价格指数，而资源型的矿产品价格指数在 2011 年之前走势强劲，2011 年之后开始降至最低。

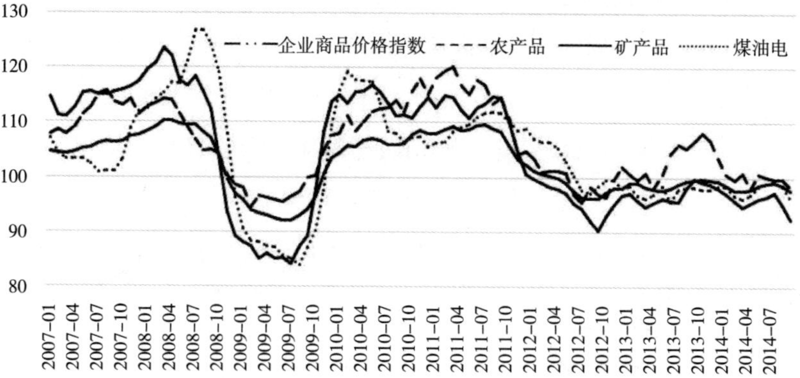

图 1-5　2007—2014 年中国企业商品价格指数（上年同期 =100）

（五）资金从实体产业加速抽离

21 世纪的第一个 10 年中，制度成本转嫁的规律仍在持续，具有征收土地和改变农业用地用途权力并以此获取土地资本化收益的地方政府，以土地为抵押向银行借贷，“以地套现”。① 征地高潮随着 2003 年以来国内经济进入新一轮经济景气周期而来临，却并未随着 2009 年输入型危机的发生而减退，原因如下：

一方面国家紧急启动四万亿元国债资金进行救市，其中有相当大规模的国债资金投资于基本建设，对于社会资金的投入具有强大的导向作用，承载住了外需下降对于国内就业市场的压力；但另一方面，由于国债项目通常要求地方政府进行专项配套，或者要求企事业单位达到一定条件，客观上加大了国内的整体投资热度，加剧了国内资金的紧张，正规银行和影子银行贷款应势而起，而其所接受的抵押品几乎都只有一样——以地套现——完成征收手续和一次

① 杨帅、温铁军：《经济波动、财税体制变迁与土地资源资本化——对中国改革开放以来“三次圈地”相关问题的实证分析》，《管理世界》，2010 年第 4 期。

开发从而进入资本化开发通道的土地，专业名称叫“建设用地”。有的地区连市政广场都已经拿去做了抵押。

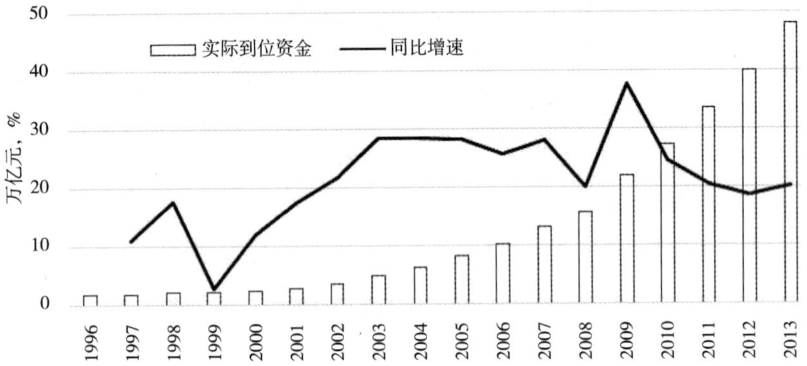

图 1-6　1996—2013 年中国固定资产投资规模及增长速度

如图 1-6 所示，中国固定资产投资的实际到位资金 2013 年年末已经达到 48 万亿元，这一指标 2006 年才首次突破 10 万亿元。2008—2012 年，每年以 5 万亿元以上的规模逐年递增；2013 年一年的增长量则超过 8 万亿元。

在全部资金来源中，企事业单位自有资金和自筹资金长年占比高达一半以上，其中，企事业单位自有资金占比 1996 年为 20.86%，在 2004—2006 年上升到 25%以上，但 2009 年以后开始下降，2013 年仅为 15.76%；自筹资金占比 1996 年为 33.23%，2007 年上升到 40%，2012 年超过 50%，2013 年为 52.03%，从占全部到位资金的 1/3 上升到了一半以上；而量比齐增的自筹资金中只有很少一部分是企业利润或自有资金积累，大部分为股市融资、债券融资或非常规渠道融资。

事实上，自筹资金和企事业单位自有资金的一个重要资金来源是土地，可以说，“以地套现”对各地都普遍适用。

2009 年之后，地方政府为争取国债配套资金和中央财政对地方

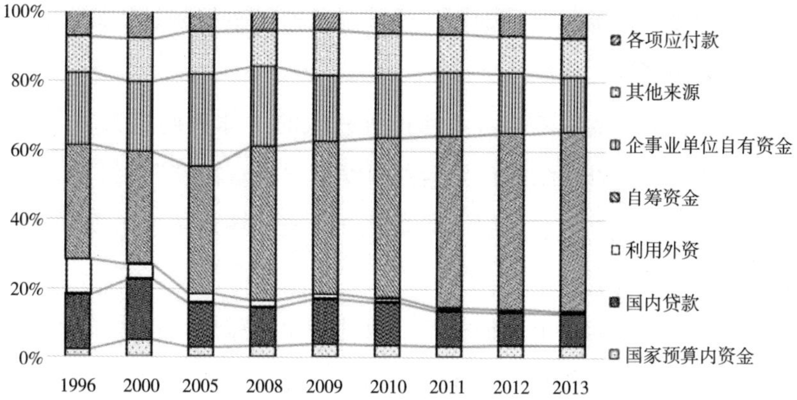

图 1-7　1996—2013 年中国固定资产投资资金来源构成

财政的专项资金，而在产业开发、招商引资等领域展开了大规模的无序竞争，引发了比 2008 年华尔街海啸之前更严重的“圈地运动”。

2011 年地方政府土地出让金达到 3.1 万亿元，2012 年降至 2.7 万亿元，2013 年再猛增 1.2 万亿元，达到 3.9 万亿元。据《第一财经日报》记者统计，2013 年地方政府国有土地使用权收入（41266 亿元）占地方财政收入比例达 35%，若算上当年与土地及房产相关的 5 种税收，这一比例将达 46%。与地方政府国有土地使用权收入激增相比，支出也在增加。2013 年土地出让支出与收入基本持平，约 3.9 万亿元，远超预算。其中，对征地和拆迁补偿支出、土地开发支出、补助征地农民支出等方面数额最大，如征地和拆迁补偿支出约 2.1 万亿元，为预算数的 161%，比上年增长 51%。①

为了保证土地出让金的收入水平，就势必要求房价不能降，因此，地方政府成为房地产价格居高不下的主要推手。这也吸引了更多的社会资金，在制造业整体收益预期严重下降的情况下，从利润

① 陈益刊、徐燕燕：《去年全国土地出让金收入再创历史之最》，《第一财经日报》，2014-07-14。

率低的实体产业部门大量抽离，流向房地产等投机领域，推升投机领域的泡沫经济。

于是，国内发生了制造业和投机领域的“冰火两重天”：一方面，实体产业因难以维持正常运营而发生“老板跑路”；另一方面，房价迅猛上涨，进一步吸引了大量社会游资，各地普遍出现了高利贷性质的民间集资。

由于四万亿元救市国债投资引致的货币扩张中，很多是通过地方政府运作的“城投债”等渠道进行的，而地方政府的债务链条又由土地价值最高的房地产开发来维系，这使中央政府对房市泡沫的宏观调控左右两难：如果不加管制地放任下去，则服务业与制造业的利益分配矛盾将愈演愈烈，房地产泡沫累积的风险会越堆越高，而制造业所累积的矛盾也将越来越危险；如果出台有效措施调控房价，则依靠高地价、高房价来维持的地方政府资金链条将会断裂，而地方政府的综合债务危机的爆发将使尚未走出金融危机阴影的国民经济雪上加霜。

总之，在国际出口产品市场、国内外原材料市场、国内房地产市场和劳动力市场等多方面形成的持续压力下，中国的加工制造产业陷入了深重的危机。

三、美国再工业化经济调整引致中美关系从互补向互斥演化

2008—2009 年危机之前，中美两国因分处产业资本和金融资本的顶端构成了两国“互补”的经济关系。然而，美国在应对危机的重大调整中构建了金融制度创新、巧实力运作和新能源开发等三重优势，形成了再工业化趋势，使中国正在从“双重输出”演化成沿

海的“去工业化”。

三重优势中最主要的是所谓金融制度创新，主要是指美国与其他 5 个主要金融经济体（加拿大、英国、日本、欧盟和瑞士）达成通过多边货币互换协议来熨平短期流动性不足的协议，使得金融资本核心区不再有资金短缺诱发危机的可能性，才明确了退出量化宽松政策。其次是以“巧实力”来配合币缘战略的频繁运作，例如制造区域冲突、局部战争以迫使海外资本回流美国资本市场。① 最后，则是开发页岩气资源等新能源来压低能源价格，造成产油国中的“另类”国家财政透支（如委内瑞拉和俄罗斯）及石油投资回流美国。

2008 年金融海啸的确促进了美国经济向产业资本回调。自 2009 年以来，美国制造业产出增速快于其他发达国家；到 2013 年工业生产指数增加到 104%，远高于其他发达国家约 90%的水平；而且，这种相对优势还在扩大。②

2010 年后，更多证据表明美国制造业的竞争力复苏：产出增加、投资加速、产能利用率上升、制造业就业人口回升等。由于政府复兴制造业措施和能源独立带来的成本下降、生产效率的提高、劳动力成本的相对下降等多方面的原因，2010—2012 年美国经济复苏的三年中，制造业增长速度均高出 GDP 增速约两个百分点。2011 年制造业私人设备及软件投资达 110%，远高于投资住宅的 40%（以 2005 年为基期），而在危机之前十几年里，设备和软件投资一直低于总体固定资产投资指数。美国制造业产能利用率自 2010 年以来也

---

①　兰永海、贾林州、温铁军：《美元“币权”战略与中国之应对》，《世界经济与政治》，2012 年第 3 期。

②　徐以升、许元荣：《大分化：全球经济金融新格局》，中国经济出版社，2014 年。

一路走高，至 2013 年第一季度已经达到 95%。①

（一）美国制造业竞争优势在于能源和投资的低价格

随着美国加强应对危机的调控措施，中美制造业总体成本差距进一步缩小。考虑到 21 世纪产业竞争越来越从劳动密集向资本、技术密集转化，则美国具有的资本、技术、能源三类现代要素价格大大低于中国，导致美国的综合成本优势明显。根据国家信息中心米建伟、陈强的计算，中国制造相对于美国制造的成本优势将从 2000 年的 25%下降到 2015 年的 11%。②

从能源看，2008 年国际金融危机之后，美国能源要素价格大幅下降，2013 年美国天然气价格是亚洲的 1/4，是欧洲的 1/3。美国能源价格优势带来的影响是其制造业能源成本总体下降，如美国的工业销售电价仅为中国的 70%。尤其是 2010 年页岩气革命，使美国产生了全球“能源比较优势”。2012 年美国页岩气产量占比超过 40%，致密油产量占比 35%。国际能源署（IEA）在 2014 年度能源展望中认为，到 2040 年，非常规油气或将占到美国油气总产量的半壁江山。2012 年美国页岩气探明储量 3.7 万亿立方米，技术可采储量 13.7 万亿立方米，占美国天然气总探明储量的 40%。③

从劳动力成本来看，中美的劳动力成本目前依然差距较大，但这一差距却在不断缩小。随着中国劳动力价格的提升，美国制造业平均薪酬/中国制造业平均薪酬，已经从 2001 年的 26 倍下降到 2012

① 徐以升、许元荣：《大分化：全球经济金融新格局》，中国经济出版社，2014 年。

② 米建伟、陈强：《美国制造业“回巢”的原因及其影响》，《发展研究》，2012 年第 12 期。

③ 范必、徐以升、张萌、李东超：《世界能源新格局：美国“能源独立”的冲击及中国应对》，中国经济出版社，2014 年。

年的6倍。但是，考虑到双方的劳动生产率差距，2010年美国制造业工人劳动生产率大约是中国的3.7倍，中美的劳动成本差距并没有那么巨大。①

2010年以来，美国再工业化与经济复苏事实上产生了新的关键词：产能与供给复苏、进口替代。数据显示，美国的进口金额同比增速自2010年高峰不断下降，在GDP相对强劲的情况下，从2012年10月到2013年4月的6个月中，有4个月是同比负增长的。② 美国制造每增加一分都对原有外部需求产生“进口替代”效应。美国消费更多由国内生产所满足，消费提高进一步拉动国内生产、产能、投资、供给端的复苏，这就在投资、消费两端加速了美国经济增长。这种美国经济增长对外部经济的拉动力在减弱，导致对新兴经济体尤其是中国的出口提升作用有限。

（二）中美关系悄然向互斥竞争演变

21世纪之前，中国特色的、中央承担无限责任条件下才有的、“政府信用替代资本信用”的体制优势，使得中国在资金要素极度短缺的瓶颈制约下维持高增长。而政府信用体制内生地要求“财政、金融不分家”，遂使中国半个世纪都没有条件形成西方意义的、异化于实体经济并且极具扩张性的金融资本。这才使进入工业化但资金极度短缺的中国客观上与金融过剩的美国构成互补关系。

然而，世界的主要矛盾正在发生历史性重大变化。21世纪之初，中国完成银行商业化改制并且使其全部上市的同期，推进国内经济的货币化和资本化。加之央行大规模对冲增发货币及中央政府推出

---

① 陈晓晨、徐以升：《美国大转向：美国如何迈向下一个十年》，中国经济出版社，2014年。

② 徐以升、许元荣：《大分化：全球经济金融新格局》，中国经济出版社，2014年。

中国版量化宽松，多次出现 M2/GDP 超过 180%的年份，中国也随即发生金融相对过剩，2014 年年底已有上万亿元存款过剩。

对此，中国政府近年来加大推进金融投资和实体产业“走出去”战略，以及“一带一路”等倡议，带动人民币国际化。于是，21 世纪中国经济“路径依赖”地跟着西方发生从产业资本向金融资本阶段的升级，正好与华尔街金融海啸以来美国向实体经济回调迎面相撞，而引起两方面质变：一是原来金融资本阶段内生的美元与欧元两大集团之间的对抗性矛盾转变为非对抗；二是近年来美国向实体产业回调，构成对中国产业资本的互竞关系和中国大规模向海外投资减少输送给美国的巨大利益，致使中美战略利益关系如双方曾在 20 世纪 70 年代以来冷战期间的地缘政治合作关系、20 世纪 90 年代以来承接西方实体产业转移形成的经济互补关系都发生逆转。

事实上，美国制造业为主的产业经济复苏，正在逻辑性地改变着中美之间的经济关系，总体上表现为“中美脱钩”，其战略利益则从互补转为互斥。进入 21 世纪第二个 10 年，美国金融经济复苏和实体产业回调，将越来越表现为中国的外部风险，而不再是外部机遇，对中国“走出去”战略已经形成巨大压力。

四、政策建议：应对中美战略互斥与加强乡土社会的内部化机制

在 2008 年华尔街金融海啸引发的世界格局变化之中，中国客观上演化成为主要矛盾的非主要方面，虽然与矛盾的主要方面美国具有哲学意义的对抗性，但目前确实不具有直接对抗的条件。由此派生的战略意义的新挑战，是美国因处于最高级的金融资本阶段而有把这种互斥矛盾及其内生性危机代价转移到海外的条件，而中国就

不得不接受更多美国金融扩张和产业回调转嫁来的危机代价。

为此，中国不仅必须改变对美战略误判，而且要深谙处于对立矛盾的被动一方难以正面对抗的道理。鉴于中国客观上只能对内转嫁“输入型危机”所恶化的激进改制成本，近期更需以国家综合安全为目标、借生态文明和城乡统筹转向内部全面战略调整，如果能够有效提高乡土社会的组织化程度，利用其“内部化处置外部性”的内在机制，则不仅有可能延续以往危机“软着陆”的经验，而且有利于构建最低成本的国家综合安全基础。因此，当前可能的应对战略，主要还是练好内功。

一是继续依靠超大型大陆国家幅员辽阔维持投资拉动增长，通过扩张实体财产规模来加快本国金融信用对本国经济的货币化进程；同时借实体资产和金融资产同步增值，来大幅度降低相对政府债务及银行不良资产比率；为此，尤其要延缓本币自由兑换和银行业及资本市场对外资开放。

二是借助完善城乡统筹战略，继续发挥举国体制的比较优势，以国家主要投资于综合性合作社的导向作用，来大力推进农村基层以农民为主体的组织创新，以此为基础促进多样化的生态文明复兴和治理创新。若然，则可维持乡土社会承载危机的内部化处置外部性风险的机制。

三是有组织地开展国内非“学科化”研究，开展利于中国“走出去”的话语体系建设，全面反思以往单纯强调产业资本和金融资本走出去造成的巨大代价；由此，不仅能够深化国家综合安全战略研究，而且同时能够把构建中国话语的多种努力和民间的社会组织走出去有机结合。

第二章

关于“一带一路”和当前国际局势的一些思考①

过去一年来，世界局势变化之快、规模之广泛、影响之深远，是20世纪90年代苏东集团瓦解以来之最大变局。对于当前的大变局，先写下一些思考供大家讨论。

尽管中国高度重视20世纪30年代西方生产过剩大危机引发世界大战的教训，明确提出和平发展的思想；但它的出现也仍然使区内浮现了19世纪末至二战前欧洲列强争霸的类似局面。以下是一些重要观察：

“一带一路”合作倡议是陆权和次海权的结合，必然触动当前海洋霸权的神经。众所周知，历史上，中国对西方的贸易，为伊斯兰世界在西亚和中亚大陆兴起提供了沿着商道扩张势力范围的利益驱动，迫使长期处于贸易逆差、造成白银危机压力下的欧洲，为开拓绕过伊斯兰世界的东方贸易路线而最终变成海洋强权。西班牙、荷兰、英国交替成为海权大国，最后是美国。

如果只是提出一路，它还是传统的陆权倡议。但“一带一路”是依托广阔大陆纵深而在大陆和海洋交接的边缘开拓次海权的策略。看历史，这也不是新鲜的事。

---

① 本文源自温铁军科研团队集体讨论，由香港岭南大学群芳文化研究及发展部研究员、西南大学中国乡村建设学院特邀研究员黄德兴执笔，是国家社科基金重大项目“作为国家综合安全基础的乡村治理结构与机制研究（批准号14ZDA064）”的子课题“全球化进程中的国家安全：国际比较”的阶段性成果。本文原载于《世界》，第870号，2015年6月。

19 世纪末 20 世纪初，后起的帝国主义强权德国（普鲁士）基本上是陆权国家，正因为面对英法等海洋大国，恰恰成为海权论的诞生地。这跟陆上强权沙皇俄国的彼得大帝向西迁都，在滨海的一片沼泽地上建立圣彼得堡，梦想建立强大海权，道理一样。

彼得大帝这个人胸怀雄图伟略，没有奢华之气。他在圣彼得堡夏宫修了一处住宅，叫“我的乐趣”（Monplaisir）。那是一座面对波罗的海的房子，装潢简朴，规模比今天很多土豪的别墅还要小。他的乐趣就是坐在这座房子前对着波罗的海，梦想结合陆权和海权，把沙皇俄国打造成一流的欧洲强国。可是沙皇俄国海军就只打了一次重大胜仗，百多年后的 1905 年旅顺口战役，还败给日本这个后起的海洋强权，输掉了出太平洋的通道。

德国也想走相同的战略路线。第一次世界大战的真正原因是德国修建柏林—巴格达铁路。只要拿地图一看，就明白。如果铁路修成运作了，德国可以连接西亚的贸易通道，上面接入广阔的中亚大陆，下面接通波斯湾，避开了英法控制的苏伊士运河，打开通往亚洲的海路。

虽然 19 世纪英国的麦金德提出欧亚非大陆岛的概念，认为区内如果出现一个能整合欧亚非运输通道和经贸的强权，便足以称霸世界。但实际操作上，还是要配合大陆岛沿岸的海运。

所以说，陆权只是相对海权的纯理念，实际上，要挑战海权，必然是依托陆权的海运条带与大陆纵深相结合。英国两手准备，一面和德国签好关于柏林—巴格达铁路的合作协议，但转眼，便爆发了一战。一战本来不是德国挑起的。教科书上，一战爆发的导火线是奥匈帝国大公遇弑，开始打起来是奥匈帝国和塞尔维亚。德国有自己的利益盘算而参战，因为当时中东地区是奥斯曼帝国的势力范围，而奥斯曼帝国当时又是奥匈帝国的盟友。柏林—巴格达铁路，就是穿越这两个没落帝国的势力圈。但不久，英法的主要针对面转向德国。理由很明显，德国是后起之秀，在世界版图上抢殖民地，处处受制于英法。

本来中东没有什么利益，但发现了石油后，就不同了。20 世纪初开始，石油成为世界工业和军事的核心动力。当时主要产油国是美国，所以美国一跃成为第一大工业产能国，其次波斯在英国势力范围内，如果德国接通了巴格达，获得中东地区的石油资源，便肯定成为下一个欧洲强权。英国一边打德国，另一边策动阿拉伯人反抗奥斯曼帝国，塑造了阿拉伯的罗伦斯这个传奇历史人物。

一战和二战使德国和日本的帝国梦想破灭，但却成就了两个附庸于美国海权的工业强国。英国后来扶植了截断伊拉克入海口的科威特。20 世纪初欧洲强权争霸遗留下的问题，一直影响了 20 世纪末的地缘政治。

所以中国的陆权策略，要“一带一路”一起提。

现在世界上能称为大陆型大国的，只有三个：美国、俄罗斯和中国。

中国不能只搞内陆的丝路，因为这无可避免地要通过俄罗斯的势力范围。但俄罗斯一直有欧洲情结，东方一直只在它的战略上占次要位置。所以早几年油价大升、形势大好时，对中国的丝路倡议态度若即若离。它的战略重心一直倾向欧洲。早一阵子提出欧亚贸易区，等于是由它来整合贯通中亚的苏联成员国和欧洲。说白了，就是中国等在门外好了，中亚这里轮不到你来整合。但乌克兰危机美国插手后被迫与欧洲交恶，同期美国主导推倒油价，决心打下普京，俄罗斯才不得不转向东方，要认真对待中国的倡议。财困之下，俄罗斯甚至提议和中国一起研发新一代武器，变成貌似真正的战略伙伴。但只要和欧洲关系改善，它的心还是会转向欧洲。

不管眼前和俄罗斯利益多密切，中国也不能把鸡蛋放在一个篮子里。

美国在亚投行上陷入被动，有人归咎于奥巴马不擅长于外交。但美国的外交体系运作非常成熟，跟总统的个人能耐没有多大关系。这一次是美国点起太多火场，战线过长，在太平洋和欧洲两边分别围堵中国和俄罗斯，结果分身不暇。乌克兰问题上美国玩得过大，以为支持“法西斯”右翼势力搞个政变，便能使乌克兰加入北约，完成对俄罗斯的最后围堵。结果迫虎跳墙，俄罗斯借机发难收回克里米亚，并支持乌东分离。这一年来，美国集中精力对付俄罗斯已然捉襟见肘，还要处理“伊斯兰国（ISIS）”和基地组织，对华政策明显少了攻势和力度，给了中国一个喘息的机会。为了拉倒普京而推低油价，也减少了中国的通胀压力。可见美国难以两边兼顾，只能在一边速战速决，再集中力量对付剩下的一个。

但中国不能掉以轻心，美国会不会因此调整策略，转而加强对中国施压呢？譬如说，在明的一面，挑起东亚的地区冲突；更重要的是在暗的一面，加强和中国内部的资本利益集团（包括执政集团内外）结盟，夺取未来中国发展政策的主导权。

美国也肯定会根据“一带一路”合作倡议而调整其外交策略。例如伊朗，就是中国“一带一路”倡议上的重要环节。美国与伊朗达成核问题协议，有可能是考虑平衡中国在区内影响力的因素而做出政策调整。毕竟，对于美国，地缘政治利益才是最重要的考虑因素。民主自由、制度文明这类旗帜，有用便拿来摇晃呐喊一下，在亲美的保守高压政权前，它会识趣地收起来。美国的外交之路，百多年来都是这样走过来的。美国国民自己相信这一套让人无话可说，连不少国家的百姓、教授、公知、媒体、网民们也对人家的意识形态话语工具崇拜不已，是好莱坞美式教科书的软实力渗透厉害，还是人们对美好价值的理念落得如此贫乏？

一、中国开拓新的海运命脉线与东盟的复杂性

刚过世的李光耀的历史角色很有趣。这么小的地方能出一个在国际上有如此分量的政治家，不管李光耀被捧成多么有政治智慧，主要还是因为新加坡的特殊地缘战略位置。新加坡是英国东印度公司建立的，英国人选的地方，肯定是具地理战略价值的关键之地。新加坡扼住马六甲海峡之咽喉，是控制欧非亚大陆海运通道的战略重地，也握住中国乃至整个东亚产业资本的能源生命线。

新加坡很清楚自己的生存之道，就是要在西方和中国之间玩平衡。西方人推崇李光耀，因为他是最坚定的冷战斗士，力阻共产主义在区内散播。因此，不管中国自邓小平以来数代领导人都和李光耀颇有交情，也不管李光耀提倡的亚洲价值（即威权政治+高效能政府+政府公司主义）如何和中国的意识形态兼容，新加坡始终不会成为盟友。相反，李光耀在奥巴马甫上任即力劝美国重返亚太搞再平衡。而且不光是嘴巴上说，还开放军事港口给美国，协助美国在东盟区内的军事部署。

既然这是新加坡的生存之道，那就不由中国抱任何幻想。

因此，中国渴望打开另一条从中国西南接通印度洋的货运通道，无须经过马六甲海峡。无论是试图与泰国大米换高铁，还是在缅甸做基础设施投资，都正在和美国角力，但形势不明朗。另一条南下的路线选择是经巴基斯坦或孟加拉下印度洋。不管是哪一条，接着都希望接上斯里兰卡，替斯里兰卡修建世界级的港口，绕过印度。

东盟是中国倡议的海上丝路的前线起点，但也是形势最复杂的区域，还是除了日本外，美国影响力最根深蒂固的地区。

二、后布雷顿美元体系格局

中国的金砖银行+金砖国应急基金、亚投行+丝路基金与接下来上海合作组织银行，客观上是另起炉灶，与在二战后建立美国主导的布雷顿美元体系分庭抗礼。中国也是继大英帝国特惠贸易体系和美国布雷顿体系以来，第三个主导全球性金融贸易体系的国家。当然，在可见的将来，它们的协作也不可能取代布雷顿美元体系，最多只能分庭抗礼。美国自 19 世纪末成为第一大工业产能国后，也是经历了两场大战，50 年后，才成为金融主导国。所以中国一直强调，亚投行等只是世银和亚银的互补，不排除合作关系。

未来 10 年内，只要中国内部不出现大动荡，人民币成为其中一种重要的国际货币，基本不是问题。但除非有新的重大因素出现，还看不出人民币哪怕是在 20 年后能挑战美元的地位。(20 年之内会不会爆发毁灭性的全球战争，主要资源会不会枯竭，又是另一回事。）在产业资本主义阶段，一种货币的力量，建基于一国之政府及民间组织社会生产和创造的能力。但在金融资本阶段，作为信用货币的信用之来源，主要是国家政治强权。据此看美元作为世界信用货币的强势，当然首先取决于其庞大的军事力量。美国的军事开支占了全球军费的四成多，比接下来的十个国家加起来还要多；它可以在两大洋上同时打两场战争（虽然最近开始调整这个军事原则）。在这个意义上，美国像以前的罗马帝国，靠强大的军事力量榨取周边地区的资源和奴隶劳动的超额剩余长达几百年。罗马的核心基本上只消费而不事生产，输出的只有斗兽场、竞技场和大浴场等奢华腐败文化，却大量输入各种奢侈消费品。美国也是一样，靠印刷最低成本的美钞换取世界各地的资源，支持其国民的高消费，撑起被世界当作自由民主样板的现代化高生活水平。但美国比罗马更全面更优胜。

二战以来，美国一直是全球资本高附加值的创新源头。并且是官方统筹推进的、高度组织化的军工科技引领，由化工、半导体、电影、电视、航空、电脑 、金融、商贸模式、生物科技、互联网到智能手机，绝大部分促进产业扩张的资本高附加值创新都是源于美国。美元价值的最根本基础除了独占鳌头的军事政治强权之外，就是美国的垄断性提升资本附加值的创新能力。

现在中国上上下下盛行空想资本主义，以为只要搞所谓的“国退民进”，依赖神奇的市场力量，就可以像人家一样变出高附加值创新力。缺乏庞大的高新科技体系性研发投资和基于组织化的有效的协调统筹，敢问中国分散的民间资本在未来 20 年能发展出这种高附加值创新能力吗？在中国成为全球资本高附加值的创新源头之前，人民币还不大可能挑战美元，甚至欧元的地位。

按照矛盾论原理，将来能压垮美元的，估计只有愈益虚拟化的美国金融体系本身。随之而来的问题还不是我们是否心甘情愿长期替它埋单，而是如何才能及时地先从内部改变跪着埋单、自取其辱的“犬儒主义”文化对思想和教育的浸淫。

中国十多年来输出资本，欠缺整盘计划，在不少地方焦头烂额(例如利比亚和苏丹)，也碰上不少壁（例如墨西哥高铁和斯里兰卡港口项目)，正是因为缺乏亚投行这种政治性金融组织的支持与协作。说得通俗直白一点，就是即使只在美欧霸权的地盘外围到处插旗，也会被这些大佬恶霸出手修理。

中国虽然成为重要的资本输出国，却不仅没有一个政治同盟，也没有金融同盟在背后支撑。尽管谁都知道只有二者相辅相成，大规模对外投资才能相对安全。对于前者，中国碍于“后冷战”地缘政治而一直刻意地回避；而对后者的改变，则主要在金砖银行和亚投行。由此看，这正是中国配合资本输出的跨国制度建设。

美国几年前为了防止有利于中日韩合作共赢的亚洲货币同盟的

出现，高调重返亚太搞所谓的再平衡，不惜扶植日本右翼势力重新执政，形成围堵中国的太平洋同盟圈。为了排斥中国，美国倡议跨太平洋伙伴关系协定（TPP），但几年来一直进展缓慢。中国作为应对提出亚投行，虽然美国极力劝阻欧洲和亚洲的盟友参加，亚投行却在短短一年之间，阵容浩大。美国的尴尬是本来为了排斥中国而搞 TPP，却反过来第一次把自己排斥在一个重要的国际金融组织之外。当英德法意瑞等欧洲盟友宣布参加亚投行后，奥巴马召开了紧急国家安全会议，可见美国视亚投行的成立为威胁国家安全的大事。实质上，它挑战了美国战后主宰全球的金融霸权。

当然，盟友们不是放弃布雷顿美元体系这条船，而是在单极霸权疲态毕露后，为了保险，而多买一张船票。更何况，"一带一路"覆盖的，本来就是英法意老牌帝国的传统势力范围。中国强调亚投行大家都能分到利益，是拉拢利益同盟。

其实欧洲首先决定参加的是瑞士，但和中国秘密谈判，并要求压后公布，才使英国成为第一个抢先宣布加入亚投行的欧洲国家。但瑞士和卢森堡这两个传统上很少参加国际组织的金融国也参加亚投行，表明了布雷顿同盟内部确实出现了问题。我们不妨称之为布雷顿体系的特里芬难题：就是美国已经开始和它所领导的同盟组织出现利益矛盾。

布雷顿体系建立是为了配合美国输出过剩的工业产能和资本，当时欧美双方利益是一致的；1971 年美元与黄金脱钩，美国大规模输出流动性，也是和欧洲的金融集团利益一致。但近年美国的金融利益导致欧债危机，双方的根本利益已经开始出现矛盾。这几年国际货币基金组织和世银的改革停滞不前，也因为美国不愿放弃其否决权。美国领导的国际金融组织无作为，跟不上全球新形势新需求，客观上迫使全球出现另一个全球性金融合作组织。中国领头的亚投行，恰好顺势而上。各国反应之热烈，恐怕中美都始料不及。

早前美国与 2013 年 10 月构建的六方央行流动性互换同盟，预料可以有效防止欧美再出现大规模流动性危机。但这只是预防性的，现在全球新局势需要积极主动的倡议。被美国资本利益主导的国际货币基金组织和世银（及其分支亚银），明显变得僵化，跟不上全球格局重整的新形势。

中国能否趁此时机，领导建立新的全球性金融联盟？对于一个刚进入金融资本主义阶段、处于转型期面对内部多种问题的产业大国，这无疑是前所未有的巨大挑战。

三、西方同盟阵营关系重新调整？

这次亚投行创立，美国最尴尬的是二战后建立的同盟阵线首次出现众叛亲离的局面。美国严词批评英欧盟友，英国也高调回应。韩国和澳大利亚被压住不许加入，但最后一刻还是跳上了尾班车。结果只剩下很急于借此历史机遇恢复军事地位的日本和本来就关系不密切的加拿大跟在后面。美国领导的同盟第一次在重大问题上出现根本分歧。

正如上面所述，美国领导的国际金融组织开始出现特里芬矛盾。那么美国领导的西方政治同盟，是否也出现矛盾呢？有这个可能性。

首先在俄罗斯问题上，美国的态度非常强硬。乌克兰签订停火协议后，美国在波罗的海沿岸一些国家进行漫长的军事演习，并且在演习后留下武器，意思是随时做好开战准备。而且美国坚持把俄罗斯交回克里米亚作为和解的先决条件，等于说是没有谈判的余地。欧洲盟友，尤其是德国，是否支持美国这种强硬的态度呢？德国的利益，本来和俄罗斯分不开。当然，美国并不真的想和俄罗斯开战。美国在各地缘板块搞的都是分而治之，在区内挑起主要力量之间的矛盾，然后就可以从中获利。所以美国不愿意欧洲和俄罗斯走得太近。如果欧洲和俄罗斯结盟，整合成一个强大的欧俄（中亚），那不符合美国的利益。因此美国要借乌克兰危机挑起事端，而且态度强硬，就是要把俄罗斯推向欧洲的敌对面。换言之，美国的欧洲政策，很难说再与欧洲的利益完全一致了。欧洲各国在亚投行上公开与美国决裂，可能也反映了盟国对美国的欧洲政策有一定的不满。

北约，正如其名，是美国海权战略的附属旁支。北约的利益与欧盟的利益，是否再能保持完全一致？

亚洲也一样。韩国和澳大利亚本来是美国围堵中国及 TPP 的重要成员，但它们最后还是加入了亚投行，等于对美国投下不信任票。只有日本得到加强军事扩张的机会而顺势表示："说明我们是美国的最忠实盟友。"

韩国一直的竞争对象是日本。只要朝鲜半岛统一，韩国无论在人口、军事和工业产能上都将足以挑战日本。为此，中国是韩国的重要贸易伙伴。所以中韩签订了自由贸易协议。甚至将来在统一的问题上，韩国最终需要中国的支持。而美国实际上不想朝鲜半岛统一，以免亚洲演变成稳态的三足鼎立，日韩成为直接的竞争对手。更何况朝鲜半岛一旦统一，韩国愿意放弃核武吗？那么韩国将最终在军事上寻求独立于美国。所以美国的亚太政策，与韩国的利益，很难说一致。

日本也一样。日本同样面临资本过剩问题，同样渴求输出基建产业。国内的资本集团渴望日本加入亚投行。事实上，1997 年亚洲金融危机后，日本倡议成立亚洲稳定基金，让日本成为领导亚洲的金融力量，结果被美国否决了。日本主导亚银，最后还是要仰美国的鼻息，区内每年 8000 亿美元的基建需求，亚银只批出 135 亿美元。表面是环保、人权等高标准，实质是要配合美国的政策。右翼集团表面上为了意识形态而实际上为了重建军事大国而坚持站在美国背后，但长期看也难说美国海权战略会与日本的军事扩张利益一致。

世界的利益集团变得多样化。美国领导的同盟集团内部矛盾日益加深。中国怎样在其中找到自己发展的位置，需要很大的智慧和谋略。中国过去 20 年的外交，说得好听是韬光养晦，但实际上是条件未成熟，形势比人强，只能龟缩，缺乏连贯统一的章法。但接下来的 10 年，中国外交需要积极主动的思考和策略。

四、输出发展的意识形态不够，急需社会公义的理念

美国在 20 世纪 50—70 年代，输出的是配合冷战地缘控制的发展意识形态。世银主导的发展主义遭遇发展中国家普遍高债务危机而破产后，美国 20 世纪 80 年代开始的外交话语，改为民主自由制度变迁。尤其是波斯湾战争后，拿着大棒子送上美式自由民主，成为美国的地缘政治意识形态主调。但过去 10 年出兵伊拉克和阿富汗，结果引爆了永无止境的地区冲突，不仅造成数十万人死亡和数百万难民的代价，还亲手栽培了基地组织阿尔盖达、“伊斯兰国（I-SIS）”这些反过来咬住美国殃及西方的政治产物。大棒子+民主自由的话语，已经没有多少说服力。这几年，美国的外交意识形态悄悄地转为大棒子+安全。即是说，面对日益严重的地区冲突（虽然它不说这些冲突的大部分根源都是美国），需要美国的强大军事力量介入。

而“一带一路”的倡议，是和平发展。即是说搞好基础建设，促进经济发展，自然会减少冲突，变得和平。无疑，和平发展，要比美式的大棒子+安全更靠谱。贫穷和不公义，是极端主义的温床。但输出基建的发展主义，也有可能导致区内各种社会问题爆发。“和平发展”这套话语的盲点，也是中国内部矛盾的折射。如何避免亚

投行重蹈世银那种破坏环境和原住民稳态生计系统的错误？如何令基建带动在地化的包容性和可持续发展？换言之，怎样避免亚投行和丝路基金变成另一对与国际货币基金组织和世银同类的魔鬼？虽然中国这几年输出基建援助强调必须有利于当地的实质生计，但“基建发展”作为一套话语，还显得比较苍白，不足以在道义上挑战美国的所谓“民主自由”。

既然“一带一路”是一种制度权竞争，那么决定其成败的关键，是核心价值的话语竞争力。中国必须形成一套内生性的社会公义论述，来应对 20 世纪 80 年代以来已经在世界上占据统治地位的民主自由话语及其外推的制度变迁软实力。

当然，如果中国内部正在以城市化吸纳过剩产能而不顾乡土文化及资源环境；官方面临 30 年发展主义所带来的贫富分殊、环境恶化、腐败不义、道德伦理崩坏的严重社会矛盾而束手无策，我们怎样有信心让这套“基建发展主义”的话语在海外有说服力呢？发展生态文明，只能建基于多元化社会的包容性和可持续发展之中；而构建和谐社会，也只能建立在符合公义的社会财富分配之上。

可见，如果中国缺乏一套内生性社会公义的论述，输出基建发展主义，不足以挑战西方的自由民主意识形态话语。

我们团队的各研究课题，例如乡村建设、社会冲突缓和机制等，也必须有这个高度的思想意识，必须把我们的知识生产提升为一套可以输出的中国（或乡土社会）式社会公义论述，才可以使“一带一路”倡议在全球范围拥有话语权。

换言之，“一带一路”本身是没有灵魂的，它需要更深厚的社会公义思想和文化内涵。否则，它面对亚非欧大陆上的多样民族、多元化文明，在遭遇地区冲突时，将苍白无力，缺乏文化对话的能力。

只有过剩的产业和金融财力，而缺乏深厚的社会公义理念和丰富的文化多样性视野，在本国连生态文明战略都难以落实，连真正的内生性和谐社会也建设不了，还能侈言什么东方复兴、和平崛起，更遑论可以输出足以改变世界的实践。

综上，中国推进“一带一路”的成败在于话语权，当前亟须内外兼修，自省谋变。

第三章

金融资本“无祖国”与做空分析[①]

21 世纪以来，“产能过剩”（一般称为生产过剩）这个在 20 世纪的中国很少见到的概念，在官方文件上出现的频率越来越高。同期，则是伴随实体产业下滑同步发生的金融资本扩张。

世界资本主义体系在 20 世纪末期已经发生核心国家从产业资本阶段向金融资本阶段的跃升。任何体制下的金融资本扩张都具有本质上的共性，那就是追求流动性获利而推进经济虚拟化。于是，这些特征得以借助互联网创造的虚拟空间和电子结算瞬间获取巨大利益而被冠以“现代金融”，愈益取代传统银行体系以“存贷汇兑”为主要业务、服务实体经济的性质。也因此，金融全球化是世界上所有可称之为金融资本的特殊利益集团的基本要求。遂有伴随着全球化而出现的金融资本“无祖国”的投机做空趋势蔓延全球。

中国的银行业在 2001 年中国加入西方主导话语权的 WTO 之际，大体完成了市场化取向的改制。接着是 2008 年华尔街金融海啸爆发之前完成四大国有银行的股改上市，基本具备了参与金融资本全球

---

① 本文是国家社会科学基金重大项目“作为国家综合安全基础的乡村治理结构与机制研究”（批准号 14ZDA064）、国家社科基金年度项目“粮食金融化与我国粮食安全战略研究”（批准号 14BGJ048）以及北京市社科基金重点项目“城乡二元结构下改善社会治理研究”（批准号 15FXA003）阶段性成果。原文来源于“全球大学网站”，第一作者是温铁军；第二、第三作者薛翠和杜洁，分别是西南大学中国乡村建设学院副教授和助理研究员。本文是根据 2015 年 7 月 6 日温铁军教授视频参加中国香港的一个形势研讨会的发言整理而成的，已经本人审阅。本文原载于《中国投资》，2015 年第 9 期。

化竞争的制度条件。2009 年全球危机爆发以后，国内金融资本逐渐异化于实体产业；从 2011 年国内房地产业下滑开始大规模转向西方模式的金融资本经济。近几年来，加快异化转型的金融资本集团与代表其利益的监管当局大力推出融资融券、金融期货、场外融资等一系列利于衍生品发展的交易工具，这为海内外金融资本联手做空中国经济，制造了难得的历史性的机会。

客观来讲，中国的这次“股灾”是一场正在演化之中的、具有金融资本阶段特性的多空大战。尽管从表面上看，这只是中国官方资本做多与私人资本做空之间的一场对决。

一、谁制造了做空中国的机会？

此前，西方金融资本一直在试图寻找做空中国资本市场的机会，已经做了至少 5 年准备。这从来就是公开的秘密。但做空多年却并不成功，这是因为 2013 年党的十八届三中全会之前中国的金融资本交易还没有对外开放。此前，中国只是象征性地给了外资 QFII 政策，由于审批额度很小，投机资本不足以兴风作浪，金融大鳄只能把巨额资金囤积在中国香港，把港股指数炒到全球最高的 25000 点以上，反过来又造成香港经济饮鸩止渴，更多依赖资本市场，不断推升其寄生性；而这种寄生性金融资本经济如同美国一样不可能创造就业，遂派生出香港一般年轻人没有前途！于是，各种势力借此社会衰落之机而兴风作浪也就难以避免。本源上不是自由选举或法制问题。

现在看，金融资本集团终于找到了这些年梦寐以求的做空中国、借机抄底的历史性机会。那么，机会是从哪里来的呢？

自从 2008 年美国政府救市，不断推出超级量化宽松以来，金融流动性长期以零利率对外攻城略地，大规模扩张。其中，注入期货市场的过量资金推高原材料、能源和粮食价格，意味着向进口国转嫁了通货膨胀。这时候，对中国这样的全球最大原材料和能源进口国就造成国内难以抑制的通货膨胀，间接造成国内资金利率上涨，压迫实体经济的利润空间致使其衰落。这反过来又使得国内各地官方和民间全都渴求“廉价外资”。于是，对外开放资本市场成为国内新兴资产阶级墙倒众人推一般的改革呼声！演变出类似路易十六改革一样的沪港通、深港通，以及“上海自由贸易区”率先开放海外金融资本等举措。随之，沿海甚至内地中心城市也紧跟上海步伐，跃跃欲试。而多空大战的机会，正是由这些资本项目开放带来的。其实，这些所谓的资本项目对外开放，都与沿海地区强烈要求在体制上实现“去中央化”（De-centralization），以便由地方政府直接对接外资有关。可见，这一次中国全面转向西方金融资本的深改和促进互联网+金融的“新政”，确实给海内外金融资本做空中国制造了一个现实版的“特洛伊木马”。

二、近20年不同的做多政策比较

回想2008年，那届中国政府采取四万亿元救市措施“做多”还能奏效，原因在于那个时期还没有放开国内金融控制。再回溯到之前10年，1998年，政府总理启动国债投资加强中央调控也是在“做多”，也还有效。同理，也是因为那个时期中央依然严格掌控金融资本。

对中国这种制度，国际上叫作资本管制（capital control），而整个外部的金融资本体制叫作资本流动（capital flow），所以，1997年亚洲金融危机和2008年华尔街金融海啸之后，海外讨论中的一种意见就是资本管制有效，还是资本流动有效。讨论结果认为，中国当时严格掌控资本市场——capital control，有效防范了1997年东亚金融危机，后来则有效防范了2008年金融海啸，并且曾经在过去的两个 10 年中，有效地防止住了国际金融资本做空中国这个公开宣布的企图。

直到 2013 年，西方用放弃量化宽松政策这个似是而非的题材，兴起投机资本炒作，导致巴西、印度、俄罗斯等新兴国家纷纷陷入股灾及本币大幅度贬值。幸运的是，2013 年的中国虽然有了说法但还没来得及去做资本项目的深改，所以又幸免于难。

不过，2013 年年底召开了党的十八届三中全会以后，中国开始大规模转向西方模式的金融资本经济。在这个阶段当局大力推出“融资融券”、金融期货、场外融资等利于衍生品发展的交易工具，同期发生房地产危机造成的资金析出地产投机，转而大量进入股市等客观情况；这才符合规律地制造了国内外金融资本联手做空中国经济的历史性的机会。

可以对比的是 2007 年股灾，美国次贷危机引起华尔街金融海啸之前，中国先发生股灾，蒸发了超过 7000 亿元人民币；而 8 年之后的这一次股灾，我们蒸发了超过 7 万亿元人民币……

三、为什么金融资本无国界？

为什么说金融全球化的制度要求是“无边疆”，金融资本流动性需要的是“无国界”呢？无论是内资外资，只要是做金融资本的，都会体现“金融无祖国”这一特点，因为金融资本是靠流动性获利，是最不讲究国界阻碍的。于是，在金融资本主义阶段，就一定是金融全球化占据政策和理论的主流。近年来深改的顶层设计所提倡的新自由主义政策思路，内在地体现为货币霸权国家的金融殖民主义，也就一定是最反对民族主义、民粹主义……

流动性获利是金融资本的第一大特点。我们多年来希望大家认识所谓金融资本新三性：流动性、短期性、集中性。第一条就是流动性，其他两个特性是派生的。因为追求流动性获利，就必然有短期性的、集中性的进入和退出。过去在产业资本阶段，20 世纪帝国主义之所以是老三性，因为它是寄生性的，所以是腐朽的和垂死的。而今天的金融资本追求的是新三性，只有追求流动性才能实现资本获利，所以它希望全球都没有国界，同样，金融家也是无祖国的。

以前，老马克思主义者讲过“工人阶级无祖国”，但实际上，帝国主义国家一打仗，工人阶级就都有祖国了，都从国际主义改回民族主义，这是历史的教训。之所以工人阶级不可能无祖国，是因为产业资本是“在地化”的，产业资本的资本收益对本国社会作分配是工人阶级有祖国的重要前提。也就是说通过国家做“二次分配”的制度，使得工人阶级有祖国。我们看今天的金融资本的无祖国，可以说产生了一种全新的国际主义，谁做到的呢？是被金融资本做到了，金融资本是洗劫全世界的。因此金融资本可以注册在开曼群岛、巴哈马群岛，可以注册在任何一个低税制的小国，只要能够使利润最大化，他们根本不在乎祖国在哪儿。

所以尽管今天实现不了马克思主义所说的工人阶级无祖国，但在金融资本阶段实现的却是金融资本家阶级无祖国，他只要能够靠多空大战来套利，会在世界上任何地方搅得周天寒彻。从这个角度看，这次中国的股灾的实质就不那么难理解了。

四、金融资本的黑洞会否崩溃？

很多今天秉持西方自由主义思想的人，看到中国爆发的股灾幸灾乐祸，其实这个现象跟自由主义无关，跟极权主义也无关，只是金融资本阶段，由海内外金融资本家操纵的多空战役的一个历史现象。据此看，那些私人资本参与做空，和那些违背中央做多意图的国企高管，在本质上并无差别。只不过遵循的是他们作为投资人在资本市场上都会“顺周期”的规律而已。对此，同样应该客观理性地看待国家有关部门直接出手做多，那也只是政府尽了其应尽的逆周期调节责任。只有这样“去意识形态化”地做分析，人们才能客观看待多空大战。不要因海外自由主义思潮或国内的国家主义舆论环境，而忘记我们结合自身国情的思想理论创新的责任。

今天更为客观地来看，中国当前发生的股灾是2013年以来一系列新自由主义政策带来的结果，这种符合全球化的主流政策选择本身，也使得国际金融资本集团终于得到了历史性的做空中国的机会。不过，问题的关键还在于，如果这一次中国的证券金融监管部门不紧急采取措施，那就意味着当股灾全面爆发的时候，就给了国际金融资本集团和国内的金融资本集团一次极佳的通过做空来抄底的机会，那将会更加惨烈。这些年压低劳工福利、破坏资源环境所积累的实体经济的财富，将会先被人家打压得一钱不值，然后人家再一拥而入抄底。这就像俄罗斯1991年“500天私有化计划”的深化改革新政策造成的客观结果，那也是一次政治做空之后的经济洗劫。

面对此次“股灾”，谁会感到高兴呢？当然是国际上的金融资本集团，以及被金融资本集团用多年的迷魂药迷昏的所谓学者。社会在分食腐尸之后剩下的将是一片狼藉，连那些赚了昧心钱的新土豪也会因任性而尸骨无存。如此，金融资本会得到好处吗？短期来看或许会有好处，但是从长期看，则未必。因为它是腐朽的、垂死的，本质是寄生性的。

这个金融资本通吃的世界越来越走向全球竞劣。最终，当金融资本把所有的实体经济洗劫完毕，没有东西供它洗劫的时候，它终将会导致自身的崩溃。这就如同宇宙黑洞，金融资本就是一个黑洞，最终将因为多空大战不能做了而导致崩溃。

第四章

谨防当前国际外部性风险叠加国内社会动荡[①]

一、引言

发展中国家首要的安全问题是面临着全球化挑战下的严峻的国际外部性风险叠加国内内生性风险的复杂挑战。发达国家的经济波动和政策调整，通过全球资本和商品市场传导给发展中国家，加剧了一般发展中国家内部本就紧张的经济和社会关系，并越来越多地从根本上危及国家政治安全[②]。

根据外部性风险内部化理论，从历史经验看，乡土社会因客观上具有“风险对冲机制”和“稳定器”功能，因而仍然是当前应对全球化风险叠加的挑战下发挥“政府主导”和“人民主体”作用的最佳领域；当前亟须在构建乡村良性治理结构和创新乡村治理机制的基础上，强化乡村“外部风险内部化”功能，据以构建国家综合安全体系，使国家安全宏观战略具有有效落实的微观基础。新中国的真实经验证明了这一假说[③]。

发展中国家的内生性风险是由殖民历史包袱与现代工业化政策所产生的。

---

① 本文作者为薛翠等。

② 参阅董筱丹、薛翠、温铁军：《发达国家的双重危机及其对发展中国家的成本转嫁》，《红旗文稿》，2011 年第 21 期，第 4~9 页。

③ 参阅温铁军：《八次危机：中国的真实经验（1949—2009）》，东方出版社，2013 年。

根据市场失灵理论，很多发展中国家至今无法改变殖民时代资源输出为主的单一经济结构，国家财政收入长期依赖出口初级原材料，由此承受市场价格波动的风险。此外，由于仿效西方工业化，引进外资，加之农地私有化制度条件下被福特主义大农业及其配合的资本深化造成大量农民失地，涌入大城市贫民窟导致一方面城市化率过高，集结贫穷与动乱；另一方面城市完全无产的绝对贫困人口因生存开支伴随物价上涨而不得不要求提高贫困标准（近年来人均收入 4 美元/日），这也造成劳动力价格上升，使本地劳动力资源难以形成比较优势。①

欠发达国家和地区经济基础薄弱、收益低下，无力支撑高成本的现代化上层建筑，外部主体进入乡土社会遭遇组织涣散产生的交易费用难题，官方法治需要的正规治理缺乏组织载体，一般都导致治理主体缺失。

根据政府失灵理论，越是现代化政府越是债务缠身，越是依然受制于本国乃至跨国资本的操纵，故城乡社会共同抵抗外部风险的基础均十分薄弱。②

二、当前国际外部性风险引发国内社会动乱

王小强曾经指出，发展中国家摆脱不了现代化“三部曲”的宿命：一为改革开放带来物质生产高速增长，二为金融自由化带来货币经济繁荣昌盛，三为外资抛空带来金融危机。其实，不只金融危机，更威胁其执政权威。“发达国家的金融危机，就是金融危机，顶

① 参阅温铁军：《“市场失灵” + “政府失灵”：双重困境下的三农问题》，《读书》，2001 年第 10 期，第 22~29 页。

② 董筱丹、薛翠、兰永海、温铁军：《发达国家全球金融资本与现代化政体的双重危机》，《中共中央党校学报》，第 15 卷第 6 期，2011 年，第 82~85 页。

多恶化成经济危机。发展中国家的金融危机，不仅每次就是经济危机，而且经常递进成社会动乱、政权颠覆、国家分裂。”①

环顾发展中国家，近两年遭受国际金融资本国家调整策略而引发国内频频发生社会动荡，时刻威胁着执政党的统治权威，例如：委内瑞拉后查韦斯时代反政府示威浪潮；巴西民众街头抗议政府公共福利政策；印度反政府的武装毛派势力扩张，农民自杀率攀升，性暴力罪案剧增；南非矿工罢工浪潮席卷全国；印度尼西亚民众抗议燃油价格上涨及政府补贴不足；土耳其反政府民众占领广场运动等。

（一）金融全球化与当前外部性风险增加趋势

1. 发达国家缔结货币同盟以自救。

世界体系理论代表人物之一萨米尔·阿明分析，20 世纪 80—90 年代，资本愈益集中于美国、中西欧与日本三巨头手里，这种普遍化的垄断系统正是资本集中新阶段的产品。踏入 21 世纪，普遍化的垄断正在主宰全球经济，控制全球资本主义边缘地区的生产系统，所谓“全球化”，等同于帝国主义的新阶段。但当代的帝国主义自我“调节”去适应新时代，并且加紧对五大方面的控制：技术、挪用地球资源、全球货币与金融体系的整合、通信及信息系统与大毁灭性武器。②

徐以升对全球货币与金融体系的整合的分析，与世界体系理论不谋而合。他认为当今世界从全球化变为全球大分化，世界格局被划分为“中心—次中心—外围”，在“中心—次中心—外围”国际体系与国际货币体系里，是中心向上（美元和美国经济体系）、次中心趋稳（欧元和欧元区经济体系，英、日、加、瑞士等个别发达国

① 王小强：《投机赌博新经济》，香港大风出版社，2007 年。

② ［埃及］萨米尔·阿明：《当代资本主义体系的内爆》，《政治经济学评论》，第 4 卷第 3 期，2013 年 7 月，第 201~224 页。

家货币和经济体系)、外围向下（绝大部分新兴国家货币和经济体系）的大分化格局。①

据徐以升分析，2013 年 10 月 31 日，美联储、欧洲央行、英国央行、日本央行、加拿大央行和瑞士央行，全球六家主要央行把现有的临时双边流动性互换协议，转换成长期货币协议。根据美联储公告，这些互换协议在六国央行间建立起了“双边货币互换网络”(a network of bilateral swap lines)，一旦签订双边互换协议的两家央行认为当前市场状况可以保证互换发生，那么有流动性需求的央行就可以按照协议规定获得来自其他五家央行的五种货币流动性。美联储为美国构建了具有制度意义的“货币同盟”，并将国际货币体系从“牙买加体系”(1972—2012）推进到“大西洋体系”(2013 至今）新阶段，美联储扮演了全球最后贷款人乃至全球中央银行的角色。加入该互换俱乐部大西洋体系的国家，将得到美联储的流动性支持，而不能加入该体系的国家，在美联储政策从宽松到紧缩的大周期里，将得不到确定性保护。这种货币体系的差异，将产生并加剧全球货币金融经济体系的大分化。②

在该互换体系内部的发达国家的货币与资产，都将在未来享受到国际资本对其的“垄断溢价”；而不在该垄断体系的主要是新兴国家的货币与资产，未来将比牙买加体系时代更加无序，更加没有底线，更加动荡，更加具有体系性风险。③

徐以升进一步分析，自 20 世纪 70 年代进入浮动汇率时代之后，无论是 20 世纪 80 年代拉美金融危机、1992 年英镑危机、1994 年墨

① 徐以升:《从全球化到全球大分化》,《第一财经日报》，2014-01-27，A13。

② 徐以升:《从“牙买加体系”进入“大西洋体系”》,《第一财经日报》，2013-12-02，A08。

③ 同上。

西哥债务危机、1998 年亚洲金融危机、1998 年俄罗斯债务危机、2001 年阿根廷债务危机等，不是危机国破产违约，就是国际货币基金组织在苛刻条件下救助，唯一例外的是 1994 年美国财政部为墨西哥提供担保。美联储一直没有出手，承担起国际中心货币所应该有的最终贷款人职能。因为美联储不承担这一角色，而国际货币基金组织救助的能力有限以及苛刻，各国最终走上积累美元外汇储备的道路。但 2008 年的危机则不同，美联储通过所构建起来的国际货币互换体系，直接向互换国央行、间接向全球金融体系注入美元。美联储绕开了国际货币基金组织，直接承担起国际货币最终贷款人的终极角色。在 2008 年国际货币体系就已经发生了深刻变化，只是在 2013 年这一以美联储为中心的临时货币互换网络正式长期化，标志着国际货币体系真正格局性变革的到来。①

2. 美联储启动紧缩性货币政策。

2013 年 12 月 18 日，美联储开始改变量化宽松政策，启动紧缩性货币政策，推动全球美元回流。2014 年 10 月底，在上述新大西洋体系运作满一年、已经取得调控经验之后，美联储宣布结束资产购买计划，全面退出了第三轮量化宽松政策。徐以升指出，在未来美元流动性收缩基本格局之下，上述六家主要央行的垄断体系，将主导全球货币金融经济体系的大分化。进入该体系的货币、金融市场将受到流动性支持，以及国际资本评估的“危机底线溢价”；而无缘该互换网络的全球其他所有经济体，货币汇率、金融市场都将受到冲击。②

徐以升进一步分析，将 2010 年以来的美国大转向概括为七个方面：第一，美联储从 10 年宽松政策周期转向未来 5 年左右的紧缩周

① 徐以升：《从“牙买加体系”进入“大西洋体系”》，《第一财经日报》，2013-12-02，A08。

② 徐以升、章怀远：《金砖国家怎么了？新兴经济体或面临更严重危机》，《第一财经日报》，2011-12-26。

期。第二，美国财政从绝对扩张到相对收缩的转向。第三，美国加大“能源独立”战略的实施力度，美国能源结构从依赖进口转向本土和西半球自给。第四，美国重新恢复实体经济制造业增长。第五，美国外交和军事战略调整，从打赢两场战争转变为打赢一场战争的美国“新军事战略”。第六，美国全球地区战略调整，从中东相对撤出，战略重心东移，“重返亚太”，并确保西非和拉美的“环大西洋能源供应圈”。第七，美国贸易与投资战略调整，从全球的、普适的自由贸易，转向有选择的、高门槛的“规则贸易”。①

3. 美日同盟牵制亚投行。

2013 年，发达国家缔结货币同盟以自救，以及美联储启动紧缩性货币政策；同年，中国提出建设“新丝绸之路经济带”和“21 世纪海上丝绸之路”的合作倡议（简称“一带一路”，One Belt And One Road），以及亚洲基础设施投资银行（Asian Infrastructure Investment Bank ，简称亚投行，AIIB），旨在促进亚洲区域的建设互联互通化和经济一体化的进程。截至 2015 年 4 月 15 日，亚投行意向创始成员国确定为 57 个，其中域内国家 37 个、域外国家 20 个。

“一带一路”可以使中国内部的剩余工业产能及新崛起的金融资本利益向外寻找开拓空间。尽管中国高度重视 20 世纪 30 年代西方生产过剩大危机引发世界大战的教训，明确提出和平发展的思想；它的出现也仍然使区内浮现了 19 世纪末至二战前欧洲列强争霸的类似局面。②

三大巨头中的两头美国与日本拒绝参加亚投行，而日本更利用亚洲开发银行拉拢亚洲国家。2015 年 5 月 21 日，日本首相安倍晋三

---

① 徐以升：《从全球化到全球大分化》，《第一财经日报》，2014-01-27，A13。

② 参阅《关于一带一路和当前国际局势的一些思考》（温铁军科研团队集体讨论，黄德兴博士执笔），将发表于日本著名学术期刊《世界》（岩波书店出版社）。

宣布，今后 5 年将投资 1100 亿美元支持亚洲基础设施建设。日本将把源自公共资金的对亚洲基础设施投资增加约三成，包括通过亚洲开发银行发放的贷款在内，总投资额将达到 1100 亿美元。其中约 530 亿美元是亚开行的贷款额度，其余部分通过“日本国际协力机构”这一政府开发援助机构执行。日本是亚洲开发银行的最大出资国，此举明显与力争创建亚投行的中国抗衡。①

（二）当前发展中国家的困境

1. 任由摆布的外围配角。

近几年，大部分发展中国家纷纷陷入困境，察哈尔学会研究员张敬伟描绘：“这就导致了一种诡异的现象，美国抗危机，美元量化宽松，新兴市场跟着倒霉；美国去量化宽松，加息正常化，新兴市场又一片紊乱。由是可见，新兴市场依然是全球经济的配角，而且经不起发达经济体的沉浮。”②

马光远分析，新兴国家正在面临美国“后 QE 时代”的重大挑战：“在美国启动印钞机应对危机的时候，中国等新兴市场成为发达国家流动性泛滥的蓄水池，廉价的资本从发达经济体肆无忌惮地流向新兴市场，在带来不可持续的增长的同时，也吹高了资产价格泡沫。……美联储一旦退出量化宽松，美元走强，新兴市场将立即从资本流入地区变为流出地区，多年以来靠潜伏的国际资本支撑的高房价也将迎来真正的重击。”③

徐以升甚至批评，新兴国家过去 10 年徒具繁荣的躯壳，表面

---

① 《日掷千亿与亚投行“抢生意”　安倍计划对抗色彩浓厚》，《环球时报》，2015-05-22。

② 张敬伟：《新兴市场依然是全球经济配角》，《每日经济新闻》，2014-10-10。

③ 马光远：《中国等新兴市场面临“后 QE 时代”大考》，《南方都市报（全国版）》，2014-10-31。

上，贸易顺差，但实际上，被金融资本帝国洗劫。1996—2010年，金砖四国和东亚主要新兴国家累计经常账户顺差2.85万亿美元，但在金融市场效应之后，新兴国家累计的对外净资产规模反而下降3370亿美元。新兴国家在实体经济层面的贸易顺差优势，并没有转化为对外债权净资产的胜势。反过来，对于美国来说，1996—2010年累计产生6.98万亿美元经常账户逆差，占全球逆差的60%，但其间其对外净债务却只增长了2.3万亿美元，所以这期间美国通过金融效应获得的收益高达4.68亿美元，其中大部分为2001—2007年间获得，共计3.86万亿美元。①

2. 国家粮食安全受到严重冲击。

美国曾经通过量化宽松政策缓解自身债务危机，并且最大化地获取金融全球化的制度收益，但其造成的巨大制度成本却借助粮食、石油、原材料的价格上涨转嫁给大量进口基础物品的国家。美国救市政策加剧流动性过剩，造成2009—2010年全球粮食价格大幅度提升，特别是北非地区紧缺品种小麦、面粉的价格上涨超过100%，玉米价格上涨超过70%，由此引发北非、中东地区的通胀危机，诱发街头动乱和政权危机，成为制度成本的承担者。国际组织2008年确定38国发生粮荒，也是西方金融危机的代价转移造成全球通胀的结果。②

3. 当下的具体困境。

（1）资本外流。

世界银行业组织国际金融研究所（IIF）公布的数据显示，2014年10月份投资者从非洲、拉美、东欧、亚洲股市合计撤出90亿美元。2014年以来，巴西的资本外流规模已超过500亿美元。

---

① 徐以升、章怀远：《金砖国家怎么了？新兴经济体或面临更严重危机》，《第一财经日报》，2011-12-26。

② 参看子课题（1）阶段性成果《粮食金融化及中非农业合作》报告。

（2）货币贬值。

自 2014 年 6 月份以来，国际石油价格结束了自 2009 年以来持续上涨、高位振荡的行情，连续下跌，创下了近 5 年来的新低。国际原油价格大幅下跌是部分新兴产油国货币贬值的主要推力。油价下降导致石油出口国的财政收入锐减，一些经济增长和财政收入严重依赖石油的国家如伊朗、委内瑞拉、利比亚和俄罗斯等国陷入困境。①

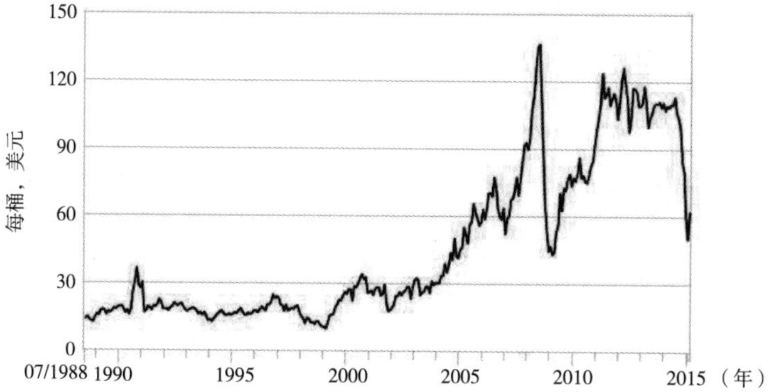

图 4-1　国际原油价格急转直下

来源：彭博社。

2010 年以来，多个新兴国家货币像印度卢比、印度尼西亚盾、巴西雷亚尔等大幅贬值。② 自 2011 年 8 月 1 日至 12 月 15 日，印度卢比兑美元贬值约 18%，巴西雷亚尔兑美元贬值约 17%；俄罗斯卢布兑美元贬值约 13%；南非兰特兑美元贬值约 21%。2008 年金融危机期间，最高贬值幅度也仅约 25%。

（3）债务上升。

“脆弱五国”中的巴西、南非、印度、土耳其和印度尼西亚经常

---

① 彭元正：《国际油价下跌与石油企业的应对思路》，《中国经济时报》，2015-01-01。

② 廖冰清：《全球新兴市场再遇货币贬值风暴》，《经济参考报》，2014-12-12。

账户在危机后加速恶化，土耳其的经常账户赤字 2011 年高达 10%。印度尼西亚目前外债高达 2300 亿美元，但外汇储备已降至 1050 亿美元。印度尼西亚央行加息，意在缓解资本外流和货币贬值局势，通过加息来挽留国际资本是新兴国家典型的困境。

（4）通胀高企。

新兴国家货币贬值导致多国进口产品和使用进口原材料加工的本国产品价格上涨，从而推升通胀水平。新兴国家中印度、巴西、印度尼西亚、俄罗斯、南非，通胀率基本在 6%以上。

巴西在截至 2014 年 10 月的一年通胀率已达 6.59%，突破了政府管理目标的上限。委内瑞拉的年通胀率则高达 64%以上。① 巴西央行 2014 年 12 月 3 日晚宣布，将银行基础利率提高 0.5 个百分点，由 11.25%升至 11.75%。这是自 2013 年 4 月以来巴西央行连续第 11 次加息。巴西央行货币委员会称，提高利率旨在抑制当前通胀上扬的趋势。印度尼西亚央行 11 月 18 日召开临时会议，宣布将基准利率上调 25 个基点至 7.75%，以应对油价上涨带来的通胀预期。

三、巴西教训——缺乏乡土社会作为危机软着陆基础②

（一）背景：殖民历史及其遗留的土地制度问题

在殖民时代，巴西经济结构由殖民地宗主国的欧洲商业资本所控制，其有两大特征：（1）广阔土地被殖民者掠夺形成高度集中的前资本主义生产关系（大庄园和奴隶制）；（2）这种掠夺性的殖民地经济为资

① 张枕河：《巴西经济陷“低增长高通胀”困境》，《中国证券报》，2014-10-28。

② 摘自 E7 课题组工作报告之巴西报告。

本集中的城市提供极为专门化的物产（经济单一化和过度城市化）。

巴西有 358 年漫长的奴隶制剥夺史，从 1530—1540 年第一批黑人奴隶被运往巴西，到 1888 年才宣布废除奴隶制。巴西经济乃依靠奴隶生产初级产品像甘蔗、棉花、烟草、咖啡等，最初输往欧洲市场，后来是美国。即使在独立之后，巴西仍继续维持了 66 年的奴隶制，仍然以出口初级商品的殖民地经济为主；直到 20 世纪 30 年代才在西方大危机的打击下推行进口替代的工业化。

几个世纪以来，巴西的制度基础乃是奴隶制遗留下来的大种植园的土地财产制度。大多数人很难获得土地，中产阶级乃至农村无产阶级都无法进入土地市场，由此造成社会严重不平等。1850 年奴隶制晚期颁布的土地法乃土地私有法，此法目的在于阻挠已获得自由的奴隶获得土地，并不威胁大庄园主的精英阶层的利益。法律规定土地凡是无人占领，即属当局政府，导致伪造土地契约档增多。到现在，土地垄断依然存在，这是巴西资本主义发展的主要背景。

（二）金融资本全球化进程中深化资源型经济

1. 搭上跨国金融资本投机粮食及能源市场的便车。

中国社会科学院拉丁美洲研究所研究员徐世澄分析：“巴西前总统卢拉执政的 8 年（2003—2011 年），正好遇上世界经济发展较好的时期，巴西的矿产品、农产品在国际市场都有不错的价格。而到罗塞夫当选时（2012—　），世界经济形势已经有所变化。”“拉美经济增长并非来自内部，而是主要依赖原材料价格及出口，依赖中国、美国和欧洲的需求。”①

中国社会科学院拉美研究所副研究员周志伟也指出，巴西经济

① 严瑜：《巴西：金砖能否重新被拭亮?》，《人民日报（海外版）》，2014-10-30。

很多投资非常依靠外部市场的流动性补充，最近几年的经济形势，由于欧美国家的货币政策调整使市场的流动性进一步短缺，也体现了对巴西经济的制约作用。①

受中国加入世贸组织所造就的“世界工厂”的带动，巴西的资源及大宗商品出口价格和总量一路攀升，获得丰厚的外汇收入。截至2012年年底，巴西的外汇储备已经接近4000亿美元。巴西还成为国际货币基金组织的前十大出资国之一，参与救助欧元区国家，这在拉美历史上，确实没有先例。②

2010年巴西实现GPD增速7.5%，创造了1986年以来的最快纪录，同时在全球主要经济体中也是仅次于中国的第二高增长率。这一年，巴西的GDP第一次超过2万亿美元，人均GDP首次突破1万美元，巴西也因此超过英国成为世界第六大经济体。③

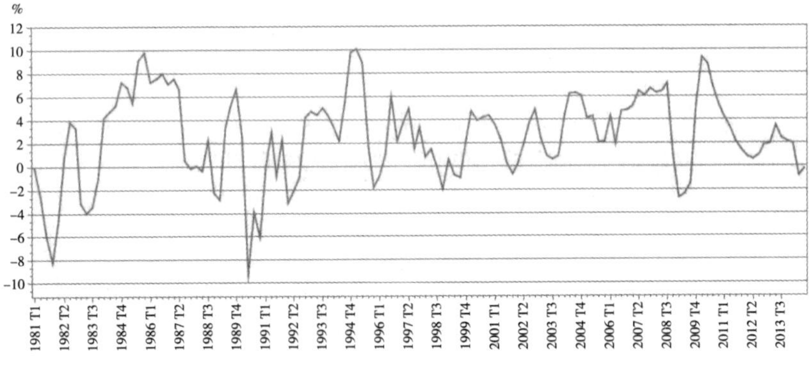

图 4-2　巴西 GDP

来源：巴西应用经济研究所。

① 包蕴涵：《巴西经济增长遇阻》，《中国经济时报》，2014-08-29。

② 陈季冰：《巴西：“未来之国”成长中的烦恼（上）》，《经济观察报》，2014-07-14；《巴西：“未来之国”成长中的烦恼（下）》，《经济观察报》，2014-07-21。

③ 同上。

因此，卢拉总统拥有足够的财力改善民生，特别是基础教育和公共卫生事业，同时构建完善的失业保险和最低工资等社会保障体系。据估算，2002—2008 年，巴西政府各种针对贫困人口的直接补贴总额占 GDP 的比重从 6.9%上升到 8.6%。贫富差距缩小，2002 年卢拉上台时，基尼系数为 0.553，到 2011 年罗塞夫继任时，已经降至 0.500，达到半个世纪以来最低；同期，失业率则从 9.1%降至 6.8%。短短 10 年里，有 3500 万人口（约占贫困人口总数的一半）脱离绝对贫困。①

2. 受制于外国资本及市场的急剧波动。

巴西依靠大宗商品出口拉动经济的腾飞，但也让巴西的经济发展过度依赖资源出口。拉丁美洲和加勒比经济委员会执行秘书阿莉西亚·巴尔塞纳指出，拉美国家经济依然很脆弱。随着几大经济体发展减速，需求下降，巴西也陷入经济持续低迷的泥沼。②

2014 年，巴西贸易 14 年来首次出现贸易逆差。2014 年前 11 个月，累计逆差额达 42 亿美元。巴西外贸研究基金会的负责人桑托斯表示，由于世界经济增长速度放缓，铁矿石需求减少，致使巴西的出口量明显减少，2014 年 1 月至 11 月，其出口量仅占全国出口总量的 11.5%。2014 年铁矿石的收官均价为每吨 75 美元，比 2013 年每吨减少 23 美元。巴西的能源出口遭遇相同困境，全球原油价格已经下跌约 37%。随着美国页岩油的开采，巴西能源的市场竞争力更被削弱。

自世界杯之后，巴西雷亚尔贬值趋势加速。雷亚尔兑美元汇率

① 陈季冰：《巴西："未来之国" 成长中的烦恼（上）》，《经济观察报》，2014-07-14；《巴西："未来之国" 成长中的烦恼（下）》，《经济观察报》，2014-07-21。

② 严瑜：《巴西：金砖能否重新被拭亮？》，《人民日报（海外版）》，2014-10-30。

从 2014 年 9 月到 11 月下跌 17%。

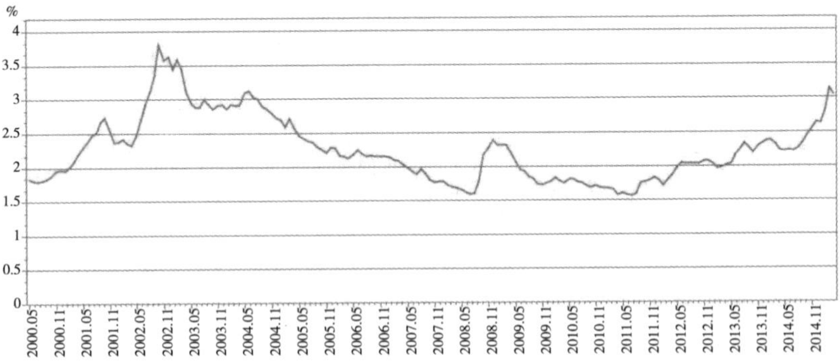

图 4-3　美元/雷亚尔兑换率

来源：巴西应用经济研究所。

国际资本大进大出，使得巴西雷亚尔大幅波动，2008 年金融危机期间兑美元也贬值约 25%。金融危机前后，巴西资本金融账户波动更为剧烈，从盈余 300 亿美元以上下滑至赤字 200 亿美元以上，随后又跳升至盈余 300 亿美元。

巴西新任财政部部长莱维信奉自由主义经济①，指出为了减少财政赤字，政府必须削减预算开支。在 2015 年，用于偿还公债利息的“初级财政盈余”，必须达到占国内生产总值的 1.2%，而在随后的两年，还要升至 2%。2014 年 10 月，政府本年度财政赤字已达 115 亿雷亚尔（约合 46 亿美元）。②

巴西 2011 年至 2013 年国内生产总值分别仅增长 2.7%、0.9%和 2.3%，2014 年的世界杯足球赛没能提振经济，其经济在第一、二季

① 若阿金 · 莱维（Joaquim Levy），获美国芝加哥大学经济学博士学位，曾供职于国际货币基金组织及巴西最大的私人银行巴西贴现银行，并在卡多佐政府和卢拉政府担任过财政部司长。

② 刘彤、杨江玲：《财经观察：巴西经济新政关注财政与通胀》，新华网，2014-12-03。

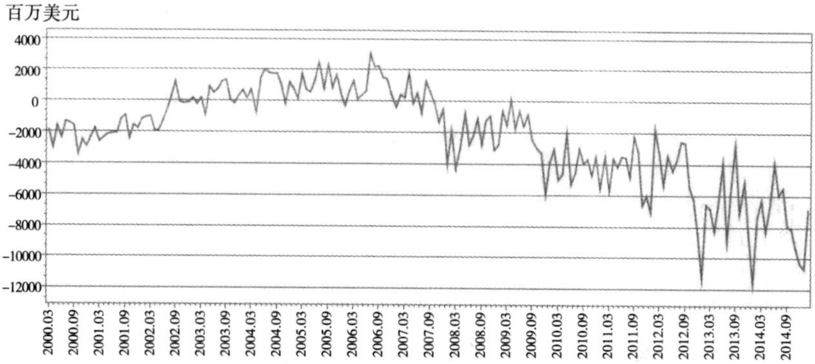

图 4-4　经常账户（Current Accounts）大幅下降

来源：巴西应用经济研究所。

度先后萎缩 0.2%、0.6%后已陷入衰退。2013 年全年巴西股市下跌了 16%，跌幅居当年全球主要股指之首。

从 2013 年 4 月起，巴西央行连续 9 次加息至 11%。由于不断加息以期控制过高的通货膨胀，巴西也因此成为史上实施紧缩性货币政策周期最长的国家之一。

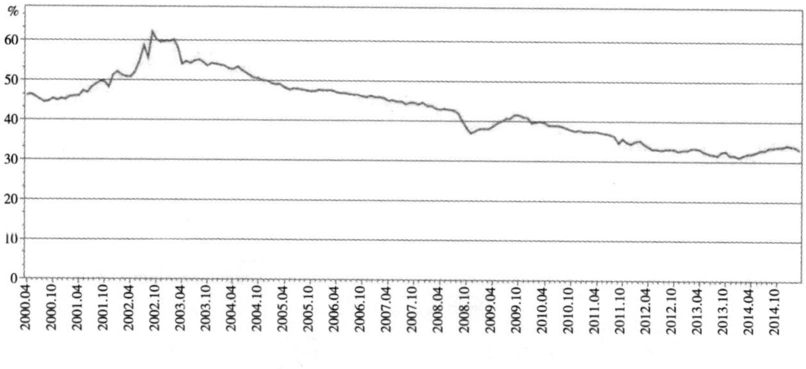

图 4-5　公共债务总额（Total Public Debt）占 GDP 百分比

来源：巴西应用经济研究所。

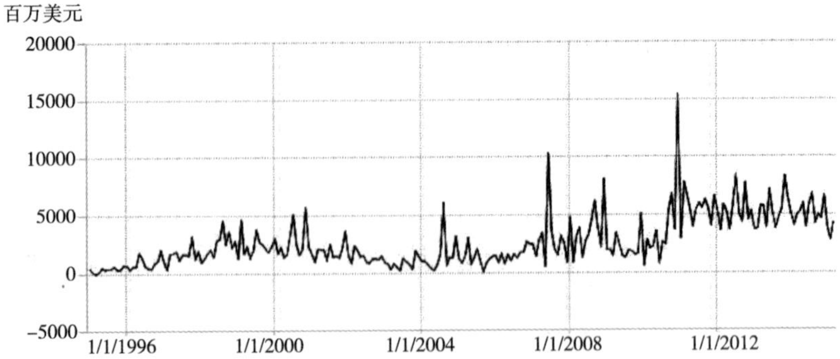

图 4-6　巴西外国直接投资（FDI）

来源：Tradingeconomics. com 与巴西中央银行。

国际资金——其中包括大量“热钱”——蜂拥而入，由此推高了本币的币值。雷亚尔兑美元的汇率水平在过去 10 年里升值超过 100%，成为经济学家眼里全球被高估得最多的货币。2012 年以后，巴西的通胀率连续突破央行设定的 4. 5%上下浮动 2 个百分点的目标区间（也就是 2. 5%~6. 5%），基准利率一度升至 12. 5%这一惊人数字，同期发达国家的利率很少有超过 1%的。但更高的利率反过来吸引更多热钱流入，形成了恶性循环。

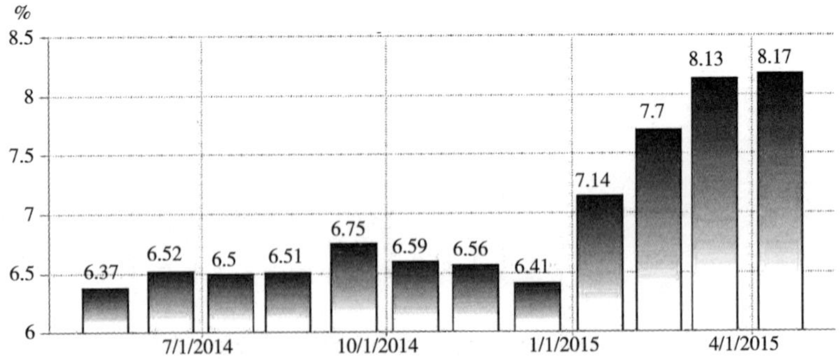

图 4-7　通胀高企

来源：Tradingeconomics. com 与巴西国家地理与统计局。

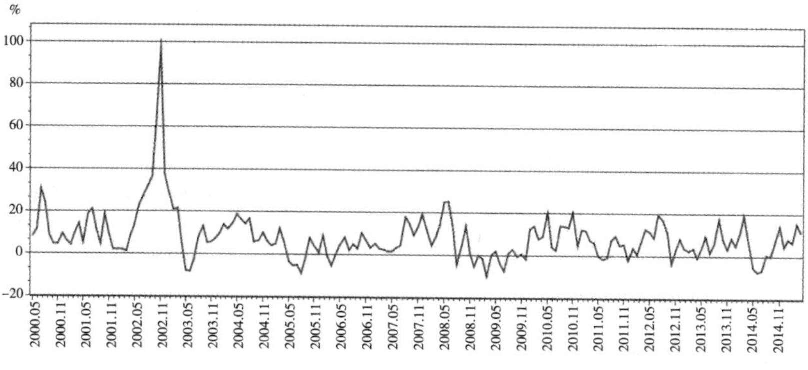

图 4-8 物价指数［General Price Index（domestic supply）］

来源：巴西应用经济研究所。

3. 工业部门萎缩，产业结构无法改出单一经济制度。

2004 年巴西制造业占 GDP 的份额曾达到顶峰 16.5%，2010 年已降至 13.5%。巴西国家地理与统计局统计数据显示，2014 年 10 月份巴西工业生产总值环比零增长，同比则下降 3.6%。2014 年前 10 个月，工业生产总值累计同比下降 3%。2014 年 1 月至 11 月，汽车生产量累计达到 294 万辆，同比减少 15.5%。

目前居民消费占巴西 GDP 的 60%，投资的比重仅有 18%，而中国的投资占 GDP 比重约为 40%。中国的基础设施投资占 GDP 比重约为 16%，而巴西的这一比重仅为 2%左右。

4. 为跨国资本打工沦为依附型经济。

2011 年，巴西 GDP 规模首次超过英国，排在美国、中国、日本、德国、法国之后，成为全球第六大经济体。2011 年巴西贸易顺差 298 亿美元，2010 年为 202 亿美元，在 2006 年最高时曾达到 465 亿美元顺差。截至 2011 年年底，巴西外汇储备余额攀升到 3520 亿美元。但是，风光背后，巴西却是净债务国，而且债务规模还在持续放大。根据徐以升等的研究，在 2010 年第二季度，巴西国际净债

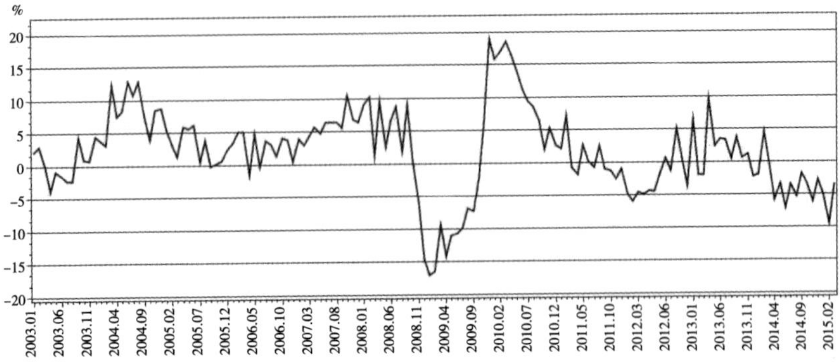

图 4-9　工业生产率下降

来源：巴西应用经济研究所。

务头寸高达 9757 亿美元，接近净债务 1 万亿美元。

2000—2011 年，巴西投资收益项逆差总量高达 3387 亿美元，巴西的海外投资收益为 774 亿美元，而国际资本在巴西的投资收益则高达 4161 亿美元，这就是巴西 12 年来总共需要向国际资本支付的投资收益，其规模是巴西储备资产（3171 亿美元）的 1.3 倍，占 GDP（2.1 万亿美元）的 20%。而巴西同期的贸易收支盈余（包括商品和服务）总规模为 1395 亿美元，商品贸易长期盈余，同期总规模为 3478 亿美元。

换言之，巴西 12 年的贸易盈余，仍远不足以支付国际资本在巴西的投资收益；即便除去服务项目，巴西 12 年的全部商品盈余仍不足以支付国际资本在巴西的投资收益；而若将巴西 12 年全部商品盈余和海外投资收益加在一起（4252 亿美元），才刚好足够支付 4161 亿美元的国际资本投资收益。徐以升因此总结：在高增长的 GDP、外汇储备外表之下，巴西成为为国际资本打工的净负债国。①

① 徐以升：《巴西真相——为国际资本打工的净债务国》，《第一财经研究院研究报告》，经济金融系列第 28 期，总第 53 期，2012 年 5 月 14 日。

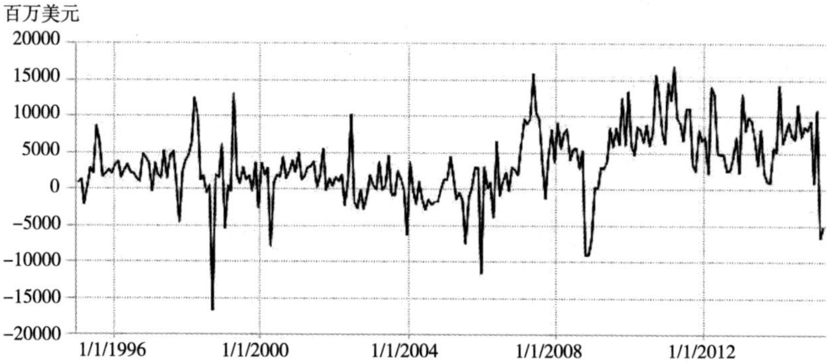

图 4-10　资本流动（capital flows）大起大落

来源：Tradingeconomics. com 与巴西国家地理与统计局。

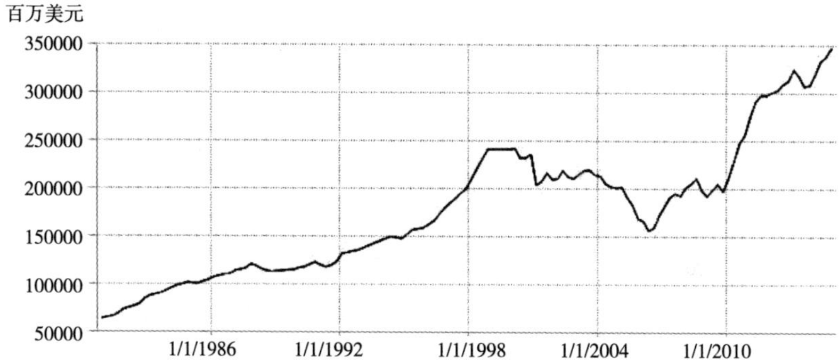

图 4-11　外债总额（Total External Debt）节节上升

来源：巴西应用经济研究所。

（三）国内社会动荡

1. 城市居民上街抗议政府福利政策。

2013 年 6 月 6 日民众开始上街抗议示威，导火线是圣保罗市公共汽车票价小幅上调 0. 2 雷亚尔。后来抗议浪潮席卷全国，超过 100 万巴西人走上城市街头，其诉求日益广泛和多元：要求政府抑制通货膨胀，惩治贪污腐败，改善医疗、教育等公共服务。抗议者批评政府在世界杯上花费 137 亿美元，整体投资已经超过 165 亿美元，占年度财政收入的 9%，仅比年度教育预算的 190 亿美元少一点点。这是有史以来“最昂贵的”世界杯，投资额是上一届南非世界杯的 3 倍，绝大部分项目超出预算，场馆投资的总成本中有超过 85%来自公共资金。①

早在 2011 年马拉卡纳体育场改建时，2300 名建筑工人便罢工抗议。此后，巴西国内对世界杯的抗议之声此起彼伏，罢工不下百次。2013 年联合会杯赛期间，数十万巴西人走上街头并与警察发生冲突。一幅标语上写道：“第一世界的足球场，第三世界的学校和医院！”

罗塞夫的支持率一度跌至 30% 以下，竞选连任时，也仅以 51.6%的支持率险胜。

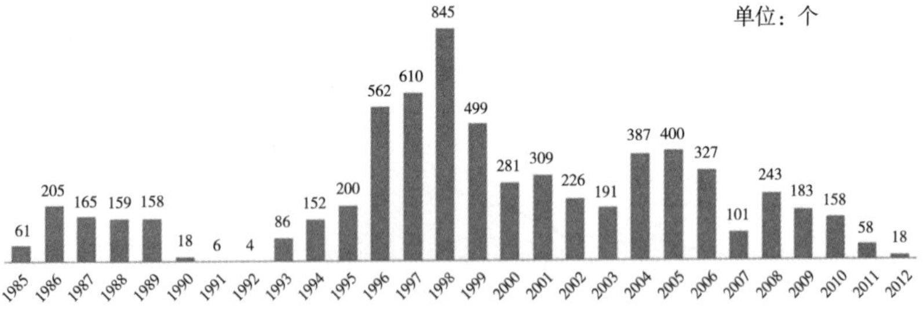

图 4-12　联邦政府充公大庄园土地的数目

来源：Miguel Carter 教授。

2. 农村土地占领运动。

巴西国土面积为 8.5 亿公顷，其中 3.5 亿公顷为耕地。根据联合国 2006 年农业统计，巴西土地集中的基尼系数高达 0.57。全国 1% 的人口控制 46%的国土面积；跨国公司控制 1.7 亿公顷土地。从卢拉第二任期（2007—2010）开始，政府将农村闲置的大庄园充公

---

① 陈季冰：《巴西：“未来之国”成长中的烦恼（上）》，《经济观察报》，2014-07-14；《巴西：“未来之国”成长中的烦恼（下）》，《经济观察报》，2014-07-21。

的数目减少，以致获土地分配的受惠农户跟随减少。从 2010 年开始，农民抗争、占领土地、示威的数目开始上升。

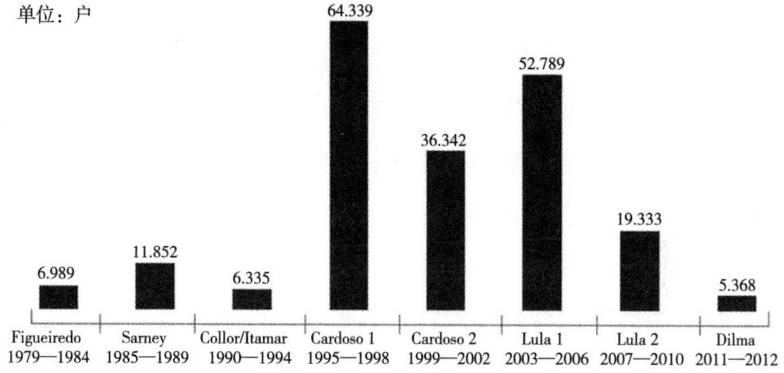

图 4-13　总统任期内获土地分配的受惠农户（1979—2012）

来源：Miguel Carter 教授。

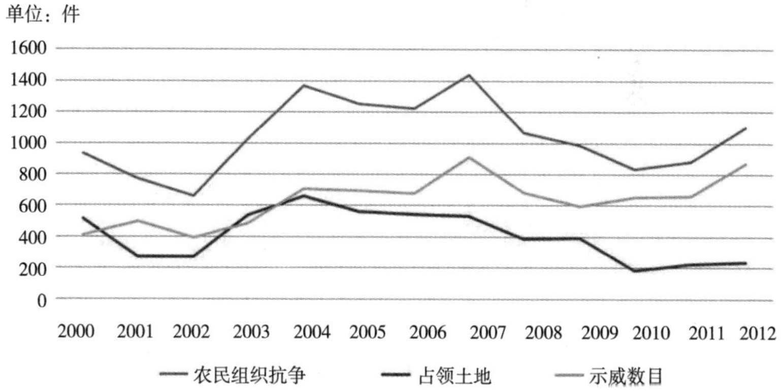

图 4-14　农民组织抗争、占领土地、示威的数目（2000—2012）

来源：Miguel Carter 教授。

（四）小结

巴西地大物博、资源丰富，贫穷问题却很严重，究其原因是殖民体制贻害至今。自沦为葡萄牙的殖民地开始，白人殖民者大肆掠夺资源，建立大庄园体制，土著与黑人被劳役，以喂养欧洲资本主义成长。到了 20 世纪，为了推动工业化，向外举债，导致外资大进大出，本国则负债累累，通胀疯涨，民生凋敝。为了摆脱困境，唯靠出口大量初级商品，经济结构仍属依附欧美市场的制度。

2002 年劳工党政府执政以来一方面出台亲民生政策，颇得民心；但同时延续亲跨国资本的经济体制，土地和资源性财产为跨国资本服务。“后殖民主义”的出口再初级产业化与去工业化（de-industrialization）现象同时出现。

近两年遭遇原材料价格大跌，引致本币贬值、资本外流、通胀高企、债务累加，社会动荡不安，城市居民上街抗议；另一边，无地农民占领土地数目又上升。劳工党的执政权威受到重大的考验。

第五章

中央风险与地方竞争[①]

国内经济告别过去30多年的高速增长而面临下行压力，使得社会各利益群体之间的矛盾不断显化成为一种常态。对此，虽然深化体制改革被普遍认为是应对矛盾的良方，然而这需要首先明确改革的对象到底是什么体制。很多人说，中国过去是计划经济体制，现在则要完善市场经济体制。针对这种意识形态化的说法，本文提出了对体制问题的不同看法。

一、中央调控与地方行为的分歧

中央与地方关系往往被认为是理解国家体制的一个基本问题，在一国的经济与政治关系中居于十分重要的地位。毛泽东在《论十大关系》中就已经将其列为中国的社会主义建设中需要正确处理的关系之一。

如果从国家权力运转的角度去窥探中央与地方关系，可以发现中央调控和地方发展之间存在明显的分歧。人民代表大会制度是我

---

① 本文作者为温铁军、计晗、张俊娜。本文是国家社会科学基金重大项目“作为国家综合安全基础的乡村治理结构与机制研究”（批准号14ZDA064）、国家社科基金年度项目“粮食金融化与我国粮食安全战略研究”（批准号14BGJ048）和北京市社科基金重点项目“城乡二元结构下改善社会治理研究”（批准号15FXA003）阶段性研究成果。本文原载于《国家行政学院学报》，2015年第4期。

国的根本政治制度，全国人民代表大会与地方各级人民代表大会是我国的国家权力机关，各级人代会代表投票选举产生本级政府领导及其各部门领导，各级政府服从本级人代会所形成的决议。以经济增长目标的确定为例，各级地方的经济增长目标由本级人代会通过，而由于各级人代会会议召开的时间顺序是县级人代会最早，其次是地市级人代会，再次是省级人代会，最后是全国人代会，于是，当上下级人代会确定的经济增长速度不一致的时候，上级人代会客观上无法调整下级人代会的决议，也难以对下级地方政府形成真正合法的约束。现实中，地区定的经济增长速度一般都高于全国，而且越往下一级地方政府确定的增长速度就越高。以“十一五”规划制定的 GDP 年均增长速度为例，全国预期 GDP 增长率为 7.5%；31 个省区市平均预期 GDP 增长率在 10%以上，高于全国 2.5 个百分点；地级市对 GDP 增长率的预期大多高于所在省区市 1~3 个百分点；而县（市）制定的 GDP 增长率平均高出所在的地级市 1 个百分点，这就至少达到了 12%以上。

这就意味着中国实际上存在着一种被社会上称为“政令不出红墙”而学者们却视而不见的矛盾：长期以来地方政府几乎没有可能执行中央的宏观调控，或者说，没有一个上级政府制定的指标被认真执行过①。正如原国家计委副主任房维中对政府计划的经验分析，体制上“中央的宏观调控权和地方的计划自主权的关系没有处理好……各地区执行的是地区的计划而不是全国的计划，因此全国计划往往被架空；中央采取的宏观调控措施由于与地方利益相冲突难以做到令行禁止”。而且近年来，中央与地方的利益冲突和政策博弈已经不断显化，而且愈演愈烈，甚至在保护耕地、调整房市、规范

---

① 例如，20 世纪 80 年代中期，彩电和冰箱作为紧俏商品，中央曾经确定过应该引进多少彩电生产线和冰箱生产线，实际上在短时间内都被大大突破了。

招商引资等一系列事关国家安全的重大问题上，因地方政府的抵触，中央的宏观调控政策陷入“失灵”的尴尬境地。这种“中央失灵”不仅使得作为单一制国家的中国的中央权威受到损害，而且，因在实施过程中与部门①，更主要地和精英结合②，从而使得中央政策偏离普惠性原则，难以真正服务于弱势群体，最终导致中央的“善意”难以变成“善举”。

二、地方政府公司化竞争与有限责任化

中央与地方矛盾的制度性根源，大部分研究将其归结为中央向地方的历次分权③和以 GDP 为核心的政绩考评体系，由此也派生出地方政府公司化的行为逻辑。然而，很少有研究将这一体制层面的变化纳入到周期性经济波动中进行考虑，而对地方政府属性变化的研究则更是寥寥。

如果回顾中央向地方分权的实践历程，不难发现，每次分权都与中国遭遇周期性经济危机的宏观背景高度相关。第一次分权发生于 1958—1960 年，因苏联援华投资中辍，财政资金陡然下降，财政

---

① 中央政策在下达过程中，需要经过从中央到地方的各种部门，一方面，因部门利益的存在，强化自身部门的利益自然成为各个部门的行为偏好，从而瓜分中央政策所内含的资源并排斥相关的责任成为“理性”选择；另一方面，这些部门客观上构成政策实施的交易主体，从而不可避免地产生交易费用甚至寻租空间，这进一步降低了政策实施的效果。

② 当中央政策下达到基层，出于节省交易费用的需要，会选择规模主体进行交易，而在原子化社会中，精英通常成为对接政策资源的代理人，从而能够占有大部分资源和收益。这被称为“精英俘获”机制。

③ 中央向地方下放的权力，在传统计划经济时期主要表现为计划、财政、企业、事业、物资和人事的管理权；在改革开放之后主要表现为计划、基建、财政、物资、外贸等方面的权限。

赤字持续增加①，1959 年与 1960 年的赤字规模达到财政收入的 10%以上，紧接着造成国民经济大幅回落——GDP 在 1960 年出现下滑，在 1961 年下滑幅度达到 27.3%！② 第二次分权发生于 20 世纪 60 年代末至 70 年代初，正值中国周边地缘政治趋紧，“三线建设”③ 投资需求巨大，直接导致内生性财政赤字，1967 年财政赤字规模 20.48 亿元，加之财政收入大幅下降，导致又一次的经济衰退④。从 1980 年到 1993 年又经历了三次以财政体制改革⑤为名的放权让利，其特征都是“分灶吃饭”和“财政包干”。其中，1980 年的改革也同样是因工业化建设的投资加大和改善人民生活水平的开支增加而爆发的财政赤字危机：1979 年财政赤字 135.41 亿元，占财政收入的 11.8%。而 1988 年的改革则是发生于中华人民共和国成立以来的第一次滞胀形态的危机⑥，同期按全口径核算的财政赤字也非常严重，1988 年的赤字相当于财政收入的 14.8%，1989 年这一比例达到 25.1%。

从以上的梳理似乎可以得到一个经验性认识：20 世纪 50—90 年

---

① 1958 年财政赤字 20.74 亿元，1959 年财政赤字 56.05 亿元，1960 年财政赤字 71.39 亿元。若无特别说明，本文所列举的财政赤字数据均来源于《中国财政年鉴 2013》。

② 1961 年是迄今为止经济衰退最严重的一年。若无特别说明，本文所列举的 GDP 增长率数据均来源于《新中国五十年统计资料汇编（1949—1999）》。

③ 为应对可能的战争，以毛泽东为首的领导人决定将中国工业建设的布局重点放在西部地区的三线上。

④ 1967 年财政收入减少 24.9%，GDP 下降 5.7%；1968 年财政收入减少 13.9%，GDP 下降 4.1%。

⑤ 1980 年推行“划分收支、分级包干”财政管理体制，1985 年调整为“划分税种、核定收支、分级包干”的财政体制，1988 年国务院发布《关于地方实行财政包干办法的决定》推行财政大包干制度。

⑥ 一方面，经济增长速度从 1987 年的 11.6%持续下降到 1990 年的 3.8%；另一方面，1988—1989 年爆发严重的通货膨胀，全年居民消费物价指数和商品零售价格指数环比涨幅都高达 18%。

代，每当遭遇经济危机时，中央政府应对危机的办法是向地方放权以刺激地方发展，从而渡过危机。

然而，这一做法从 20 世纪 90 年代——1994 年中央政府应对危机而采取的带有集权性质的分税制改革起——被彻底扭转了，个中缘由十分耐人寻味。

一方面，众所周知，支撑政府运转的核心动力是财政收入，从 1958 年中央第一次向地方分权起，中央财政收入比重从 1958 年的 80.4%骤然降至 1959 年的 24.4%，并在到 1994 年之前的长时间内，保持在较低的水平（平均 26.2%，最低时仅为 11.8%）①，直接导致中央财政年年赤字，连维持基本开支都很困难，更遑论调控地方行为。海外有人把中国的这个时期称为中央集权体制，恐怕是缺乏当代经济史资料而笃信了冷战意识形态。

另一方面，改革开放以来依靠中央政府所赋予的财权和自主权，地方政府发生性质变化，逐渐形成相对独立的利益主体，并采取公司化的运作方式——通过汲取本地资源尤其是土地资源，实现“营业额”（GDP）和“利润”（财政收入）的增长，而地方政府领导则扮演着董事长、总经理的角色——在这一过程中，地方与地方之间还面临着横向的竞争，即经济上对稀缺资本的竞争，以及政治上对“晋升锦标”的竞争。举例而言，20 世纪 80 年代，通过各级财政的分级承包和“分灶吃饭”，当时创收能力和出口创汇能力越强的南方沿海的地方政府，发展得就越快，这就促使各地争着上特区、开发区，以分享中央政府下放的外资外贸外汇权力。

诚然，地方政府的这种公司化竞争体制，的确对过去三十余年的经济高速增长起到了积极作用，然而事物都具有两面性，这也带来了一系列的严重后果：一方面体现为因过度干预经济而导致的诸

---

① 数据来源于《中国财政年鉴 1995》。

如产能过剩与宏观经济波动加剧、地方保护和诸侯经济的形成、权力寻租行为滋生等问题；另一方面，地方政府公司化还体现为因在民生和公共服务方面的职能缺位而导致的诸如社会冲突难以调和、公共物品和服务供给不足、资源浪费与环境破坏等问题。

除了上面列举的一系列严重后果，我们认为，中央碍难调控的地方政府公司化竞争体制，更为深刻的影响在于地方政府基本性质的改变：从过去名义上承担无限责任的“人民政府”演化为实质性地承担有限责任，甚至连有限责任都未必承担的强权性“权力公司”。加之，伴随着 20 世纪 80 年代日益激烈的公司化竞争，地方政府已经呈现出有限责任化的倾向，但却未见相应的适用于有限责任公司的制度规范。这使得有限责任化的地方政府往往不承担风险，最终风险都上交给中央。要知道，对于一般参与市场竞争的有限责任公司而言，出了风险还是需要承担有限责任的，超过其资产的损失才甩给社会。

于是，地方政府公司化占有经济增长收益，却不承担竞争风险的体制弊病，以及派生的泛滥于官场的以权谋私很快就暴露出来了。这本来应该是 20 世纪 90 年代以来深化改革的对象，但当年却以市场经济之名绕开了。

地方政府有限责任化的这种质变，在苏南乡镇企业改制过程中体现得极为明显。

20 世纪 80 年代在乡镇企业创办和运行阶段，苏南地方政府积极为乡镇企业提供体制资源，包括吸引资金、技术和开拓市场渠道等，当然这是以乡镇企业承担政策性负担并形成预算软约束为前提的。这种合作或交易在当时促进了乡镇企业的发展，同时也有利于本属于地方政府职责的社会性职能的实现，在地方政府财力有限的情况下体现了其无限责任的基本性质。然而，在 20 世纪 90 年代市场环境和政策环境恶化的条件下，尽管乡镇企业仍然承担刚性的社区福利开支，甚至还要为地方政府的消费开支埋单，地方政府却因 1994 年财税体制改革后资金来源多元化而急于从乡镇企业退出，这种“从不经济的领域退出”体现出公司化地方政府对本应承担的无限责任的放弃①。

尤为值得注意的是，1994 年的分税制改革使得中央财政收入占比从 22%陡然升至 55.7%，地方财政收入占比则相应地从 78%滑落至 44.3%②，并且在之后的财税改革中，中央与地方的财政收入分成基本维持在一半对一半。显然，分税制改革在一定程度上实现了中央对地方的财权上收。而且，之后的金融系统改革、建设用地指标管控和政府机构改革等举措，都带有中央收权的色彩。这些措施，在一定程度上限制了地方公司化的无序竞争。然而，迄今为止，这些改革并未从根本上改变长期以来形成的地方政府独立的利益主体地位，事实上还是在相对分权的格局内对中央与地方利益分配的调整。换句话说，“条块分割，尾大不掉”的体制弊端仍未改除。而且，在中央与地方的政策博弈过程中，地方政府能以地方治权被上收为由拒不服从中央调控，从而可能导致中央与地方的矛盾更为激烈，并强化地方政府有限责任化的倾向。

三、中央政府承担无限责任：制度优势与现实挑战

早在 20 世纪 80 年代后期，人们就已经发现，公司化地方政府

---

① 客观来说，地方政府从不经济领域的退出，与中央政府在赤字危机条件下的放权让利，都带有“甩包袱”的性质。区别在于中央政府为由此行为所带来的风险负最终责任；而且，为维持政权稳定和国家安全，这种负责是无限的，或者说，愿意付出的代价是无限的。

② 数据来源于《中国财政年鉴 1995》。

追求 GDP 高速增长的行为，伴随着发生大量风险。事实上，随着城市经济改革的全面展开，地方政府依靠财政力量发展本地经济的积极性显著提高，使得地方财政在 1958 年之后首次遭遇赤字问题，1986—1992 年的 7 年时间累积赤字达 421.7 亿元①。而由于中国当年“财政银行不分家”，银行各级机构都是作为同级政府职能部门存在，而且各级银行分支机构的领导还是地方党委任命，银行实际上扮演着财政出纳的职能，“信贷资金的财政化”倾向使得国家专业银行在各地的分支机构经济效益明显下降②。同期，在 1992 年邓小平南方谈话促进中央更多放权于沿海外向型经济发展战略实施背景下，沿海各地争相引入外资，并无视国家计划从国际市场大量进口原材料和生产线，在一定程度上遏制了立足国内原材料和国内市场的中西部地区乡镇企业的发展。

这些问题大都是在 1992 年邓小平南方谈话之后因地方追求短期高增长③而集中爆发，并且最终都上解到中央，遂集中表现为 1993 年十四届三中全会宣布深化市场经济体制改革之际的中央政府实际上却不得不面对财政、金融、外汇“三大赤字”同步爆发的严重危机：一是中央财政赤字超常增加，赤字规模扩大了 85.7%④；二是因财政向银行透支造成国家金融系统中的不良资产和坏账大量增加，

---

① 可见，分税制改革之前，地方财政已经出现赤字。地方财政盈余的 1993 年作为历史上的奇异点，原因在于：1993 年年底出台的《国务院关于实行分税制财政管理体制的决定》规定，1994 年 1 月 1 日起实施分税制；同时规定，以后中央财政对地方税收返还数额以 1993 年中央从地方净上划的收入数额（即消费税+75%的增值税-中央下划收入）为基数，并逐年以一定比例递增。这促使地方政府在 1993 年年底紧急加大征税力度，并从严追缴以往的偷漏税。

② 详见 1989—1995 年各年度《中国金融年鉴》“调查报告与专题资料”部分。

③ 1993 年地方财政建设性支出增长率达到了惊人的 48.4%。数据来源于《中国财政年鉴 1996》。

④ 由《中国财政年鉴 2013》计算得到。

演化成严重的金融赤字，国家金融部门全部自有资本金甚至降到零以下①；三是进口的大量增加所造成的贸易逆差，直接导致外汇储备吃紧，甚至在扣除贸易逆差后不足以偿付次年外债的还本付息②，导致不得不借新债还旧债③，甚至发生国际债务违约，我们称其为“外汇赤字”。

正是这种公司化地方政府完全不承担其追求外向型经济增长所造成的巨大风险，而是全部上解到中央的严峻局面，才迫使中央政府不得不采取一手增发货币，一手增发政府债券④的手段；在采取这两个客观上制造通货膨胀的国家信用扩张手段的同时，推出人民币主动大幅度贬值为实质内容的“外汇并轨、一步到位”和“中央—地方分税制”等被称为“宏观经济体制改革”的应对措施。

中央政府于1993—1994年竭力化解连有限责任都不承担的公司化地方政府所上交的最终风险的这个过程，至今仍然被海内外理论界意识形态化地归纳为“深化市场经济改革”。尽管如此，这些改革都实质性地表现出所谓中央政府的“政府理性”⑤之内涵——根本

---

① 连续多年的财政赤字向国家金融体系透支，不仅吃空了银行全部资本金，还吃进了一部分银行存款。

② 1993年，中国外汇储备211.99亿美元，扣除当年贸易逆差122.2亿美元后，仅剩89.79亿美元，低于当年的短期外债余额135.46亿美元。数据来源于《中国财政年鉴1996》。

③ 1993年，国家财政债务收入中国外借款收入折合人民币357.9亿元，比上年增加71.3%。数据来源于《中国财政年鉴1994》。

④ 这种以扩张国家信用来应对危机的措施具有一般性：中国应对1997年和2008年两次输入型危机的办法，美国奥巴马在2008年华尔街金融海啸之后的救市计划，以及2010年后欧盟、日本相继采取的应对经济危机的措施，都属同类。

⑤ 政府理性，多出现于政治学研究，指的是政府整合国家与社会的机制与能力。本文中多次出现的“政府理性”，并非一个内涵确定的科学概念，而仅仅是一个用来指代政府行为的原则和动机的工具名词，也因此对于不同政府，其政府理性会有所不同。

不同于私人利益最大化的市场理性——中央政府必须对国家经济安全承担无限责任。

而之所以中国的中央政府的无限责任属性能够成立，有其必要条件：只有在中央政府直接掌控国债发行和国家金融权力并且坚持不对外开放资本市场的条件下，才能采用国家主权直接派生的“政府信用”扩张——包括赤字财政和制造通胀①等手段——来承担当期政府对国家安全的无限责任。

可见，凭借国家政治强权维护核心经济主权所派生的财政和金融这两个方面的国家信用扩张，才是中国特色的化“危”为“机”的制度基础。或者说，这是中国无限责任政府能够特立独行于西方有限责任政府体制的内因……

如果回顾中国近代史就不难理解，因中华人民共和国形成于百余年的民族民主革命之中，并且是通过广泛动员各阶层人民参战打出来的，其中央政府自成立之日起就是一个对国家安全和全民福利承诺了无限责任的全能型政府，也因此获得法理意义上政权的合法性。

在改革前的30年间，这种通过革命建立的上层建筑，所能够依赖的经济基础恰是全民所有制的无限责任公司②。这个体现对立统一规律的基本结构，不仅符合马克思主义一般政治经济学原理，也恰恰造成了与西方在政治经济基本体制上的根本性不同，而且也是中国与尚未完成民族民主革命的大多数发展中国家的实质性不同。

简言之，西方的基本体制实乃“承担有限责任的公司作为经济基础，及相应地建于其上的承担有限责任的政府作为上层建筑”，这种体制直接决定了西方“财无付钱可不为”的所谓“现代政府”的

---

① 1994年三大改革使得CPI环比增长达到21.7%，是为例证之一。数据来源于《中国金融年鉴1995》。

② 在城市表现为全体公民公平持股的企业，在农村表现为村社全体成员共有的、以血地缘关系界定基本财产关系的企业。

政府理性及其派生的作为政治常态的"政府失灵"。在 2008 年金融海啸之后关于美国的一系列报道都体现了这个特点：加州政府遭遇破产危机，雇员停薪休假；美国联邦政府非关键部门停摆；底特律因政府财政捉襟见肘，导致警力大幅削减，暴力犯罪活动猖獗①……

其实，追根溯源，美国实际上是一个欧洲殖民者占领殖民地大陆而形成的占领者国家，其原始积累是通过 16—17 世纪长期强制性剥夺原住民财产权利甚至生存权利并使用奴隶劳动来完成的。因此，美国作为白人殖民者利益集团所控制的政治国家，从本源上就不可能对其全民承担无限责任，相反，在体现着"法无授权不可为"的国家政体长期运作过程中所彰显的是高度排他性。例如：1920 年才承认妇女的政治权利②；1965 年才在法律层面废除种族歧视和隔离制度③；2012 年才对 130 年前的《排华法案》做出正式检讨④。

同理，很多通过解殖斗争获得独立的发展中国家，其国界线划分方法往往是沿用西方殖民者粗暴分割族群所采用的经纬线法，导致无法构建拥有向心力和凝聚力的"民族国家"，从而难以形成对全民承担无限责任的政府体系，而只能路径依赖⑤地照搬原殖民地时

---

① 从 2000 年算起到 2013 年底破产，底特律因政府财政问题，警力被削减了 1/3，导致底特律事实上成为"犯罪天堂"：每年每 10 万人中便会发生 1052 起暴力犯罪事件；警局出警平均响应时间为 58 分钟，远远落后于全美 11 分钟的平均出警速度。

② 美国国会于 1920 年通过宪法第 19 条修订案，承认女性也有投票权。

③ 美国国会于 1964 年通过《公民权利法案》，1965 年通过《选举权利法》，才正式以立法形式结束美国黑人受到的在选举权方面的限制和各种公共设施方面的种族歧视和种族隔离制度。

④ 2012 年 6 月 18 日，美国众议院全票表决通过，美国正式以立法形式就 1882 年通过的《排华法案》道歉。

⑤ 以诺斯为代表的制度学派认为，制度变迁存在着自增强或正反馈机制，当它一旦走上某条路径，其既定方向就会在以后的发展中得到自我强化，从而形成对制度变迁轨迹的依赖。

期高成本的上层建筑，也就不可能形成有效的、本土化的社会治理经验。这是所谓第三世界的解殖运动既难以遵循马克思主义理论，也不可能照搬毛泽东思想来完成民族民主革命的内因！

反观中国，数千年的国家政治史中唯有励精图治而鲜见政府停摆的记载。即使当代中国多次遭遇财政赤字危机，人们也不会听到中国哪个政府停止运转或宣布破产，原因就在于上层建筑的无限责任属性。即使地方政府在改革以后存在有限责任化的倾向，但在某些方面仍然保留着无限责任的传统和印记。比如，20 世纪 90 年代出现严重财政赤字的时候，很多不发达地区的公务员、教师、医生，甚至连离退休的老同志都发不出工资，但政府机关仍然能够做到"5+2"① "白+黑"② 地上班；事业单位的教师、医生照常工作，甚至连拿补贴的民办教师都坚持上课。这种无限责任的政治体制反作用于经济基础，就体现为同期很多全民所有制企业即使发不出工资，甚至连基本生活费都发不全，但是企业职工照样每天来点名报到，哪怕是工厂对外关门，职工也会在车间里集中学习。

中国上层建筑尤其是中央政府的无限责任属性，还体现为 20 世纪 90 年代末以来中央政府大规模下达专项资金用于"三大差别"③再平衡战略，棚户区和老工业区改造，农民粮食、社保、医疗的补贴等诸多普惠全民的政策安排。这也是中国的下层社会对中央政府的满意度大大高于中产阶级的解释之一。

中央政府承担无限责任的体制，恰是维持国家长治久安和可持续发展的制度优势。然而，这种体制在现实中遭遇到重大挑战。一方面，构建无限责任上层建筑的经济基础应该是全民所有制的无限

---

① 形容一周七天天天上班。

② 形容一天 24 小时轮流值班。

③ "三大差别"，指的是区域差别、城乡差别和贫富差别。

责任企业，具体形态主要表现为国有企业①。国有企业的全民所有的产权性质，决定了国有企业的经营收益理应全民共享，而由于实践中全体人民不可能直接参与国有企业的利润分配，因此由全国人民代表组成的全国人大委托给中央政府全权负责管理，中央政府则作为总代理人负责将国有企业利润向全民（包括国有企业）分配。照此逻辑，国有企业的利润理应全部或至少大部分上缴中央。

然而，从国有企业利润分配制度的历史演变来看，如果说 1978 年以前还能够明显体现出价值理性、保持国有企业全民所有的基本性质②，那么此后则主要体现了工具理性。在 1978—1993 年的改革初期阶段，出于赤字压力而搞活国有企业、激发其创收能力的需要，对企业利润分配的三次调整，都无一例外地以“市场化改革”为名而行“去全民所有制”之实：1980 年国务院下发的《国营工业企业利润留成试行办法》将国有企业利润留成比例一步上调为 40%，20 世纪 80 年代中期的两步“利改税”制度最终确定将企业税后利润全部留存，80 年代后期的企业利税的承包责任制规定“包死基数、确保上交、超收多留、歉收不补”的基本原则。1994 年分税制改革之后，逐步确立了以“税利分流”③ 的原则来理顺国有企业利润分配关系的改革思路，这固然对重塑国有企业利润上缴制度发挥了积极意义，算是对之前改革的一种纠偏和调整，但对国有企业回归于全民所有制而言仍不彻底，国有企业的大部分利润还是留归企业内部分配和使用，实际上是将全民所有的国有资产收益让渡给了企业或

① 《中华人民共和国宪法》总纲的第七条明确规定：“国有经济，即社会主义全民所有制经济，是国民经济中的主导力量。”《中华人民共和国企业国有资产法》第三条也指出：“国有资产属于国家所有即全民所有。”

② 1978 年以前，尽管在不同阶段对国有企业的利润留成做了不同调整，但企业留成比例在最高时的 1958 年也就只有 13.2%。

③ 企业向国家缴纳完所得税之后，税后利润再在国家和企业之间进行适当分配。

部门，这构成了当前中央政府无限责任体制的最大挑战。

事实上，现行的国有资本收益的收取对象仅为中央管理的一级企业，而其中仅中央企业拥有全资或控股子公司的国有独资企业才上缴利润，并且除军工企业和转制科研院所企业外，上缴利润比例仅为5%~10%，远远低于国外国企35%的利润上缴。这种制度安排，使得业已形成的企业或部门利益分化格局更为固化，这从薪酬水平就可见一斑。根据《中国薪酬发展报告（2011年）》对2032家上市公司进行的职工薪酬水平研究结果，2010年国有控股上市公司的职工等平均薪酬8.55万元，高管等人均收入52.92万元，分别是当年全国人均收入的4倍和25倍。

此外，值得一提的是，党的十八届三中全会通过的《中共中央关于全面深化改革若干重大问题的决定》指出，混合所有制经济是我国基本经济制度的重要实现形式，并且提出两个“有利于”① 和三个“允许”②，被社会舆论普遍理解为是当前深化国企改革以混合所有制为基本方向的依据。若舆论属实，则因天然具有排他性和经济效率导向性的非公有资本的客观存在，如何在混合所有制经济中发挥国有资本的全民所有的基本性质成为又一法理难题。

同时，如前所述，中央应对风险承担无限责任的最直接措施是政府信用扩张，增加发行国债和货币，这就对冲了滚滚涌入的外国纸信用和国内财富群体积聚起来的纸信用，从而引发海内外财富群体的严重不满。问题在于一大批代表这一群体利益的财经官僚和学者，恰好是承担国家体制改革顶层设计的主体，或有意或无意地遗

① 有利于国有资本放大功能、保值增值、提高竞争力，有利于各种所有制资本取长补短、相互促进、共同发展。

② 允许更多国有经济和其他所有制经济发展成为混合所有制经济；国有资本投资项目允许非国有资本参股；允许混合所有制经济实行企业员工持股，形成资本所有者和劳动者利益共同体。

忘了传统中国几千年国家政治史中适用于本土的低成本治理经验，而选择以西方有限责任的政治体制为深化改革目标。须知，如果真要按照西方制度取向深化政治改革，其向有限责任政府转化的制度成本将会是倍加的、爆发性的，并且可能酿成在许多发展中国家已经发生的而被西方称为“颜色革命”的社会动乱；更何况，大多数当代西方政体的维持依赖于（也服务于）金融资本尤其是美元信用的强势扩张，而二者又都依赖于美国的军事霸权——即使金融海啸之后削减军费预算，美国的军费开支也只是从占全球约二分之一下降到超过全球的三分之一①——作为美国非军事盟友的中国，在激进地照搬西方政体的进程中，不可避免地会发生本国金融信用的内生性扩张，与美元霸权发生正面较量，这在现阶段正在成为中美矛盾深化的主要原因。

四、经济分层条件下中央—地方利益失衡格局长期化

如果以工业化的一般经验过程划分新中国成立以来的经济发展阶段，那么，1980 年以前主要是工业化的原始积累阶段；1980 年之后是工业化所形成的产业资本结构调整与扩张阶段；世纪之交中国进入产业资本过剩阶段。

正如前文的分析，在进入工业化第二个阶段后，地方政府在实体经济层面公司化竞争开始显化，因有限责任化倾向遂将风险上推给中央，承担最终风险的中央政府不得不依靠增发货币和国债的方式应对危机。而随着地方政府风险的累积，中央只能路径依赖地在

① 2014 年美国军费开支为 6100 亿美元，占全球军费总开支的 34%。转引自瑞典斯德哥尔摩国际和平研究所 2015 年 4 月 13 日发布的《2014 年全球军费开支趋势》。

20 世纪 90 年代以一系列财税和金融改革来不断强化自身的财政、金融权力，再加上外汇管制以应对外债偿付，终于在 21 世纪之初进入以经营垄断性金融收益为主的阶段。恰在同期，中国于 2001 年加入 WTO，中央政府所掌控的金融部门——作为中国抵御输入性风险① 和参与全球竞争的工具——得到了持续的扩张。

中央政府对货币、国债和外汇等金融经济领域的垄断过程，而将除少数关系国计民生的战略性行业之外的大量实体经济交给公司化的地方政府经营管理，客观上加剧了地方政府之间的横向竞争。同时，中央垄断控制的金融部门在利益导向的市场化改革中越来越异化于作为地方收益来源的产业经济，使得本来可以凭借制度性信用支持以实现结构性提升和调整的地方产业经济，因资本短缺而陷入日趋激烈的低水平竞争，导致中国在完成工业化原始积累的短短 20 年之后便遭遇产能过剩危机。并且，也同样因地方产业经济缺乏国内资本支持，地方政府的行为取向演化成：发达地区的地方政府因外资的低利率而更主动地“亲外资”，客观构成对国内金融资本的竞争、短期风险更多上交中央；而欠发达地区的地方政府则只能以资源环境为代价才能承接沿海发达地区的落后产业转移，长期风险也上交中央。②

简单归纳可以看出，伴随着三十余年的高速发展，中国的中央政府与地方政府在经济基础层面陷入了一个地方产业竞争与中央金融垄断相互强化的循环之中：地方政府主导产业资本竞争，导致中

① 中国加入 WTO 后，外资大规模进入中国，直接导致中央政府所承担的外债最终偿还责任愈益沉重，同时不得不对冲增发本国货币；随之势必出现国内金融资本过剩压力下的虚拟经济扩张和实体经济下滑。

② 概不论具体行为如何不同，发达地区和欠发达地区的地方政府都实质地体现出“亲资本”的取向。而只要政府亲资本就势必排斥劳动，也就势必会表现为底层百姓参与的群体性社会治安事件大量发生。

央政府强化金融权力垄断，这又进一步加剧地方产业资本竞争……在这一循环往复中，中国经济在中央与地方之间形成了日益固化的层次划分：地方政府的经济基础仍然是产业资本主导的实体经济，而中央政府的经济基础则演变成金融资本主导的金融经济。

因经济基础决定上层建筑，这种经济分层也就从侧面印证了如前文分析的地方政府承担有限责任、中央政府承担无限责任的结论：产业资本作为生产要素追求的是生产性投资报酬最大化，这就决定了产业资本在组织其他要素投入生产的过程中，尤其在资本稀缺的条件下，因其掌握要素的定价权而势必最大限度地压低其他要素价格而抬高资本要素价格，这一过程本身就内含对劳动者、土地所有者乃至生态环境的不负责任，因此，处于产业资本阶段的地方政府只承担有限责任也就不难理解了！而对处于金融资本阶段的中央政府而言，尽管金融资本追求投资报酬的资本属性没变，但一国金融资本的扩张或金融信用的增加——尤其在全球化竞争条件下——依赖的是国家经济主权和政治强权，从这个角度而言，中央政府承担无限责任与金融资本所内含的强化国家主义要求本来是相适应的，却被西化意识形态左右的财经界所诟病。

在经济分层条件下，中央政府和地方政府各自遵循着不同的“政府理性”和相应的行为逻辑，两者之间的利益结构格局失衡也就势所必然。并且，因经济分层日益固化，而中央的调控在经济正常运行条件下难以贯彻，中央—地方利益失衡格局可能将维持很长一段时间。

事实上，经验表明，在经济正常运行状况下，承担有限责任的公司化地方政府永远是追求高增长的，中央的宏观调控也就不可能被地方政府自觉落实；而只有在风险累积直至危机爆发的时候，因各种利益集团都利益受损，中央的宏观调控才有条件地被地方政府接受。

不妨还是以波澜起伏的 20 世纪 90 年代为例：1992 年南方谈话

和党的十四大提出建立社会主义市场经济体制之际，地方大办开发区招商引资，宏观经济直接跨过复苏阶段而迅速高涨，接着就因经济过热而导致 1993 年“三大赤字”同步爆发。其实在这之前，中央已经意识到宏观形势的严峻性，并采取或提出了一些针对性的调控措施①，但在与地方的拉锯式谈判中，就眼见着财政、金融、外汇等三个领域的问题集中爆发，遂有了之后俗称“铁腕调控”的改革。之所以如此说，无外乎是因为经济过热造成危机即将爆发的压力下，中央领导人做了调控决策，但仍然很难被地方执行。直到 1997 年下半年突如其来的亚洲金融危机造成出口增速与 GDP 增速双双下滑②，连带银行坏账等各种国内问题彻底暴露出来，地方才不得不信“狼来了”，中央才在 1998 年真正有机会整顿金融秩序，全面开启国有金融市场化改革。但时过境迁，在亡羊补牢之前已经造成的损失十分惨重。

五、缓解中央—地方利益矛盾的出路

中央与地方之间的利益矛盾，是中国当代追求现代化过程中内生的问题，当前已经严重制约了中国经济社会的可持续发展，但由于条块分割、尾大不掉的历史积弊，至今都很难在表述上理顺，也就更难化解。

可以说，中央—地方矛盾已然成为“历史遗留问题”，剪不断理还乱。因此，所谓的深化改革，如果无法做到根除这一核心体制弊病，倒不如以“缓解”的思路做一些制度创新。

---

① 从 1991 年开始，中央就陆续展开了诸如清理“三角债”工作、清理金融领域的体制外活动和提出中央与地方分税的想法。

② 1998 年，出口增长率陡然从 1997 年的 20.5%降到 0.4%；GDP 增长率也从 1997 年的 9.3%下滑到 7.8%。数据来源于《中国统计年鉴 2014》。

首先，在中央层面，中央政府承担无限责任作为中国特色的制度优势，其经济基础理应得到夯实。因此，需要强化国有资本，并且明确收益向全民分配的改革方针。中国在 21 世纪之初融入金融资本主导的全球化竞争，这一竞争仍然是以民族国家为基本单元，盖因任何国家的金融资本所内含的政府信用，都是以该国的经济主权、政治强权乃至军事实力为后盾，因此，为了能在这场没有硝烟的战争中幸免于难，中国不得不做大做强国有资本，用以保障全民财产安全，这也是中央政府“安全理性”之体现。与此同时，国有资本的经营收益还应向全民分配，具体的操作方案如成立公共信托基金、以中国公民资格入股平均分红等，其实，只要能够体现公平性和普惠性的具体方案都可试点。这样才更能体现全民所有制的经济基础属性，亦可巩固和加强中央政府承担无限责任的职能。

其次，在地方层面，公司化的地方政府作为风险的主要制造者，可以说是中央—地方矛盾中的主要方面，如何降低风险、在地化化解风险、分担风险责任就成为改造地方政府行为的基本思路。

一是以生态文明理念和三产化思路开发利用本地资源，降低地方政府竞争风险。

地方政府之所以竞争激烈，很大程度上是因为各自控制的实体经济层次较低、同质性严重。而事实上，对于纵深广阔的中国而言，各地方在自然景观、民俗风情和传统文化上千差万别，恰恰符合生态文明所内含的多样性，因此，在生态文明理念指导下，即使地方政府仍然公司化竞争，那也至少是差异化竞争。而且，考虑到现阶段正在崛起的中产阶级绿色、生态、差异化的消费特征，在开发利用本地资源时应以题材和创意为手段走三产化发展道路，这样有助于缓解因长期二产化发展而导致的产能过剩问题。

二是鼓励多方主体共同参与政府治理，在地化化解风险。如前文所述，地方政府公司化竞争会因在民生和公共服务方面的职能缺位而带来一系列的社会问题，可以构建由包括政府、企业、基层群众组织、知识界、媒体界等不同身份的人员共同参与的多层架构、网状连接的组织平台，以网络化结构内部化处理其中的一些社会问题，发挥政府单一科层治理体系所不具备的优势，从而实现在地化化解风险而不必将风险集中于中央。

三是对直接关乎国家安全的地区①，财政支持从专项转移支付为主改为一般转移支付为主，促使地方政府分担风险责任。目前，中央政府对直接关乎国家安全的地区的财政支持，很多是依靠专项资金项目来进行专项转移支付。但由于部门利益和“精英俘获”问题的存在，中央政府保障国家安全的“善意”难以公平传递成为“善举”。因此，对这些地区财政支持从专项转移支付为主改为一般转移支付为主，使这类地区基层政府的人均公共开支至少达到全国平均水平，中央才有可能与之谈判事权，将保障国家安全的责任合理地与地方政府分担，从而改善“有组织地不负责任”② 的现状。

最后，在国际层面，以国有金融为主的金融资本与以地方企业为主的产业资本联合“走出去”，能够实现“双赢”，有助于缓和中央—地方矛盾。一方面，随着国内要素价格的攀升，国内制造业企业有向海外寻求要素低谷的需要。国有金融能够为此提供资金和信用支撑，不仅可促进产能出口，化解国内产能过剩问题；还能够促使企业将流回国内的利润投入产品和技术创新上，从而有助于地方产业的层次提升：这两方面共同作用，对缓解地方竞争压力、降低

① 如关乎粮食安全的产粮大县，又如关乎生态安全的生态环境脆弱地区，等等。

② 风险社会理论认为，在风险社会中，社会制度与经济利益之间具有共谋关系，为了维护某些阶层的利益，风险可以转移、遮蔽和弱化风险及其危害，造成“有组织的不负责任”，使得风险及其危害“合法化”，从而顺势被全社会尤其是社会中的弱势群体承担。

风险大有裨益。另一方面，通过30余年的贸易积累，中央掌控的外汇储备已从1980年年底的负值飙升至2014年年底的3.84万亿美元[①]，给外汇经营带来了不小的挑战，也使当前国内承受着巨大的通胀压力。产业资本“走出去”所做的基础设施建设和其他生产性项目建设，给外汇储备投资提供了标的，能够有效降低中央所承担的通胀风险；而且，客观上也为国有金融的全球扩张和布局提供了支点。

① 数据来源于国家外汇管理局网站（http://www.safe.gov.cn/）。

第二篇

乡　土：

国家稳定的基石

第六章

莫让私有化摧毁乡土社会[①]

关于土地私有化的问题，目前经济理论界呼声比较高。显然，这个提法的依据是西方经济学的逻辑，本身有其符合经济理性的一面，因为私有产权确实最能够平滑地在市场上交易，所以私有化是市场化的前提。随之而来的，市场化会形成由“看不见的手”来促进土地的规模化，这就可能形成农业的规模效益，进而促使农业产生更高的收益，也就形成市场经济条件下农业经济的竞争力。

需要注意的是，不论西方经济学的理论逻辑是否合理，那些盲目照搬西方经济制度，践行“私有化+市场化”教条的发展中国家大多深陷于“发展陷阱”无法自拔，目前尚找不到能够单纯依靠土地规模经济推进农业现代化，来成功解决本土贫困加剧和粮食危机问题的成功范例。

一、东亚土改的成功经验

我们只要把整个亚洲大陆作为原住民人口大陆观察就会发现，亚洲各国到现在为止无论自称实行何种制度基本上还是小农经济，土地规模化的程度都非常低，以美国那种大农场模式运作的亚洲国家只有千岛之国菲律宾，那还是殖民地时代的遗留产物，并且由于本地原住民的土地权力不被外来殖民者承认，因此即便在全国形成

① 本文作者为温铁军，原载于《中国房地产业》，2014 年第 7 期。

了二三十个大的家族性农场，土地所有权也并不为本国原住民所有。

我们最近在做联合国支持的一个项目，专门研究为什么多数发展中国家始终走不出发展陷阱。通过调查我们发现了一些问题。拉丁美洲的农业资源非常丰富，但主要是由跨国公司控制的，不会给当地贫民提供粮食的安全保障，更多的是考虑在国际食物市场营利，因此尽管大宗作物是在拉美当地种植，但收益却在华尔街。

例如，厄瓜多尔是世界著名的香蕉之国，但香蕉贸易、物流和结算都不在国内，农产品作为原材料都被跨国公司拿走了，也就没有当地加工业的发展条件，国内食品价格就高于国际市场；相关的另外一个后果是，跨国资本的收益在国外，厄瓜多尔老百姓几乎没有条件形成有规模的存款，当然也就没有金融投资能力；最终是国家金融破产，全国改用美元作为流通货币。那也就没有政府做宏观调控的基本条件了。可见，如果资源主权不在本国手里，根本谈不上在地化发展，这就是拉美的发展陷阱。

土地私有化不可能是一个解决发展中国家发展问题的思路。

实际上，整个世界范围内，东亚国家和地区的土地改革是最为成功的。

东亚社会无论何种意识形态、何种政治体制，在土地改革问题上都做了一件类似的事，就是给农村家庭按人口平均分配土地，这成为战后东亚社会能够相对稳定发展工业化的最基本的前提。二战之后，中国大陆、日本、韩国及中国台湾成功实现了以小农村社为制度基础的工业化、农业现代化和城市化。除了日本、韩国、中国台湾因冷战地缘政治而得到美国的扶持之外，东亚在制度上都没有简单化地照搬“私有化+市场化”的西方教条，所谓“日韩台模式”，主要是在小农经济基础之上建立综合性合作社体系，这样才能以合作社在所有涉农领域的其他收益来弥补弱势小农在农业生产领域的收益不足。

以日本为例，土地改革与建立综合性的合作社几乎同步，包括金融保险、房地产在内的农村经济领域所有的资本化利益都集中在这个垄断性的合作社里面，政府的优惠条件也全部给到合作社而不给私人企业。同时，政府还严禁任何私人资本和外国资本进入农村社会经济领域。所有在农村领域产生的经济收益都通过综合性的农民合作社高比例地返还给农民。这样就稳住了农村，也稳住了农民。

在日本，城市经济基本上被六大财阀垄断，农村经济则主要由综合性农业合作社全面控制，无论是金融保险还是房地产、旅游、饭店、超市、批发等所有一切，都在综合性合作社体制内严格控制收益和分配，任何外部资本无论怎么抗议都没有用。虽然 2001 年官方开放自然人、2011 年允许企业法人进入农业，但到现在为止，日本企业能够下乡介入竞争的仍然非常少，也几乎没有敢于挑战垄断性综合农协的企业家。

二、不能轻易改变目前的土地制度

我国农村目前的土地制度，是经过长期实践检验的，总体上是符合中国国情的。因此“三农”问题尽管饱受诟病，但与其他发展中国家相比还是比较轻的。我认为，倘若目前没有条件在农业外部的宏观环境上作出重大政策调整，就应该继续坚持农村基本经济制度，不要轻易改变。

我们目前的土地制度实际上可以称作“农民兼业经济的无风险制度”。为什么说是无风险呢？因为土地并非通过市场交易而是通过分配得来的。得到土地的农民之所以不愿意拿到市场上交易，是因为这块土地是“一家两制”经济的基础，也就是说，保留这片地至少可以让一家人吃上饭，家庭成员可以留在农村也可以出去打工，都是有风险趋零而使收益最大化的选择。所以我们会看到现实当中，即便是已经在城市当了老板的人，只要听说村子里重新分地，也要坐飞机回来。谁也不愿意扔掉家乡原本属于自己的土地，这可以被媒体说成是中国农民的土地情结，但也是乡土社会风险内部化机制特殊的运作特点。

现在我们很多地方政府都在想方设法打碎原有的土地格局，利用撤村并镇，试图把原来村社内部对财产和收益分配制度有约束作用的社会关系和文化关系打碎，打破农村的“熟人社会”格局，似乎这样才能降低地方政府征用土地的成本。据观察，虽然 20 世纪 80 年代以来的政策一直鼓励土地流转，但实际上农民使用权的自发流转每日每时都在大量发生，而真正自愿进行所有权放弃的彻底流转现象，却几乎没有发生。恰恰是农村目前的土地制度，让农民理所当然地认为他有权无偿获取一份土地财产，并以此作为无风险资产来追求其他高风险收益，才可以使其风险收益最大化。

中国现在有两亿六千多万农民工。十年前的一次会议上，我遇到了曾经请温家宝总理帮助讨薪的农民工熊德明，我当时问她，如果工资最终也拿不到怎么办？她的回答很有意思，说“拿不到就回家了，多养几头猪嘛”。这也表明，农民是靠兼业化小农家庭经济的内部性来化解外部风险的。

中国经济发展到今天，有两个经验非常难得和宝贵。第一是中国在工业化和城镇化加速时期始终没有伴随出现大规模的贫民窟化趋势，在全球发展中人口大国仅此一例；第二是按人口平均分配土地、按户占有产权的农村土地制度，在给农民提供维持生存的基本保障的同时，也在客观上成为中国历次经济危机“软着陆”的基础。而这两项经验获取的前提是，保障农民既可以自由地进城务工经商，也能够自由地返乡务农谋生。实际上，对大部分农民而言，也只有这样“进退自由”，才能够维持一个相对不错的收入。

一旦允许政府服务于资本下乡而形成制度性土地私有化和市场

自由买卖，短期当然会有“资源资本化”的制度收益，然而其带来的制度成本则势必由全社会承担：一方面，在地方权力与资本结盟的强势介入下，经营农业本来就无利可图的小农会大批失去土地，尽管表面是自愿交易，实质还是被强势利益集团所胁迫；另一方面，丧失了在农村生存的根基之后，大多数农民无法在城市立足，很可能造成贫民窟化与农村社会冲突的同步加剧，大规模社会动荡将不可避免，而且激烈程度将远比其他发展中国家严重。

当激进发展主义者们把乡土社会毁掉的时候，中国将不会再有危机“软着陆”的基础条件。

既然发展中国家大多数都有“三农”问题，也没有见到采用短期、激进手段解决“三农”问题的先例，那么要缓解中国的“三农”问题，最好也能立足现行基本制度，走长期的、改良的、新农村建设的道路。

农村社会太过复杂，农民群体也过于庞大，涉及这个领域的一举一动都应该谨慎。

第七章

中国地方政府的三次“圈地运动”①

随着中国城市化进程的推进，中国地方政府对农用地的征占仍在继续。

2012 年岁末，土地市场变得格外热闹。当年 11 月 27 日，京沪两地同现地王；28 日，深圳新总价地王诞生；30 日，全国总价地王在南京横空出世。同时，13 个重点城市 11 月推地环比暴增 219%。一时间，土地问题以及地方政府的土地财政问题，又被推到了风口浪尖。

那么中国到底已经经历过多少次“圈地运动”？未来还要经历几次“圈地运动”？笔者于 2013 年 1 月 1 日出版的《八次危机：中国的真实经验（1949—2009）》中剖析了新中国成立以来政府对农用地的三次“圈地运动”。

诚然，第一轮“圈地运动”中农村耕地主要被乡镇企业乱占滥用，干扰了国家建设的总体思路。1986 年 3 月 21 日中共中央、国务院下发的《关于加强土地管理，制止乱占耕地的通知》中明确指出：乡镇企业和农村建房乱占耕地、滥用土地的现象极为突出，这种情况如果继续下去将会给国家建设和人民生活造成严重恶果，贻害子孙后代。但同时需要注意的另一方面是，这种农村土地内部化“农转非”的增值收益主要归乡村集体，政府几乎不能分享，却必须承担“粮食安全”责任。于是，20 世纪 80 年代后期，中央开始要

① 本文作者为温铁军，原载于《财经界》，2014 年第 10 期。

求严格控制耕地转为非耕地，逐步将耕地转为工商业用地的权力收归国家所有。1986 年又以出台《土地管理法》的形式将国家对土地农转非的权力加以确定，并在 1988 年设立国家土地管理局，由其行使对土地非农用途的全权。

然而，就在农村集体对土地的非农使用权力被上收到公司主义的政府手中的同时，土地的商品属性也逐渐确立。1988 年,《中华人民共和国宪法》(修正案）规定“土地的使用权可以依照法律的规定转让”，正式开启了我国的土地有偿使用制度。1990 年 5 月 19 日，国务院颁布实施了《城镇国有土地使用权出让和转让暂行条例》，对土地使用权出让、转让、出租、抵押等问题作出了明确规定，使土地实际上已经具有商品的属性。这就从根本上改变了土地资源资本化的性质和机制——从 20 世纪 80 年代基层农村自主发展乡村企业的生产性的“以地兴企”，到 90 年代地方政府满足刚性开支的消费性的“以地生财”，土地变现遂成为地方政府最快捷的生财门路。

第二轮由地方政府发起的“圈地运动”，因主导力量发生改变而与第一轮大不相同，并且持续时间更长。这与上一次在 20 世纪 80 年代大规模征地催生宏观经济高速增长有些许类似，但资本化的具体机制和途径却远不相同——80 年代因乡镇企业“异军突起”而占有土地，还需要与企业的其他实物资产相结合，作为工商产业中的一种物化“资产”，并通过产业经营实现土地的增值收益。而到 90 年代初，土地本身就成了被经营的对象，通过单纯的土地开发或者流转，就可以获得远高于 80 年代“以地兴企”阶段的增值收益。比如，苏州市斜塘镇因苏州工业园区开发，就呈现出明显的地方政府“以地生财”的土地财政特征。

这还意味着：政府公司主义的内在利益结构发生变化——异化于在地产业资本，各地政府越来越少地依赖本土产业资本的增值分享，越来越多地青睐没有社区负担的外资。由于土地资本化的机制及主导土地资本化的主体均发生了改变，“农地转非”的增值收益分配也相应发生了改变。中国在资本短缺条件下的招商引资，与国际产业资本过剩条件下追求向要素价格低谷转移而出现的资本供给，恰是一个过程的两个方面。投资拉动型增长道路的形成与 1993—1994 年财政危机中中央政府上收财政权力有关，也与 1997—1998 年危机中中央政府上收金融权力有关。

自 1994 年实行分税制及 1998 年金融系统全面改革以后，地方政府的财政金融权力都被极大地削弱，加之劳动力自由流动（即使不流动，也不再具有成规模劳动替代资本服务于产业升级的主、客观条件）。此时，地方政府唯剩有土地资源可以用国家之名来支配。当新一轮宏观环境利好来临时，地方政府便以土地的资本化助推所辖地域内的招商引资、外向型经济高速发展。即使没有招商引资也要靠乱占土地、大兴土木建设地方政府的楼堂馆所来创造银行资本进入当地的政绩。

只是，这些非生产性投资都造成地方政府不承担风险和责任的大规模负债！鉴于中央也不能承担这种地方累积的债务，遂使货币大规模不断增发成为唯一手段。

地方政府的具体操作过程是：由于制度规定和与小农之间交易成本的限制，土地使用方乃至开发商并不直接和土地的实际使用者小农打交道。一方面，地方政府利用其垄断性权力以极低的价格从农民手中征收土地，然后再通过土地储备中心、各种城投公司及开发区管理委员会等融资主体，以土地作抵押套取银行贷款投入基础设施建设。到 2006 年，在东南沿海的县市，高达数百亿元的基础设施投资中，约 60% 靠土地融资；而在西部，银行贷款占城市基础设施建设投资的份额更高达 70%~80%。

另一方面，地方政府加快推动城市扩张，以增加各种地方税种规模及土地出让收益。到 2002 年地方营业税比重迅速上升，已经成为地方政府的第一大税种。2006 年时营业税在地方税收中所占比重已经达到 43.3%，而营业税主要是对建筑业和第三产业征收的税种，这就使得加快城市扩张以扩大建筑业、房地产业营业税的规模成为地方增收的当务之急。世界银行的研究指出：在增加财政收入动机的驱动下，地方政府 2002 年以后对于土地开发、基础设施投资和扩大地方建设规模的热情空前高涨。

我们在同期发表的研究报告中，称之为地方政府与银行之间的“以地套现”，认为这符合金融资本异化于一般产业之后与地产结合的需求，客观地推动了城市扩张。首先带动的就是房地产业的暴利，使其“成为政府偿还城市基础设施投资巨额贷款和实现土地出让收入的通道”，成为过剩资本争先恐后涌入的领域。继而，在基本建设和房地产业的带动下，相关的产业投资也如火如荼，蒸蒸日上。自 2002 年以来投资在新增需求中始终占 60% 的份额。

这样，以地方政府“以地套现”的第三轮圈地运动为肇端，便逐渐形成了新世纪以来基于“高圈地”的“高负债+高投资=高增长”的发展模式。加之，中央层面的过剩金融资本在投机市场上的积极推动，便带来了 21 世纪中国经济的迅速高涨。

第八章

百年乡建　一波三折[①]

温铁军先生在 2001 年《读书》第 3 期的《百年中国　一波四折》这一研究提纲中，通过以百年中国历史上四次工业化的内在动力与联系效果为主线，从“收益—成本”角度指出其对“小农”及中国发展道路的深远影响，努力摆脱意识形态化下“左—右”二分逻辑的可能限定，为重新理解近现代中国历史提供了一个新的思考框架。

如果继续这样的整体性视野，并以“三农”为基本立场与分析角度，通过回到具体历史脉络并对国情限制保持充分自觉，是否可能将百年历史上不同阶段的乡村建设实践及宏观历史背景融合起来并建立起内在逻辑相关？如何打破历史与当代实践在时空与叙述上的割裂，通过“跳出乡建看乡建”，重新理解百年近现代历史间隙中那些形式不同但实质呼应，某种意义上“没有乡建派的乡村建设”？

中国作为以农业为传统文明类型及以农民为主的超大规模原住民人口国家，近代以来以工业化和城市化为中心的整体性变革，既产生出再度成为世界第一大经济体的“百年轮回”经验过程，又派

① 本文作者为重庆大学人文社会科学高等研究院讲师、硕士生导师，西南大学中国乡村建设学院特邀研究员潘家恩，原文刊于《读书》，2015 年第 4 期。本文是 2014 年度国家社科基金重大项目“作为国家综合安全基础的乡村治理结构与机制研究”（项目编号 14ZDA064）和西南大学中国乡村建设学院“中国乡村建设史述要”系列研究的阶段性成果，特别感谢温铁军、何慧丽、董筱丹、黄志友、杜洁等师友的修改建议。

生了由“三农”承载代价的实际后果，同时也孕育着“乡村建设”这一延续百余年的社会大众改良实践。但正如梁漱溟先生在《乡村建设理论》中所强调：“乡村建设，实非建设乡村，而意在整个中国社会之建设。”其自然不限于技术层面的革新或单一问题的回应，也不只是一村一镇的个案实践与微观做法，而是对数千年中华文明之社会参与的历史传承与创新发扬。

如果说鸦片战争后洋务派所推动的“自强运动”，体现着被压迫民族的自尊与憧憬，同时也作为封建统治者及上层精英们的“自救”，那么随着甲午以来“体用说”及其指导下洋务实践的破产，则产生着更为整体性的“西化/现代化”动力——全面激进变革在屈辱与受挫中逐渐成为时代强音。虽然主张各异，却共存着“都市本位、工业优先、从三农提取剩余、巨大成本向乡土转嫁”等特点，上层和精英的“自强”不期然地导致下层和乡土的“自毁”。正如梁漱溟先生所指：“外力之破坏乡村尚属有限，我们感受外面刺激而起反应，自动地破坏乡村，殆十倍之不止……一部中国近百年史，从头到尾就是一部乡村破坏史。”

其具体表现为：乡村经济中的“生产力三要素”多形式外流、乡土社会低成本稳态治理秩序随之解体、“乡/土”成之为问题与必须克服的目标对象；外加资本主义全球化与制度代价向发展中国家弱势群体和资源环境递次转嫁这一宏观国际背景，共同产生着“乡土社会整体性衰败”的普遍效果。从而促使乡村“自毁”之社会基础的进一步形成，遂使得乡村建设内在于因中西碰撞而剧烈变动之近现代进程。

1904 年，河北定县翟城村乡绅米春明被聘为定县劝学所学董，开始以翟城村为示范，实施一系列改造地方的举措。米春明和他的儿子米迪刚等人一起，积极兴办新式教育、制定村规民约、成立自治组织和发展乡村经济。正是这些本地乡绅自发创造的“翟城试验”，直接孕育了随后受到海内外广泛关注、由晏阳初及中华平民教育促进会所主持的“定县试验”。如果说这个起于传统良绅结合“海归”子弟的地方自治与乡村“自救”实践是在村一级开始萌芽的，那么清末状元实业家张謇先生在其家乡南通则进行了卓有成效的县一级探索，正是这些20世纪初叶不同范围内自发的建设性实践，构成了百年乡村建设的萌芽与先声。同时也让我们看到：近现代乡村社会“劣绅化”进程中，“良绅”以建设性实践进行反抗与博弈的事实存在，而其所遭遇的困境张力及随后的整体式微也反证着传统乡土社会结构的进一步改变。

到了20世纪二三十年代，除乡土社会稳态基础进一步被破坏，还伴随着五四运动之后“多元救国论”的兴起与落地。一战爆发所出现西化思潮反思的现实基础，“到民间去”“实验主义”等则纷纷成为时代趋势与社会氛围。

在此脉络背景下，一批名家使乡村建设进入公众视野。其中既包括常被作为乡村建设代表人物而提及的平民教育家晏阳初先生、“生活教育”的创立和践行者陶行知先生以及同时从理论和实践两个层面对西方现代性进行反思与另类探寻的“最后儒家”梁漱溟先生，还包括近年来日益被重视的更多乡村建设实践者，比如：通过地方割据条件下的“和平红利”以完成建设，同时创造出中国第一批现代意义上社会企业的嘉陵江三峡乡村建设开拓者卢作孚先生；在战乱频仍、土匪乱世与地方割据环境下推行农民组织化的早期乡村建设领导人、河南村治学院与宛西自治开创者彭禹廷先生；于1925年提出“大职业教育主义”，主张与一切教育界、职业界联络，由此进一步面向社会并推进农村改进的中国近代职业教育开创者黄炎培先生；1920年毁家兴学，1928年任江苏省立教育学院院长的民众教育家高践四先生；辛亥革命先驱、曾任孙中山大元帅府秘书，旨在分期实现“三民主义”，主张革除差役整顿警政、设立民团肃清土劣、清理丁粮改革赋税、破除迷信倡导文明等系列建设实践的福建营前模范村（1928—1933）创办人黄展云先生。毛泽东等中国共产党领导人在 1927 年 6 月所起草的《全国农协对于农运之新规划》第四节中还专门提出“开始乡村建设事业”。①

此外，教育家黄质夫、王拱璧、周方分别在贵州、河南、湖南等地开展平民教育与乡村建设实践；除农学、教育学和社会学知识分子外，诸如作家孙伏园、戏剧家熊佛西、医学家陈志潜、美学家张竞生等专业人士及来自乡村底层的民间思想家王凤仪（1864—1937）等人都以不同形式参与着广义的乡村建设。据南京国民政府实业部调查，当时全国从事乡村建设工作的团体和机构有 600 多个，先后设立的各种试验区达 1000 多处，实际呈现着“群体性”与“多样化”的特点。虽然出发点、学科、经历、政治立场存在着或多或少的差异，但他们都以“救民”为目标而扎根大地，尽管负重前行却润物无声且生生不息。

而当进入 20 世纪 30 年代后，西方世界经济危机对中国转嫁和日本发动侵华战争，导致快速工业化城市化的外部环境发生着剧烈变化，而内部环境则随着白银危机的爆发和保甲制的强制推行而导致乡村社会中劣绅当道、兵匪横行，农民负担进一步加重、维持乡村良性治理的社会结构与文化基础同时受到摧毁性破坏。此时的乡村，剩下更多的只是“干柴烈火”，社会改良空间进一步萎缩。

然而，广义的乡村建设却从未停止或消失，只是在不同阶段以不同形式曲折展开。此时的乡村建设，在目标、内容、方式和重点上发生着一定变化。一方面，面对救亡压力，多数乡建实践从“救民”向“救国”转型，并以宣传动员、政治调停、人才培养等方式

① 中央档案馆编：《中共中央文件选集》第三册，中共中央党校出版社，1983 年，第 173 页。

直接或间接地参与抗战救国。另一方面，抗战大后方的乡村建设和平民教育学者们，开始探索“国统区”的减租减息和合作社建设①，中国共产党则在延安和各解放区更为成功地开展包括合作社、经济建设、农业改良、民众文艺、乡村调解等内容的乡村建设②。在回归乡土脉络的过程中，乡村革命与乡村建设实际上相互融合与彼此影响。

相对于民国时期第一波乡村建设来说，1949 年土地革命对底层社会全面动员，并以此为基础对乡村社会进行全面整体的组织化改造。这虽然让“乡建派”知识分子们的乡村建设行为萎缩，却由于新国家社会广泛参与基础的形成，而使得乡村建设的理念和工作在国家建设背景下，以新的形式被高效、全面地替代与覆盖。比如：全民扫盲、技术推广、赤脚医生、乡村民兵，社队企业、大众文艺、水利建设、互助合作，以及对农民主体地位、妇女解放、尊严劳动等的强调。

到了集体化阶段，由于随之伴生的国家力量全面进入“三农”以获取剩余投入用于工业化和城市化建设，虽然乡村工作再度因城市工业化的优先需求而与乡建初衷背离，即便如此，乡村建设也无声地存在于因千差万别而难以充分集权的广大乡土社会，草根民众为稳定乡村、维护传统仍然做出了艰辛努力。

进入 20 世纪 80 年代，由于产业资本扩张与全球化进程加快，仅靠推行“大包干”并不能根本解决“三农”发展与基层治理问

① 2012 年 11 月由重庆市璧山区档案馆意外发现的近 400 卷晏阳初及中华平民教育促进会所领导的乡村建设华西实验区（1946—1950）完整档案，其中包括乡建知识分子所领导的“国统区”土地改革与减租减息实践，具有重要的研究价值，该批档案影印版由西南大学 2016 年正式出版。

② 孙晓忠、高明编：《延安乡村建设资料》四卷本，上海大学出版社，2012 年。

题。于是在追求工业化和摸着西方石头过现代化大河的过程中，中央政府于1987—1997年自上而下推动了“全国农村改革试验区”的建设①。从内容上看，其与20世纪50年代土地入股的初级社和20世纪60年代恢复小队核算的“三自一包”等两次“体制内改良”几乎雷同；从过程上看，知识分子下乡与地方政府结合的方式，及其在广大农村开展的制度建设与组织建设也一脉相承。其间的复杂关系，正如沟口雄三有别于主流叙述对梁漱溟、毛泽东差异之过度强调，而指出他们“虽然在中国是否存在阶级这一革命的根本问题上是相互对立的，但在建立新中国的局面下，却显现出犹如两根稻草被捻成了一根绳子般的协调”。

如前所述，乡村建设贯穿于百年中国追求现代化的历史进程，既可能因危机缓解或激进程度突破所能够承受的临界点而转为“隐性”，也可能因现实需求的再度严峻而集中“显化”。当历史进入新的千年，当中国以举世瞩目的“和平发展”而重新成为世界焦点，虽然这与民国时期岌岌可危的没落形象完全相反，但第三波乡村建设改良运动却在世纪之交再次兴起于民间社会，并刻意实践着前辈“启迪民智、开发民力”原则而持续至今。它起于三大资本全面过剩和“三农”问题进入中央决策，兴于新农村建设作为国家战略，转型于城市化加快与全球金融危机代价转移而对乡土社会造成大规模破坏。对比起来，由于中国已更为彻底地进入全球化体系，导致更多成本向乡土社会与资源环境转嫁。因此，上层精英、中产群体与下层大众共同面临的挑战也更为严峻和复杂。

如果说“三农”问题之关键在于“三要素（资金、劳动力、土地）”大规模净流出农村，那么尝试面对且缓解此困境的乡村建设，

---

① 农业部农村改革试验区办公室编：《中国农村改革试验区十年历程》，中国农业出版社，1997年。

虽然内容、形式多样，但如何让纷纷外流的“三要素”及有利于乡村可持续发展的各种资源逆向回流则为实质。为此，乡村建设以试验、培训、研究、推广为方式，不断往返于“现代—传统”“城—乡”“政府—民间”“知识分子—民众”“理论—实践”之间的广泛地带。在实践中不断进行自我反思与重新认识，进而发掘且创造出更为丰富多样的可能性。

具体说来，当下正在持续进行的第三波乡村建设以“人民生计为本、互助合作为纲、多元文化为根”为基本原则；以城乡一体为新的分析单位与建设对象；以组织创新与制度创新为基本方针；以城乡互助与包容为生态文明背景下的基本方向；以“学生下乡　教育支农”“农民合作　改善治理”“农业生态　城乡融合”“工友互助　尊严劳动”“社会参与　文化复兴”等五大工作为基本形式；以促使长期外流的“三要素”及其他有利于可持续发展的各种资源回流乡土中国，促使资源环境可持续条件下的民生安全为最终目标。

如果我们继续以这样的整体性视野做观察，是否乡村建设只是发生在中国的个别与例外？乡村建设与全球范围内多样化的另类实践（Alternative）彼此呼应，不管是尝试摆脱殖民主义多重压迫与话语束缚的广大第三世界民众，还是在西方发达国家内部对不可持续发展模式提出质疑和挑战的实践者，实际上都在各自条件与现实空间中，进行着丰富多彩的创新性探索；都是在资本主义全球扩展的霸权格局下，在限制中寻找并创造“新可能性”的努力。由此共同构成了乡村建设的世界性光谱与全球性视野。虽然其对地方化与本土性的强调使其经常湮没于国家与全球脉络主导下的大叙述中，但其对草根弱势群体、生态环境、多元文化和第三世界来说，却具有独特的启示意义。

中国乡村建设贯穿于现代化进程之始终，其根植乡土大地，却不拘泥于现实田园；始发于乡愁乡恋，却在贴地潜行中不断提高改变自我的自觉性。一方面，在危机状况下积极回应着城乡二元结构这一基本体制矛盾下不同形式的“三农”问题；另一方面，这种建设性改良延续着大众广泛参与的民间社会史，同时基于对“老中国”的再认识，对平民、知识分子及中国在现代世界体系处境进行着动态的发现与自觉。

若摈弃“好人好事”与“成王败寇”的简单化评价，则可认识到：所谓百年乡建，乃是这个原住民人口大国的“三农”因外部环境的变化和“激进”现代化追求而被迫承接多重代价，勇于担当的知识分子、农民和各种社会积极力量结合起来，尝试在外部环境与资源约束下，寻找非西方中心主义掌控之主流现代化发展模式的持续努力，以及由此而与各种困难和限制互动的过程。

第九章

乡村治理与国家安全的相关问题研究

——新经济社会学理论视角的结构分析①

自2003年1月召开2002年中央农村工作会议，开始强调“把解决好农业、农村和农民问题作为全党工作的重中之重”，党的十六届五中全会2005年提出了推进社会主义新农村建设的重大历史任务以来，国家为缓解“三农”困境和改善基层治理而大规模增加的基本建设及社会事业投资已有10万亿元之巨，政府的“善意”和“善举”都得到几乎史无前例的表达；② 但是，“人民内部矛盾要用人民币解决”的政策效果似乎不尽如人意。农村基层还是乱象频仍，国家综合安全最缺乏的仍然是基层载体！如是，根源何在？

一、背景介绍：中央下乡与地方下乡的零和博弈

我们此前的区域比较研究曾经指出：中央和地方之间的关系与国家安全有内在相关。自20世纪80年代以来，中央和地方之间实

---

① 本文是国家社会科学基金重大项目“作为国家综合安全基础的乡村治理结构与机制研究（14ZDA064）”的阶段性研究成果之一。第一作者董筱丹是该课题协调人和本文起草者；第二作者梁汉礼（Ibrahima Niang），塞内加尔国立达喀尔大学研究人员；第三作者区吉民（James P. F. Oswald），澳大利亚阿德莱德大学博士生；后两人都是温铁军教授指导的新汉学计划博士交换生，该课题科研团队海外成员。本文原载于《国家行政学院学报》，2015年第2期。

② 政府善意及其相应的政府善举，英文为government good will，government philanthropy。近年来国内研究政府治理和相关政策的学术文章多有使用。

际发生的关系可以概括为“中央承担风险条件下的地方政府公司化竞争”，其制度收益是地方政府在发展主义导向下的“府际竞争”中推动了以地方资源资本化为实质的经济快速增长，而其制度成本则是积累了大量社会和经济矛盾，近期表现为地方政府债务率过高造成银行坏账风险和农村对抗性冲突频繁发生，经济和社会的可持续性受到严重挑战。

客观看改革以来的经验过程，由于地方追求激进发展主义造成的巨大制度成本，最终还是要由客观上属于“无限责任政府”的中央来政治埋单，因此，随着中国进入到资本过剩阶段，中央和地方关系很大程度上是一种零和博弈。①

新世纪之交，中国在进入产业资本整体过剩的同时经由中央财政对国有银行有条件注资而短期完成了银行商业化改制；恰因二者同步引致中央和地方经济利益结构的新变化：中央政府逐渐升级到以金融资本及垄断行业为主要收益来源，地方政府一方面谋求升级产业资本来继续与其他地区的“府际竞争”，另一方面则唯有借地产开发才能与中央管控的金融资本博弈，是为“以地套现”，② 遂使土地征占成为引致农村冲突的最主要原因。

总体来看，当前乡村所面临的一个大格局是“以国家综合安全为目标的中央政府要稳定，以产业综合收益为目标的地方政府要发展”；二者客观上已经属于不同的历史阶段，却在空间上并发于当下之乡村。遂使乡村中方兴未艾的“政权下乡”，亦分为“中央下乡”和“地方下乡”。

所谓中央下乡，本质上是因乡村“三治”乃国家综合安全之基

---

① 温铁军等：《解读苏南》，苏州大学出版社，2011 年。

② 杨帅、温铁军：《经济波动、财税体制变迁与土地资源资本化——对中国改革开放以来“三次圈地”相关问题的实证分析》，《管理世界》，2010 年第 4 期。

础，因而需要承担安全责任的中央政府采用国家信用配合政策手段下乡。亦即，以集中制国家的强大主权信用所派生的国家财政和金融作为乡村基本建设和社会政策的主要资金来源，目的在于构建"民生新政"之下的和谐社会。中国这个做法，本来与西方国家进入到金融资本阶段后实施福利化政策、构建"后现代性"话语的制度经验可以做类比研究；没有对此做"比较制度研究"的困窘，仅在于当前学术界给定的评价标准还缺乏对构建中国话语形成激励。

所谓地方下乡，实际是大多数不可能升级到金融资本阶段而只能"以地套现"的地方政府，与被优惠政策吸引来的外部投资结合在一起搞"资本下乡"，实质上还是以资源和土地的资本化开发来实现产业化经营；尽管客观上推进了国民经济的快速增长，但根据"路径依赖"理论，其所沿袭的只能是中央过去处于产业资本阶段及"税费时代"的做法，即物质形态的改变发生在乡村，但"以地套现"所得的资金并不留在乡村而是主要地流入当地的城市化，因而利益矛盾仍然是对抗性的，地方政府却很难有条件构建能够弱化矛盾的话语体系和缓冲机制。

鉴于中央下乡只能经由地方下乡实施，由此势必遭遇重重尴尬。

第一，短期来看，中央与地方两种下乡之间社会差异显著：由于地方政府服务于资本下乡，并不是公共服务下乡，在中央政策的映衬下，地方政府在乡村的权威和合法性受到质疑，一些农民在"中央的好经被地方念歪了"的判断之下越级上访，给刚性的维稳体制带来极大压力。

第二，长期来看，中国自 1998 年以来就处于全面生产过剩压力之下①，各种名目的国家投资被学者认为是"以长期生产过剩来掩

① 马洪、陆百甫：《中国宏观经济政策报告：1999》，中国财政经济出版社，1999 年。此外，1999 年林毅夫在一个内部论坛中指出，中国进入"双重过剩条件下的恶性循环"，其中"双重过剩"指的就是产能过剩和劳动力过剩。

盖短期生产过剩”[1]，地方引来的资也并不能形成稳定收益，乡土社会分享到的资本溢出收益有限。特别是2008年美国华尔街金融海啸引发2009年全球经济危机之后，中央—地方—基层的这一矛盾愈加凸显，产能过剩导致收益预期下降，进而导致前期被掩盖的各种制度成本未来被某个偶然因素引爆的风险越来越大。最终，将如前文所说，中央政府和地方政府将陷入囚徒困境。

这种国内体制下的制度收益与成本不对称，与全球化条件下的制度成本对内转嫁[2]，共同构成21世纪中国可持续发展和社会稳定的主要挑战。特别是在2008年爆发华尔街金融海啸带动2009年全球危机的教训讨论中，国内思想界愈加深刻地了解到内外矛盾叠加造成的影响。[3]

若从政治经济学的角度历史地看，近代一百多年以来，乡村长期面临着两个基本矛盾，一是在国家追求工业化资本原始积累和产业扩张的制度导向下，农村剩余被城市过量提取，导致城乡差距加大，“三农”问题日益严峻；二是政府为了从分散小农为主体的农村提取剩余而在基层形成了“对上代理型”治理结构，与乡村“自我稳定机制”所需要的治理方式刚好相反，村社的自我治理和风险内部化功能受到极大削弱。这两个基本矛盾下，由于乡村资源收益往往只够满足少数精英群体的需求，导致任何普惠制的或体现“群众路线”性质的制度变迁都难以在乡土社会内部发育和维持；因此，在不断加大的社会冲突压力面前，通过乡村精英群体的灰色治理来

---

① 郎咸平：《用明天的产能过剩消化今天的过剩》，http://www.ca800.com/news/d_1nrusj6oapd3u.html，2010-05-20。

② 中国人民大学课题组：《三次危机四个阶段——苏州工业园区20年发展经验述要》（课题报告），2014年。

③ 温铁军等：《八次危机：中国的真实经验（1949—2009）》，东方出版社，2013年。

勉为其难地维持村庄基本秩序，就成了大多数时期、大多数地方政府的选择。诚然，这反过来进一步强化了乡村中经济剩余单向集聚于精英和社会治理单向主导的非稳态结构。由此，村庄成为多种潜在冲突不断复合和累积的矛盾体。

过去的经验表明，一旦各种矛盾累积到积重难返，则任何被中央政府寄予厚望的"三农"政策，在实际执行中都往往因被基层精英所把控造成"精英俘获"，进而使农村社会分化加剧。在宏观经济上升期，这一矛盾尚可被大多数兼业农户"劳动替代资本"的风险内部化机制——通过密集投入劳动来获取商品化生产或外出务工的收益所掩盖；然而，一旦城市中的资本危机爆发，村庄中累积的社会矛盾将加速、加剧、加倍地激化和爆发。

二、问题分析：制度成本最低的国家安全基础在于稳定"三农"

借用政治经济学理论，我们从"'三农'经济基础决定'三治'上层建筑"的基本理论对上述问题的形成进行了有力的解释。但在如何解决问题上，任何外部主体都面临着与分散小农的交易成本问题[①]而使得政府对于"三农"发展与"三治"稳态常常顾此失彼。片面追求前者，将愈加失于后者；单纯强调后者，则只能是无本之木，遑论为国家安全发挥战略性的风险吸纳功能?!

按照1992年确立社会主义市场经济体制改革目标后所设定的"效率优先、兼顾公平"的原则，政策界对于农村经济层面的关注远高于治理问题。这些偏经济效率的政策对促进增长具有积极作用，但其中有些内在体现"市场失灵"的措施，客观上也侵蚀、削弱了

① 温铁军等：《中国新农村建设报告》，福建人民出版社，2010年。

农村治理的基础，部分乡村治理非正规化（被有些学者指为黑社会化），成为影响社会稳定的重要因素。

而对于任何体制下的政府而言，在当代全球化转嫁的虚拟资本经济危机代价不可逆的压力下，国家综合安全无疑都是第一要务！那就要以社会整体利益最大化的“国家安全理性”为前提；据此，无疑应该将是否有利于改善乡村治理、增进全局稳定作为衡量农村政策是否有“效率”的第一标准。

本文指出：在西方虚拟资本危机本质不可能改变、仍将不断向发展中国家转嫁代价的情况下，形成统筹国家安全与乡村治理问题的一体性框架，通过改革地方治理结构，稳定和发展牵涉 8 亿生众（含 2 亿多进城的流动打工者）的“三农”领域，不仅操作上最可行，而且效果最好。

为此，就要将“三农”政策的重心转变到“三农”与“三治”有机结合，要下决心从改革以来较多强调提高经济收益，调整到强调有利于稳定乡村社会、改善地方和国家治理上。这样，才能从根本上促进乡村经济发展与社会稳定、国家安全的互补共赢。

下面用新经济社会学的研究对这一判断提供理论支持。

新经济社会学属于新兴交叉学科。该理论对西方社会科学的微观分析框架提出的创新，主要在于纠正了对理性经济人“低度社会化”（undersocialized）或“过度社会化”（oversocialized）的假设，将经济主体的社会行为与经济绩效的互相影响纳入研究，从而丰富了对研究客体的认识。[①] 已有研究指出：当代经济中居于主导地位的产业集群，本身是一个具有强烈的社会、地理和经济联系的企业集合，作为一个社会—地理实体，其典型特征是“在一个自然或历史

---

① M. Granovetter：*Economic Institutions as Social Constructions*：*A Framework for Analysis*，*Acta Sociologica*，Vol. 35，pp. 3-11.

形成的有限范围内拥有活跃的人们和企业"①；产业集群生命力的关键是：成员在集群中具有高度嵌入性，通过经常性的非正式接触建立较强的信任关系、促进信息的有效流动及对风险的共同分担②。

中国的乡村社会，既因历史上形成的稳定地缘边界和血缘关系，而具有显著的"社会—地理集聚特征"，也因费孝通指称的"熟识人社会"特征，而具有较高的社区成员嵌入性，具备将新经济社会学引入乡村研究的逻辑前提。本文强调其在以下三方面对国家安全战略具有重要的启示：

第一，经济结构多元化的乡村因具有发育产业集群的社会关系优势，能在一定程度上抵御经济波动风险，因而能够持续作为国家安全的"软着陆载体"；这应该作为国家总体安全战略的基本判断。

第二，根据经济—社会的互嵌、互动性规律，构建乡村经济发展和社会治理统筹兼顾的一体性框架，更有利于改善村社经济并使之具有持久活力和抗风险能力；这应该成为制定和调整涉农政策的主要思路。

第三，"当和地理敏感性联系在一起的时候，嵌入性成为一个有力的概念"③；正是由于农村土地以社区为边界而使其财产关系具有高度的地理敏感性，因此，无论是发展乡村经济还是建设乡村人文环境，都要充分保证成员的社会嵌入性；这应该作为构建地方"三农"—"三治"综合发展和治理体系的核心思想。据此看，如国家

---

① G. Becattini：*The Marshallian Industrial District as a Socio-Economic Notion*. In F. Pyke，G. Becattini，& W. Sengenberger（Eds.）：*Industrial Districts and Interfirm Cooperation in Italy*，pp. 37-51. Geneva：International Institute for Labor Studies，1990.

② S. Kukalis：*Agglomeration Economies and Firm Performance：the Case of Industry Clusters*，*Journal of Management*，2010，36（2）：453-481.

③ Tallman S，Jenkins M，Henry N，et al：*Knowledge*，*Clusters and Competitive Advantage*，*Academy of Management Review*，2004，29（2）：258—271.

的政策和投入主要从活跃社会关系、促进农民组织化入手，则不仅能有效提高农户在村社中的成员感和嵌入性，而且对弱化利益矛盾有着显著的积极作用。

三、“三农”—“三治”结构改革：构建县乡村各有侧重的综合治理—发展体系

乡土中国的地方治理—发展体系，可以分为县、乡（镇）、村这三个最重要的层级，各层级在功能、机制方面各有侧重又互相支撑。以下分而述之。

首先看难度最大的县政改革。

县级政权是地方政府发展竞争的主要财税经济单位，同时又是国家科层体系中下伸到农业地区完整地行使国家权力的最末层级，因此，县治对于乡、村两级治理和农村发展具有重要的作用。在产业资本阶段的地方政府公司化竞争框架中，县级政府既承担着竞争和考核压力，又缺乏内源性资本原始积累的条件。这种困境，使县级政权运行普遍性地呈现出既要远离农村又得就近剥夺农村——在行政和服务上远离农村，在财政收入上又高度依赖预算外的土地财政和土地金融——遂使土地征占成为当前引发农村冲突的最重要原因。

因此，县政改革难度最大，但综合效应也最大。要使县政从远离农村变为服务农村，从剥夺“三农”改为落实中央“反哺”政策，并以县政调整带动乡村问题改善，那就要从“国家安全理性”出发，加强顶层设计。第一，改变中央和地方的财税关系，创造县域综合体制改革条件；第二，重点改革条块分割的涉农体制，设立体现普惠原则的“农村综合发展基金”，将各部门分散把持的国家粮食与食品安全、生态与环境安全、社会与文化安全以及美丽乡村建

设等专项资金统合起来，作为县级资本金对乡、村农民综合性合作组织持股；第三，将县级政府各单位涉农的金融、保险、物流、仓储、科技、房地产、旅游、餐饮、加工、流通等领域参股纳入综合性合作组织，使产生的经营收益反哺三农。

其次看制度成本相对较低的乡（镇）改革。

在现行的科层体系下，大多数乡政要么被扭曲，要么被消解，对下难以构建稳定的合作博弈，对上则难以代理国家安全战略。主要原因是：对上，由于县政要追求产业资本阶段的经济增长，其任务量化分解到下属科层后，乡镇的首要职能不可能是提供涉农公共服务和落实国家战略，而是要贯彻招商引资。对下，农业税被取消后，农业乡镇基本没有提供公共服务的财政能力，而国家对农业的反哺资金通过直补或专项资金下达，前者直接打到农民账户中，后者通过部门垂直下来的县级职能单位执行，乡政处于被动、难以有所作为的“悬浮”状态①；与此同时，医疗、教育、交通、金融等农村基本公共服务还随着撤乡并镇而有所收缩。

以中国一般乡镇的规模和体量，通过结构相对完整的价值链条从而产生稳定的制度收益，同时保持内部的低成本治理是可能的。民国时期的著名乡村建设实践，如 20 世纪 20 年代的卢作孚在重庆北碚、晏阳初在河北定县，基本上都是以一个镇作为试验的范围②；农业集体化时期，也是以乡镇同级的人民公社作为一级核算单位来进行农田综合整治和使用大型农业机械；当代中国的“超级村庄”，如江苏的华西村、永联村、长江村等，从地域范围来说，都差不多是以一个镇的土地面积形成相对完整的产业资本价值链。

当前，自然村和行政村的社会和资源整合仍然受到或隐或显的

① 何慧丽、赵晓峰、魏程林：《后税费时代的县乡关系与乡村治理问题》，载《中国社会科学辑刊》（夏季卷），邓正来主编，复旦大学出版社，2010 年。

② 郑大华：《民国乡村建设运动》，社会科学文献出版社，2000 年。

派性力量的制约，而乡镇则为各种农村公共活动和社会组织的发育提供了空间。客观地比较东亚乡村，只有中国大陆在乡镇一级没有组建综合性合作社，农民组织化程度最低。另有一些案例表明，在农村中各种经济和文化力量日益活跃的局面下，乡镇政府可以通过“购买服务”实现治理创新，低成本地撬动各种民间资源，推进农村组织创新与制度创新。

再次，制度成本最低、收益最明显的是村治改革。

中国 1949 年全面土改以来，土地产权就以自然村为边界。这是因为农村中最基本的地缘关系和财产关系都在自然村，村民的日常生产、生活及与此密切相关的活动都在村庄范围内展开。若以新经济社会学观点看，自然村也是自然和历史形成的、最基本的信息流动汇集的“一个社会—地理实体”，是农村中最基本的农户组织单元。

当前，“政权和资本下乡”将村庄社会置于矛盾对立的最前沿。由于村内剩余有限又缺乏组织载体，村两委或者转变为上级政权或下乡资本在农村的代理人，成为“营利型经纪人”；或者直接由村中的经济精英担任，虽不增加村内成本，但小农在村庄生产和政治中处于更加边缘化的地位。而相当一部分自然村中未被吸纳到资源增量分配的“体制外精英”，则成为农村群体性事件的“意见领袖”和“行动领袖”。①

众所周知，如果没有农民自下而上、平等广泛参与的基层组织创新，则乡村治理难以摆脱经济领域的“精英俘获”和治理领域的“囚徒困境”。② 这个自农村去组织化改革以来派生的规律性后果，早在 20 世纪 80 年代就有严重负面作用，被那时候的调研报告说成是“端起碗吃肉，放下筷子骂娘”！问题延宕至今几十年了，仍只求

① 温铁军等：国家社科基金重大课题“完善社会管理与维护社会稳定机制研究——农村对抗性冲突及其化解机制研究”（07&ZD048）结项报告。

② 同上。

追加资本而不重视农民组织创新，乃成为导致国家普惠“三农”之政策及配套大规模投入只能适得其反的内生性矛盾。

因此，组织化程度最低的村庄既然是农村维稳第一线，那么，贯彻国家综合安全战略，就不能以个体化、原子化的村民为抓手，而必须以体现成员嵌入关系、集发展与治理于一体的农村综合性合作组织（而不是“大农吃小农”的专业合作组织）作为工作对象；并且，村两委与综合性合作社有机整合，才可能有效地降低历史上长期存在的政府与乡村社会之间的“交易成本”。可见，提高农民组织化能够收到“四两拨千斤”之改革成效。

土地革命为农村形成平等的土地财产关系奠定了基础，十八届三中全会决议为农村组织创新提供了制度保障，加之中国整体告别资本稀缺进入资本过剩为乡村发展提供了经济基础。为此，资金富余的中央部门应以政府公共财政为杠杆，向农民综合合作组织注资入股，再通过股权分配自下而上地形成农村综合合作体系，使农村资源收益水平提高与农村公共资源总量扩大同步推进，通过增量分配将村庄积累的历史矛盾化解在村庄内部，变“行政吸纳社会”为“合作吸纳冲突”。

农村的经济基础与上层建筑之间，不是单纯的“自上而下”或者“自下而上”的关系。依据上述新经济社会学观点可知，由于农村仍然是生产、生活不可截然分开的社会化的多元综合体，人们在物质再生产中进行着社会关系的再生产，因此，在基层发育乡村综合合作的空间和渠道也应该是多元的、广泛的。这是地方政府与社会合作的主要空间。唯有将乡村兼业化经济的多元化、包容性和可持续运行与地方良性治理结合起来，互相强化嵌入、互相提供“正能量”，农村综合合作组织才能低成本地发育和维持，成为国家安全战略的载体。

综上所述，地方“三农”与“三治”的综合体系如下：因为村社作为“一个社会—地理实体”的成员关系和土地财产关系都在村，所以村级农民综合合作能够最大限度地活化乡村社会关系和社会资源，构建基本的合作单元。在村合作的基础上，乡镇是实现规模收益的主要层级和上下联动的重要衔接，一方面为乡村内的各种社会能量提供场域，另一方面应该组建综合性合作社来承接自上而下的中央资源和国家战略任务。而县级发展—治理则需要通过财税体制改革和涉农收益整合，使地方政府从积累矛盾的经济发展竞争转向能够弱化矛盾、缓解冲突的发展—治理综合体。

四、结语：在深化改革中重构承载危机“软着陆”的“三农”—“三治”体系

总之，要实现上述结构调整就要深化改革，必须将顶层制度供给和基层组织创新结合起来，首尾呼应；如此重构“三农”—“三治”体系，方能使得农村继续其宏观经济危机“软着陆”的载体功能，在中央落实国家安全战略的同时，为地方构筑持久的收益源泉。一个有效的国家总体安全保障体系也就呼之欲出了。

近代以来的历史经验也表明，只有在全局性资本收益预期因危机爆发而衰落时，中央才能利用危机压力对地方落实调控和干预，借以体现国家长远利益。当前，在地方仍然被危机爆发前的机会主义、发展主义主导的局面下，“三农”与“三治”领域是地方经济中资本最薄弱的地带，也是亡羊补牢地为地方经济社会积累的系统性风险打造“软着陆”载体的最合适领域。另一方面，当前社会过剩资本表现出踊跃下乡的态势；如果“三农”这一资本力量相对薄弱的制度空间也被各路资本填满，那么，未来中央政府在落实国家安全战略时将减少一个重要抓手，而会增加一个恶化零和博弈代价的既得利益主体。有鉴于此，中央应该在“机会窗口”关闭之前有所作为。

第十章

乡村公共财的作用与生成逻辑①

乡村治理秩序或者乡村系统的相对稳定，以村庄治理秩序为载体，需要相应的经济资源集聚机制作为基础。当现代市场社会的核心发展越来越取决于产业化利益的时候，以广大小农为对象的村庄治理，必然会与公共资本——“公共财”密切相关。那么，村庄要想达到善治状态，即“通过治理以实现农村社区公共利益最大化的动态管理过程”②，这块公共财应该是多少？从何而来？用向何处？在缺乏公共财的传统农区村庄，是否有可能重新生成公共财？地方上有无这样的经验性探索？这正是此文需探讨的。

一、公共财是村庄善治可持续的关键

改革开放以来，一方面，乡村经历了一个对于小农村社制度的去组织化过程，其既有自治平衡结构支离破碎，大多数村两委缺乏集体收入；另一方面国家面临经济危机，财政紧缩，对乡土社会治理欠缺充足的投资。于是，乡村劣治便出现了。

---

① 本文作者为何慧丽，社会学博士，中国农业大学人文与发展学院副院长、教授。此文为国家社会科学基金重大项目“作为国家综合安全基础的乡村治理结构与机制研究”（批准号 14ZDA064）的阶段性研究成果之一。本文原载于《人民论坛》，2015 年第 14 期。

② 张金明：《地权变动下的乡村善治理念与机制创新》，《农业工程》，2013 年第 1 期，第 64 页。

在缺乏集体公共财的情况下，以前是以三提五统的方式，通过向农民摊派治理成本，来维持对乡土社会的治理。由于快速工业化、城市化所带来的“县政乡派”“县经乡派”现象，来自上面（县乡层级）的各种加在农民身上的税费负担越来越重，村干部被倒逼成利益经营者，成为营利型经纪人；农民用脚投票，或者外出打工或者成为干部群众隔膜对立的一方，于是所谓的乡村治理越来越演化为一种对立关系，乡村治理遂成为问题。

自 2005 年起全面免去农业税之后，却又出现另一种形式的治理问题，即自上而下地给钱，才能形成对上负责的乡村治理。由税费负担过重之上的干群关系紧张难以维持下去，导致政府放弃对农民征税，于是税费制度取消，变成了由上级政府特别是中央、省两级承担对农村公共开支责任，这是一个重大变化。其结果是：谁给钱我对谁负责，上面给钱，村两委就变成了只向上负责，但是上面的指导并不必然与村庄内在的具体需要合拍，甚至未必从村两委干部的实际需求和愿望出发……发展下去，基层治理不但要以钱为手段，而且成本不断增加，也难以做到有效和实事求是。比如：你让我给你写党的组织建设报告，很好，我会按你的意图来写一份；你要求我建立党员活动室，哪怕每一天都锁着门我也建了；你要求建立电脑室，我也建了；还得有一台电脑，我再给你增加一份申请报告；此外，还得有人管电脑，再增加一份钱。按照现有的这套自上而下的体系，任何一项所谓的治理都必须拿钱。这个钱并不意味着增加成本同时其功能也增加。这是今日乡村治理所出现的机制性问题。

无论是农业税费时代的乡村治理问题，还是免去税费之后的新问题，其实质在于：乡村治理需要公共财。在基层，有财才有政；有私财则有私政；有公财则有公政，才会增强基层治理活力，形成相对持久的公共治理，强化以广大小农为基本立场的村庄善治。公共财正是公共空间存在的必要条件。我们曾经对村级收入与村级有效治理的相关性有个经验性判断，以浙江湖州为例，一些村两委由于土地出租金以及门面房等第三产业收入，使得村级收入能占到全村经济总收入的5%以上，这样的村庄能够维持良好的村级治理。①无论村两委是谁当政，都无须考虑村干部的能耐、水平如何，也不必看它有多少老党员、好干部，只要有充足的村级收入，便能形成有效的治理。因为就算从村民那儿拿不出多少钱，开办村里活动还有收入可以维持。完全空心、空壳的村庄，彻底将集体财产分干净、没有任何收益的村庄，在广大村民生老病死等各种杂事问题的处理上，谈不上构成起码的村级治理，不管上级是否给足了村两委启动资金。基层治理主体弱化的问题，本质上是基层公财缺失的问题。农村基层党建有的能维持，有的瘫痪，区别主要在于有钱与否：没钱便管不了事，发挥不了作用；村里有地租或者经济林收入，便有实力来应付各种复杂治理问题。

在传统农区，在利润从农业不断流入第二、第三产业的经济宏观大势下，如何形成基层公共财增量？这块公共财，其主要的逻辑关系，只能是内生型的，即生于基层用于基层。假如其主要逻辑已经变成了外生型的，即取之于上级，村两委便只想着对上负责；那么便难以杜绝应付、投机等对待小农的现象。但薄弱的基层总还要有辅助的、引导性的条件或者环境支持，为了区别于“等靠要”的外生型逻辑，可称之为外发型逻辑。

下面就分两部分来谈“内生型”逻辑和“外发型”逻辑具体关系的展开。

① 此处经验性判断，引自2011年笔者在中国人民大学做博士后时参与温铁军教授的学生例会上的讨论。

二、公共财的“内生型”逻辑，源于村两委主导的社区综合合作社

10 多年来，我们参与的当代乡村建设，其主要目的之一是以村两委主导的农民合作为纲，形成区别于分散小农的组织化主体，以有组织的农民经济活动、社会活动乃至文化活动，形成乡村治理的良性结构，为乡村善治形成点有价值的机制性探索。其中，关键在于，形成村两委主导的综合性农民经济合作社，以其经济活动的内部化良性循环机制，主要是以第三产业内部服务于第一、第二实体产业的形式，生成一块用于良性治理的村庄公共财。以这块公共财，服务于村庄社会、文化、教育、生态、基础设施建设等公共事务，乡村善治方得以真正形成、持续发生作用。

为什么说需要村两委主导的社区综合合作社呢？首先，在农村基层，要把农民组织起来，行政村是最适合的基础性单元。因为村民自治委员会本是建立在村庄集体土地所有制基础上的农民自组织，发展农村经济、增加农民收入、开展村庄各种服务工作，本就是村党支部、村委会分内的工作职责。其次，虽然合作社是市场经济的主体，但是大多数不是村两委主导下的合作社组织，因缺乏体制内的资源和条件借用，能实质运行的并不多，服务能力强、信誉好的生产型合作社就更少，群众信任度不高。形成小农立场的乡村治理，这样的组织系统管理，本质上是在一定的经济财产占有、生产、分配、服务基础上的社会管理。要强化小农立场的乡村治理，以村两委主导的农民综合合作社为组织载体，提振农民组织，形成农民群体的主体性人格，通过重建乡村系统，形成农村地域范围的主体性实体，可能实现这一点。

如何在第一、第二产业无利、微利的传统农区，形成一块旨在促进乡村良性治理的公共财？

分散小农只能产生处于生计线上的家户财，并不能产生公共财。单纯的农民专业合作社发展，只能产生合作社成员财，何况假如不借用村两委的体制内资源条件，其变异的可能性极大，存在着不可持续的生存风险。村两委具有体制内动员力；农民经济合作尤其是金融合作或其他服务业合作，相对具有一定的利润空间。李昌平认为发育村社“内置金融”合作，是村民主体性发育的根基。村社有了“内置金融”，农户土地承包权就可以抵押贷款了，村两委和村民综合性合作组织就有了心脏和血液，内生之动力就会自发生成。杨团认为：以村庄为基础单元的综合农协——合作社要办信用部，在合作购销功能上增加合作金融功能，是“三农”改革的突破口。综合农协的农技推广、村容和环境治理、老年人照护与儿童教育等社区服务和文化开支，都是农民合作组织通过规模化、社会化的经济服务获得的收入。杨团认为，“中国农村的问题不仅是生产力问题，而且是与物质利益相关联的农民为本的社会治理问题。符合农村规律、能满足农民经济、社会、文化多元诉求的综合农协类组织具有自我完善功能和自主成长的动力”①。

以兰考县南马庄村两委主导的农民生态合作联社发展为例。从2004年起成立至今有11年了，合作社的小杂粮、大米产业的推广发展，村留守妇女、返乡青年创业，均可以成员身份从合作社的资金互助部进行12‰的借贷。资金互助部服务于小农生产发展，加工实体也返利于成员，给大家带来利益。迄今，南马庄的资金互助达1000万元，每年产生的利润，为社员承担其生活用电费；也为老年人协会进行捐赠，支持公益事业；还为6个月至15岁的合作社成员家小孩儿买保险……以金融合作为核心把小农组织起来，合作社资

① 张伟宾：《协会加政府，共建乡村善治》，《农民日报》，2014年5月1日，第1版。

金互助部资金的绝大部分，从农民的农业收入、打工收入中来，其利润又回馈于农民，为农民的文化福利、社会福利埋单。在这种村社内部良性循环的模式中，会培养一批公心的组织带头人，形成信息业、金融业服务于实体经济的好方式。

再以胡寨村村两委主导的农牧业专业合作社的综合发展为例。发展了10年的胡寨村综合合作社以紧抓各种服务来聚人气。在农业经济上，合作社做种植、养殖、加工等的产前、产中、产后的技术、种子、农资、销售等服务；还直接搞资金互助，现有100多万元，资金互助直接服务于社员的资金需求，还以其自身利润来支撑村庄幼儿园的发展，以及村庄老年协会、腰鼓队、广场舞的社会文化需求。正是因为村庄综合合作社的发展，在村两委班子选举时，合作社出面组织人参与选举相当顺利。对于村民而言，离开了村两委主导的合作社，产品没办法加工；农产品不知道卖给谁；蔬菜怎么种，技术上没办法掌握解决；农田没办法进行水利灌溉；小孩儿没办法上学……离开了政社合一的农民组织，他没办法更好地生产、生活，于是大家的心就凝聚在一起了。

总之，兰考以南马庄、胡寨为代表的合作社发展都是村干部领办的综合型合作社，属于社政合一，体现了村社血地缘关系与党政体制内资源有机结合的合作社成长规律。其共性在于：采取的是村两委主导的“合作金融+实体产业+公益服务”的程式：首先指的是一种“内部化”的经济机制，即以村社为边界的农业、加工业和农村金融业三业并进，能够内部化收益互补并降低外部风险的经济；其次，在村社文化共同体层面上，即以“内部化”经济收益为保障的维系村社文化共同体的公益服务。正是这种方式，使小宵村社成为再造农民人生价值和生命意义的基本场域。[1]

---

① 何慧丽、程晓蕊、宗世法：《当代新乡村建设的实践总结及其反思——以开封10年为例》，《开放时代》，2014年第4期，第161~162页。

三、公共财的“外发型”逻辑，源于政府涉农部门及涉农企业为主的社会参与力量

多年来的一个共识是：任何外部参与力量进入乡土社会面对分散小农的时候，会有不可克服的高成本交易。这里所说的社会参与力量，包括各级政府部门、各类涉农企业、不同的社会公益机构、任何个体行动者力量等。只有克服了与分散小农之间高成本代价的社会参与才是有效参与，只有克服了与分散小农之间交易成本过大的治理才叫有效治理。也即，尽管小农村社内生力已损其根，外发力量再猛烈、再强大，也只能属于外发的、辅助性的力量，也得在发育和弘扬内生力并尊重其为主体的基础上，才能发挥外在环境条件的作用。

显然，小农社会在目前强势的城市市场力量面前，并不能自行组织起来，仅以残存的村社资源力量，也很难形成像样的农民组织。李昌平老师所说的“内置金融”、杨团老师所说的“综合农协”，均要发育农民内生的主体性组织力量，采取“外发促内生”的方式是改善外部政策、经济、社会条件或者外部力量适当介入，以促使合作力量组织起来的内力发展的办法。这里，强调乡村治理所凭借的经济增量的增加，以及内在的综合性合作组织的创建。早在基层做乡建试验的时候，我就提出“外发促内生”① 的动员模式。今天再来提“外发促内生”，是想更为强调产生“公共财”的动员机制。“外发促内生”的外发力，主要来自不失灵的政府涉农部门，以及有效的新型企业。在中国国内经济面临结构性矛盾——劳动力、产能和金融“三大过剩”压力的宏观背景下，在广大村庄内部化降低外

① 何慧丽：《新乡村建设试验在兰考》，《开放时代》，2005 年第 6 期，第 19 页。

部风险的机制普遍削弱的情况下，会有不失灵的政府部门参与经验，以及有效的新型企业出现吗？

今谈两例正处在成长发展中的经验性探索，一是小额信贷公司经验，一是政府涉农部门——县级农委会的经验。

例一：北京宜农贷小额信贷公司的“爱心金融+协会或合作社+农民”模式，作为“无形之手”，为有利于乡村善治的农民组织提供了经济动力。

宜农贷作为北京宜信公司于 2009 年推出的公益理财助农平台，致力于让社会上有爱心的出借人，通过宜农贷的高科技网络平台，直接将富余资金出借给那些远在中西部地区需要资金支持的农村借款人。借款人及宜信均不以营利为目的，每年象征性收取 1%的宜农贷管理费和 2%的借款人爱心回报费，使受益方承担起创造价值的责任。宜农贷以网络平台的技术优势以及宜信公司的理财业等的内部收益互补机制，在青海、宁夏、陕西、内蒙古、福建、河南等多个省（区、市）的近 20 个贫困农村地区，进行公益性和商业性有机结合的探索。其中一个有价值的经验是：宜农贷会给合作的协会或者合作社注入几十万、上百万元的社会爱心资金，以参与资金互助所得来的大部分利润（合作社向借款社员收 1 分 2 厘，给宜农贷和借款人 3 厘，剩下 9 厘成为合作社的利润）留在持小农立场的合作社内部，助其成长壮大。2015 年 4 月 20 日，宜农贷在国家级贫困县——河南省兰考县，推出“宜信—谷雨”战略，决定在兰考已注册的 700 余家合作社中推广“爱心金融+协会或合作社+农民”模式。在资本化时代金融产业异化于实体产业的大背景下，以合作社为平台扶持农民组织化发展的经济试验，作为一种“可持续扶贫”的创新公益模式，是在尝试解决普惠制金融与小农社会治理关系的大难题。

例二：江苏射阳农委会发起的“联耕联种”体制创新，作为

“有形之手”，指导服务到位，为乡村善治提供了政府部门不失灵的好经验。

2013年起，江苏射阳县农业委员会在全县发起了联耕联种的农村经营体制创新。即在平原地区不改变农民土地承包权、经营权的前提下，通过村两委引领和农业部门服务，带动专业合作建设，把农户组织起来，使农民破除田埂、进行有组织的家庭合作，有联耕联种、联种联管、联种联收三种基本形式。三年内，联耕联种带来了节本增效、提高了劳动生产率、带动了大农机和新机具的推广应用；还促进了集成技术的运用，破解了适期播种难题，带来了粮食稳产增产；实现了秸秆全量还田，有利于化肥农药减少使用，改善了农业生态环境。中央农办调研认为，联耕联种有利于稳定和完善农村家庭经营制度，是土地不流转也可实现规模经营的新路子，适合约占全国耕地近1/3的6.2亿亩平原宜耕耕地的传统农区。①

联耕联种的诸多调研材料大都强调其经济体制创新作用。实际上，其实施和推广，至少属于县级涉农部门在解决“三农”问题上灵验的典型；同时，它又成为改善乡村治理的一个良好契机，为小农立场的乡村善治形成了经济体制改革的基础。在与小农打交道过程中普遍失灵的背景下，射阳县农委会为什么不失灵？原因在于他们对从根本上解决“三农”问题的道理有一定认识。他们认为，中国有两亿多农户，小规模经营自家承包耕地的普通农民仍占大多数并将长期存在，分散的农户完全可以通过联合，依托社会化服务组织，实现土地规模经营，所以，不需要走以土地流转让大户发财而促发土地流转纠纷问题祸乱乡村的路子。在射阳县农委办的县级顶层设计下，全县村组干部以行政组织为强有力的抓手，把分散的农地集中起来，进行组织、协调和安排，将各种现代农业生产要素注

① 戴亚生：《联耕联种——家庭分散经营增粮富民的现实选择》，未刊稿。

入家庭经营。其次，村组干部在组织协调过程中，通过引导甚至主导农民专业合作组织建设，将村里农机手、农资大户等组织起来，利用联耕联种之机，可以大力发育集机耕、机收、育秧、条播、植保、开墒、烘干等业务于一体的综合合作社组织，构建农民组织与市场相配合的多元社会化服务结构。这里面，有商机，有利润，有增量的公共财。

第十一章

政府理性与村社理性：中国的两大“比较优势”[①]

现代化是近代以来发达国家主导全球化发展的社会变迁现象，体现为西方资本主义国家自英国工业革命以来在全世界扩张的历史过程，其以军事和金融霸权内在结合而在全球获利的经验是不可复制的；但西方现代化却成为许多发展中国家参照的目标——在工业化发展中试图走西方模式的现代化道路。

中国作为一个有着数千年未曾中辍过传统文明的古老民族国家，若从其实体经济总量看，业已发展为世界第一工业大国。中国之不同于西方的经验到底是什么？假如我们承认现代化实际上是以国家总体上实现工业化为主的一系列制度配套过程，那么，我们就可以去掉意识形态化的种种说辞，仅从“理性”这一角度来看中国所构建制度的所谓“比较优势”，这有可能对现代化制度变迁及其路径选择的研究具有启发价值。本文对已经引起关注的两大比较优势——政府理性和村社理性的对立统一关系，及其在国家工业化的资本原始积累及产业扩张中的相辅相成做深入分析。前者是从中国工业化

① 本文是为国家社会科学基金重大项目“作为国家综合安全基础的乡村治理结构与机制研究”（批准号为 14ZDA064）的阶段性研究成果之一。第一作者为何慧丽；第二作者为邱建生，第三作者为高俊，第二、第三作者均为中国人民大学可持续发展管理博士研究生；通讯作者温铁军。本文初稿是前三位作者在 2014 年暑假期间研读《八次危机》和《解读苏南》时形成的读书笔记的基础上，由第一作者起草成文，后由通讯作者温铁军修改并定稿。本文原载于《国家行政学院学报》，2014 年第 6 期。

的组织保障特点上而谈的，后者是从现代经济发展的基础单元特点上而谈的。兹分而述之。

一、中国现代化的“比较优势”之一：关于政府理性的分析

关于政府理性，大多侧重于从政治学视角进行研究，比如“政府理性是指政府整合国家与社会的机制与能力”，认为“权力型”的政府理性应向“权利型”的公共理性转变①；“所谓政府理性……对后发展国家而言，它包括三个主要内容，即政府致力于经济发展的明确目标性，政府决策的科学性和政府政策的连贯性”②；也有人认为政府理性是指其“权力型”，这个“权力型”的政府理性应向“权利型”的公共理性转变。而本文所指的政府理性，主要是从中国作为发展中国家追赶现代化进程中政府直接参与配置资源的经验来做归纳演绎。

市场与政府是两种不同的资源配置方式。相对于自由市场理论所强调的市场均衡发轫于个体化的理性经济人的概念而言，中国人所经历的是经济领域中的政府理性生发的过程：新中国成立后的中国现代化进程中，中央和地方政府都是工业化原始积累的主导力量③；政府是国民经济体系的内在的参与者，而不是外在协调者，因政府行为以“出于利益考量在经济领域直接行使‘进入权和退出

① 史云贵：《从政府理性到公共理性——构建社会主义和谐社会的理性路径分析》，《社会科学研究》，2007年第6期，第65~70页。

② 李晓：《经济发展与政府质量》，《吉林大学社会科学学报》，1996年第1期，第43~44页。

③ 温铁军等：《八次危机：中国的真实经验（1949—2009）》，东方出版社，2013年。

权’为特征”①，是谓“政府理性”。

中国的现代化成绩之所以令人瞩目，从历史唯物主义的角度来看，实质是中国政府在工业化原始积累阶段及产业资本发展阶段，借其组织动员能力及财政能力而达成的中央工业化和地方工业化的过程。政府不是“裁判员”，而是直接国际竞技场中与本国“运动员”整体利益一致的“教练员”。

（一）中央政府主导的国家工业化原始积累阶段——集体化和单位制②的时代

新中国成立以后，为了维持苏联战略援助形成的以重工业为主导因而内生性具有“资本增密排斥劳动”机制的国家工业化体系，以对付周遭险恶的政治环境，政府只能通过农村集体化才能从高度分散的小农经济中过量提取剩余，以此形成国家工业化的内向型“资本原始积累”。履行这样的经济行为，在政府只能与高度分散且剩余太少的亿万小农进行交易的宏观环境制约下，必然造成交易费

① 温铁军等：《解读苏南》，苏州大学出版社，2011 年。

② 在新中国成立初期，国家面临着从晚清到民国社会政治解体与社会解体相结合的“总体性危机”，国家为了集中动员稀缺、分散的社会资源以投入现代化建设的关键性领域，落实赶超战略，实现计划经济，在工业化过程中，主要是城镇地区各实体部门，实行了单位制。单位制自 20 世纪 50 年代初兴起，在计划经济时代成为国家管理和控制城市社会的主要组织形式。纪乃旺认为单位制特征有三：经济资源和制度性资源的垄断性；浓厚的意识形态色彩；结构的稳定性（参见纪乃旺：《当代中国单位制的形成及其特征》，《经济导刊》，2011 年第 30 期，第 13~15 页）。田舒则认为单位制的特征有二：一是个人依附于单位，个人的一切权利来源于单位；二是单位是国家对社会进行直接行政管理的组织手段和基本环节（参见田舒：《从全能主义到后全能主义：政治动员模式的变迁》，《理论界》，2013 年第 4 期，第 21~24 页）。张荣则认为单位制体现了全能主义的政府以政治动员的形式调配社会资源的过程，是计划经济时代政治经济和社会体制的基石（参见张荣：《价值理性、工具理性与单位制基础的消解》，《学习与探索》，2007 第 2 期，第 53~56 页）。

用畸高的现象。① 于是，政府只能以解决这个问题为目标，进行相应有效的制度安排，即“利用长期战争对执政党和人民的教训以及战争形成的军事化集权体制，建立了必不可少的国家工业化的动员机制和组织”②。

相关的制度安排及其各自功能如表 11-1 所示：

此表所归纳的具有相辅相成作用的诸项功能主要发挥的作用是：以集体化制度强行控制、保证农村社会稳定，从而为新中国的工业化建设“准备了必要而又庞大的支撑体系以及强大的舆论支持”③；而城市单位制则提供一系列城市就业和社会保障制度以保证城市社会稳定，它“体现了全能主义的政府以政治动员的形式调配社会资源的过程……是计划经济时代政治、经济和社会体制的基石”④。在此前提下，再以户口管理制度为强行分离城乡居民的闸门，从而保证国家以对资源的垄断权力进行统购统销的不平等交换，最大可能地从农业中提取进行工业化的资本原始积累，使工业化优先得到发展。

表 11-1　中国城乡二元经济制度安排简表

制度类别	功　能
农村集体制	以官定低价农产品的规模上缴和指令性承接城市工业的高价产品来贯彻剪刀差，辅以成规模军事化地集中劳动力投入于国家基本建设，并以维持农村的基本稳定为条件来承载城市危机软着陆的代价。

① 薄一波在 20 世纪 80 年代出版的《若干重大决策与事件的回顾》一书中，比较明确地解释了中央 50 年代初做出让大多数农民为国家工业化做出牺牲的决策讨论过程。

② 温铁军：《百年中国，一波四折》，《读书》，2001 年第 3 期，第 4 页。

③ 何艳：《现代化视野下人民公社制度的缘起》，《浙江档案》，2014 年第 4 期，第 44 页。

④ 张荣：《价值理性、工具理性与单位制基础的消解》，《学习与探索》，2007 年第 2 期，第 53 页。

（续表）

制度类别	功　能
城市单位制	以生老病死的综合性保障维持劳动者及其家庭成员相对封闭的、低水平的基本生存，借此配合国家资本通过占有剩余最大化和支付福利最小化来短期完成工业化的原始积累。

正是借助农村集体化制度和城市单位制为基础的、体现国家对资源高度集中垄断的二元制度安排，“保证了中央政府在不到30年的工业化进程中，多数年份都能形成高达30%的积累率，使中国从50年代初期一个工业产值和城市人口均占仅15%的典型小农经济条件下的传统农民国家，在既缺乏外部市场又几乎无外来投资的恶劣的国际环境中，发展成为工业产值达70%以上、产业门类齐全、专业分工细致的初步工业化国家”。①

对新中国成立之后相关制度安排的阐述表明：国家工业化初期政府作出的制度供给，主要是为了在外部封锁的国际环境制约下，依靠高度组织化有效地解决与分散小农经济之间交易费用过高的难题。国家工业化进程中政府对城乡人民进行总动员，其实质是完成资本原始积累的历史性任务。其间，政府一方面是以集体和单位为形式的组织化的发动者，另一方面也是经济活动的组织者、投资者及利益分配者。因此，中国工业化进程中的产业资本的形成和扩张阶段，都是以政府为主体进行的。

可见，在国家工业化的资本原始积累阶段组建起来的、在此后的工业化进程中不断调整和完善着的各级政府，事实上是具有理性经济人特征的经济主体。

① 温铁军：《中国农村基本经济制度研究——“三农”问题的世纪反思》，中国经济出版社，2001年，第142页。

(二) 改革开放后“地方政府公司主义”① 的表现

中国在20世纪70年代后期完成国家工业化原始积累、已经形成“社会化大生产”体系的新阶段，产业资本内生性扩张的要求，主要通过兼有“理性经济人”和制度供给者双重职能的政府做出有利于市场交换的制度安排来达到。在政策语言中，这个制度安排被称为改革开放和全面建设市场经济新体制。

在改革起始阶段，财政赤字负担过重的中央政府理性地“退出”了不经济的农业，形成了与农民进行交易的一种制度变迁——大包干，即“政府在‘退出’相对于城市工业而言日益显得‘不经济’的农业的同时，向村社集体和农民在土地和其他农业生产资料所有权上做出让步，换得的是农村集体自我管理和农民自我保障”。②

接下来，与20世纪80年代中期财政分级承包制的改革相配套，地方政府内生性地发生了公司化演变，以适应产业资本结构调整和产业扩张需求的市场化改制条件。“地方政府公司主义”，是指地方政权为了谋求经济发展，强力推进地方工业化战略的实现，以类似于公司化运作的形式进行地方党政能力和经济资源的大动员、大整合，从而以经济发展增加本地收益分配的重要制度特征之一。政府各部门参与地方产业资本发展、追求资本利益最大化的取向，表明其作为理性经济人的属性与历史上以政治理性为主的政府不同。

具体表现在如下方面：

---

① “地方政府公司主义”，也叫“地方政府法团主义”（Local State Corporatism），最早是美国斯坦福大学的戴慕珍（Jean Qi）在20世纪90年代考察了苏南模式的乡镇企业与地方政府关系之后提出的概念；温铁军等在《中国农村基本经济制度研究》（2001年）、《解读苏南》（2011年）等著作中做了深入阐发。此处以之为基础再行阐发。

② 温铁军：《“三农”问题与制度变迁》，中国经济出版社，2009年，第284页。

1. 与地方工业化相伴随，基层政府大办乡镇企业。

自20世纪80年代中期开始的财政分级承包制改革，确立了各级地方政府与中央政府作为不同经济主体之间相对比较明确的收益分配关系，使地方政府得到了工业化、城市化发展的自主权，开始了地方上的农村工业化进程。在县、乡、村三级的经济发展中，从决策责任承担和收益占有分配来看，地方政府和乡村组织是实际上的经济主体，有扩张产业借此获取财产收益的明确动机和行为，在乡镇企业发展过程中的各关键环节都起着重要的作用，成为投资决策者、资本控制者和受益者。有学者将中国东南沿海一带发达地区乡镇企业的成功归因于“地方政府公司主义”模式，认为中国的地方政府相对于其行政范围内的企业实为大董事会的角色，因而对企业运作是不可缺少的因素；① 或者认为企业相对于政府只不过类似于执行总裁或工厂内的车间主任的角色；也有学者认为，在市场经济中，基层政权成为公共资源的垄断集团，成为从事经营的“经济行动者”。②

有数据表明，“1984—1988年，全国乡镇工业总产值年均增长43%，3倍于以往增速，农村工业占全国工业的产值比重达到24.3%。沿海的地方工业化在乡镇企业的高速发展中初步完成了原始积累”。③ 这往往被认为是地方政府作为投资主体主导“以地兴企”完成工业化原始积累的成绩。

① Jean Qi：*Local State Corporatism：The Organization of Rapid Economic Growth*，*Chinese Rural Industry Takes Off：Incentives for Growth*，Univ. of California Press，1995.

② 张静：《基层政权——乡村制度诸问题》，浙江人民出版社，2000年，第51页。

③ 杨帅、温铁军：《经济波动、财税体制变迁与土地资源资本化——对中国改革开放以来“三次圈地”相关问题的实证分析》，《管理世界》，2010年第4期，第35页。

2. 大办开发区，获取土地资本增值收益，通过招商引资实现产业资本扩张。

随着工业化的大力推进，各地出现了多种形式的“开发区”，实质上是城市资本通过与地方政府分享收益去实现农村资源的资本化。从事工商产业的利益集团需要土地实现自己的发展目标，地方政府则寄望于把“以地生财”作为获取收益的手段。其间，一方面这两个利益主体结合媒体产业集团，强烈地把以私有化为基础的土地交易包装成市场化改革的经验。另一方面，地方政府利用《土地管理法》为依据，以“公共利益”的名义征用农村土地，反过来突出了农村集体经济产权关系不明晰的弱点。这两个看似矛盾的方面，拥有一个共同的实质，就是地方政府利用行政权力强力配合资本占有社区资源实现资本化，大量获取土地资本增值收益，用于地方政府分享资本收益分配。

与此同时，“随着国家宏观经济形势的发展变化和对利用外资政策的逐渐放宽，由于与外商合作办企业可以在短期内见效，不但可以直接解决资金、技术、市场问题，还能同时增加税收、出口创汇和创造有利于政府政绩攀比的地方经济总量”，因此，区域之间竞相开出优惠政策，进行“亲资本”的激烈的“府际竞争”。[①] 政府均自觉地承担起以增加地方财政收入为目标、以“招商引资”等为举措的强制性任务达成干部资源大动员；同时精心打造地方工业园区，作为政府的招商引资政绩工程；各级组织部门也会把 GDP 作为官员的政绩考核标准……严重损害了社会大众的权益和可持续发展的后劲。

激进发展主义导向下的地方政府公司化倾向，已经造成了极为严重的“负外部性”，诸如社会矛盾、生态危机、产能过剩等；对勉

① 温铁军等:《解读苏南》，苏州大学出版社，2011 年，第 131~132 页。

为其难地加入招商引资竞争大军的传统农业地区而言问题更甚。这说明一般事务都具有两面性。在产业资本形成之后，以推进产业扩张获取资本收益为主的政府理性，与占有资源收益通过维护村社生存发展的村社理性之间，哲学意义上的对立统一关系在现实中更多转向对立。

之所以在 20 世纪 90 年代外向型经济高增长以来社会上的对抗性冲突不断发生，在于其实质是“资本异化于其原始积累来源”的私有化改制造成的代价向弱势群体转嫁。一是在城市形成了资本利益集团，及其派生的结构复杂的、高度依附型的社会。二是由于将为现代化建设付出的主体力量排除在了现代化收益的分配体系之外，随之造成城乡和贫富差距的固化、拉大。对立矛盾的对抗性表现，致使国家不仅得支付被上述异化过程甩掉的沉重的社会开支，而且还得增加支付被“三大差别”派生的巨大的维稳开支……

但就国民经济总体而言，中国凭借超大型大陆国家幅员辽阔和广大人民吃苦耐劳，还是进入了工业化的中期阶段。改革开放至今，中国不仅创造了持续 30 多年平均近两位数高速增长的奇迹，而且既没有对外扩张掠夺，内部也相对保持了稳定，颇有“中国复兴”之迹象。① 若能够有效缓解越来越严重的“三大差别”，则符合人民群众的长远利益和根本利益，在人类现代发展史上也是前所未有的精彩一幕。

二、中国现代化的“比较优势”之二：村社理性

本文关于村社理性的讨论，是从其作为工业化进程中周期性发生危机、其代价向乡土社会转嫁以村社内部化机制为基础实现软着

---

① 玛雅：《道路自信：中国为什么能》，中信出版社，2013 年。

陆的视角来做分析的。村社理性与上文讨论的政府理性，是相辅相成的两个不同层次。相对于以“个人利益最大化”为假设前提的西方经济学所讨论的“个体理性”而言①，村社理性是从中国发展经验中归纳出的有普遍意义的理论创新。

村社理性首先是针对市场“外部性”造成的“市场失灵”这个经济学的一般问题②而提出的。我们认为：在小农村社制度不被以“亲资本”为内涵的激进政策破坏的条件下，村社理性体现的是一种能够“内部化处置外部性风险”的经济机制，即以乡土社会中的村社地缘关系为产权边界，存在着农户成员权在村社共同体的集合代理，据此而形成的是户村两级地权结构，这是“一种内部非排他性的、体现‘社区成员权’的农村产权”③。这种建立在统分结合的、以成员均分共有、两权（所有权与使用权）分离为产权关系所派生

① 现在西方经济学的基本假设前提是亚当·斯密的经济人理论和西尼尔的个人利益最大化理论。亚当·斯密在《国富论》中论述了“经济人”假设的三个要求，即个人理性、自利心和市场自由（看不见的手）；认为在自利的、理性的经济人的行为下，“看不见的手”（市场）会使整个经济在人们追求私利的同时达到最优。威廉·西尼尔作为英国资产阶级经济学家，也提出了个人利益最大化的观点，认为每个人都希望以尽可能少的牺牲去获得更多的财富（收入效用最大化原理）。作为理性的一个层面，个体理性是指个体人和其他类型的个体行为以实现个人利益最大化为目的。参见刘红军：《亚当·斯密的理性和西尼尔的个人利益最大化》，《管理创新》，2014 年第 20 期，第 248 页。

② 西方经济学认为，作为微观经济主体的市场机制，一般只能保证资源配置的边际私人收益和边际私人成本相等，而无法保证边际社会收益和边际社会成本相等；当边际社会收益和边际社会成本不相等时，对整个社会而言，资源的配置就没有达到最有效率的状态，这就是“市场失灵”。“外部性”就是指“外部影响”，它是造成市场机制低效率的又一个重要原因；从社会的角度看，在存在“好”的外部影响时私人活动的水平往往太低，而在存在“坏”的外部影响时又往往过高，也就是说市场机制往往存在坏的“外部影响”或“外部性”。参见高鸿业：《西方经济学》，中国人民大学出版社，2009 年，第 411 页。

③ 温铁军：《“三农”问题与制度变迁》，中国经济出版社，2009 年，第 297 页。

的财产分配和收益整合等相关制度，能够通过内部化的收益互补来降低市场化的外部风险。

任何制度都是一种文化。那么，村社理性还指的是村社文化共同体层面上的，即建立在村社集体所有权和农户使用权两权分离的经济制度基础上的、以农村一定范围内的血缘和地缘关系为纽带的、维系村社内部社会秩序的群体理性。就是说，“中国人数千年聚居于村落，祖祖辈辈共享村落边界内的以土地、水和山场为主的资源，形成了一个文化共同体，小农村社因而成为再造农民人生价值和生命意义的基本场域”①，成为中国农民甚至中国人的实体性信仰，这个层面是对其经济学意义上的延伸。

小农村社作为农村社会的基础性单元，是中国经济社会现代化的基础性载体，在中国现代化进程中的作用有三：

(一) 农村工业化原始积累阶段中的“内部化处理外部性风险”② 机制

改革开放前的近30年间，从宏观层面来看，得益于以“里仁为美”③ 的传统自然村落为基础建立的初级社和生产队，之所以能完成人民公社集体化服务于国家工业化的提取剩余功能，也在于内部收益分配相对均衡这种村社理性的机制性作用。改革开放以后30年，在一些农村工业化相对发达的地区，村社理性的作用则在于通

① 何慧丽、程晓蕊、宗世法：《当代新乡村建设的实践及其反思——以开封10年为例》，《开放时代》，2014年第4期，第161~162页。

② 根据科斯以及德姆塞茨的研究，经济学所面对的一些经济现象必然导致的社会成本问题不是简单的经济问题，不能简单地用经济学的办法来解决，也难以“费用高低”的标准来衡量，假如经济问题所带来的负面影响内部化解决，这是一个经济可持续发展的思路。而这个“内部化处理外部性风险”的经济社会学命题，在中国农村工业化的一些地方经验中出现了。

③ 出自《论语·里仁》篇，意思是：居住在有仁德的地方才是好的。

过如下两个“内部化处置外部性风险”的机制助推农村工业化进程。

首先是“自我资本化”，快速完成资本原始积累从而跨入产业结构调整历史阶段。

以苏南农村工业化的一个个案为例。“苏南吴江有一个生产队，在 20 世纪 70 年代末期自主创办社队企业时资本投入为零，即使全靠劳动力，也至少还是需要得到政府严格控制的工业原材料。于是，队干部召集全村社员协商一致，每个劳动力每年让出 500 工分不参与分配，由集体拿这些从全村农民社员嘴里节省出来的农产品与城市国企交换本村企业需要的原材料。就这样，连续 3 年，每个社员让出了 1500 工分，终于在农村集体化时期的人民公社体制条件下完成了村办企业的原始积累！”①传统的西方经济理论认为，单家独户以其资本和劳动力要素存量，不具有进入现代工业化的条件。然而，这个案例的启示在于，开始于 20 世纪 70—80 年代的苏南农村早期的工业化，在集体经济为名的“村社理性”内部化机制作用下，通过村社内部成员劳动力规模投入来替代“极度稀缺”的资本要素的“自我资本化”能够快速完成原始积累。社区劳动力剩余价值的内部化积累和转化，可以助长“负资本”起步的社队企业起步和发展。其实，村社理性在助长社队工业化方面还体现在社区土地和自然资源使用的零成本、土地自我资本化、社队企业在发展过程中遇到的风险“成员共担”等诸多不同于西方经济学的方面。

其次是“内部化”消纳资本原始积累中的诸多负外部性问题。

主要是克服工业化进程中村民、农户之间收入分化和工农业发展的结构性不均衡问题。在基于乡土社会道德文化的社区精英领导下，以村为单位整体进入工业化的一些农村社区，企业并不只是以追求利益最大化为单一目标，还要为本社区居民提供福利，构建收

---

① 温铁军等：《解读苏南》，苏州大学出版社，2011 年，第 18 页。

益公平分配的内部化机制，公平分配工业就业机会；此外，还采取了注重工农从业收益的社区内部平衡，打造“绿色车间”，有效避免农业衰败等措施。改制以后的一些苏南乡镇企业为了实现产业升级以利于参与国际竞争，虽然其归属和经营管理体制发生了重大变化，但是更多的集体经济组织在改制中保留了不可变现的工商业地产租金占有或分享权，一些实力强的集体由经营企业转变为经营资产和吃租收益（土地租、厂房租和设备租）。其间，有两个特点是“对‘老苏南模式’内含的村社理性——内部化处理外部性问题的特殊机制的延续”①：一个是有效降低了外部投资主体进入乡土社会的交易成本，一个是在实现了相对于原始积累阶段的土地要素资本化而言的再次资本化，保证了苏南的稳定发展。

值得注意的是，无论是进行原始积累阶段的“自我资本化”，还是“内部化”消纳资本原始积累中的诸多负外部问题，都不只是归因于中国式小农经济所“具有工具理性特性的‘队生产’形态”，还应归因于“以血缘认同和村落共同体认同为基础的具有价值理性性质的家庭内代际分工和外部协作行为”。换言之，在工业化原始积累阶段，“以劳动和管理协调替代资本投入的内在机制”，正是村社理性所内含的温情脉脉的社队内部自我剥夺和家庭内部代际分工与协作的代际剥削，也是“中国农民勤劳革命的内在逻辑与具体实质”。②

（二）劳动力大幅流出的传统农区的土地流转，血地缘关系起主导作用

就普通的中西部的传统农业地区而言，以家庭承包经营为基础、

---

① 温铁军等：《解读苏南》，苏州大学出版社，2011 年，第 138 页。

② 徐嘉鸿、贾林州：《从“村社理性”到“村社制度”：理解村庄治理逻辑变迁的一个分析框架》，《西北农林科技大学学报（社会科学版）》，2014 年第 3 期，第 92－100 页。

统分结合的“双层经营体制”基础上的传统小农村社经济，由于其地理区位和资源条件的局限不利于农村工业化的发展进程，在发达地区工业要素市场价格对农村青年劳动力的强大拉力下，成为以老人、妇女为主的留守经济，或者成为代际分工为基础的“半工半耕”结构。虽然如此，也因其基本制度及村社价值系统尚未根本改变，村社理性依然在因农村劳动力流出而导致的土地流转现象中发挥有效作用。

例如，许嘉鸿、贾林州通过对豫南某镇乡村 4 个村民小组土地流转情况的调研发现，在 114 户农民中有高达 76 户有流入或者流出土地的行为，但是其中有正式合约的只有 47 户，其具体情况如表 11-2、表 11-3 所示：①

表 11-2　土地流转合约双方关系情况

合约双方关系	户数	百分比（%）
兄弟	20	42.55
父子	8	17.02
五代亲	12	25.53
邻居	10	21.28
同组非血缘	4	8.51
外组	11	23.40
合计	47+28（即重复关系为 28）	138.29

① 表 11-2、表 11-3 均来源于对《从“村社理性”到“村社制度”：理解村庄治理逻辑变迁的一个分析框架》一文中“表 1　山头、周畈和小洋村 4 村民组 114 户土地出租情况”的数据整理改编而成；参见同上书，第 94 页。

表 11-3　土地流转租金支付方式情况

租金方式	户数	百分比（%）
无租金	18	38.30
实物	20	42.55
换工	5	10.64
货币	6	12.77
合计	47+2（即重复方式有 2）	104.26

由表 11-2 可看出，在这些村庄的土地流转合约双方关系情况中，兄弟间土地流转的有 20 户，比例最高，占 42.55%；而兄弟、父子、五代血缘亲属之内这三者之总和为 40 户，占 85.1%；邻居、同组的地缘关系、外组之总和为 25 户，占 53.19%。至于这外组的 11 份，也大部分是由于亲戚（比如岳父母与女婿关系）。由表 11-3 可看出，村庄土地流转租金支付方式的四种状况按从多到少的户数和相应百分比顺序排序为实物（20 户，42.55%）、无租金（18 户，38.30%）、货币（6 户，12.77%）和换工（5 户，10.64%）。之所以货币化地租很少，是因为村庄中土地流转的交易现实“仍非市场原则主导，而是由血缘与地缘关系主导，其实质仍是互助合作型的交换行为”。

上述土地流转合约的双方关系与租金支付方式表明：传统村庄农户间流转土地的经济现象，仍是血地缘关系主导的内部化的村社理性机制在发挥作用，它是一种“包括血缘和作为血缘映射之地缘的村落的价值认同与共同规范……建立在以血缘认同为核心的村社意义世界的基础之上”的价值理性。①

① 徐嘉鸿、贾林州：《从“村社理性”到“村社制度”：理解村庄治理逻辑变迁的一个分析框架》，《西北农林科技大学学报（社会科学版）》，2014 年第 3 期，第 92~100 页。

（三）在工业化产业扩张阶段，村社理性对现代经济危机的“软着陆”作用

传统小农村社还能成为一旦发生全球输入型经济危机时各种问题得以“软着陆”的地方，尤其是成为进城失业农民仍然可以返回农村就业与生存的弹性空间。有学者甚至认为，中国城乡二元结构和农村基本经营制度为中国高速现代化提供了稳定的基石，“正是农民可以在进城务工经商失败后返回家乡熟人社会生产生活，城市没有形成大规模贫民窟，从而使农村成为中国现代化的稳定器与蓄水池，使中国现代化的重心稳定，城乡社会有序，使中国可以经受得住几乎任何经济、金融、社会危机的冲击”。①

整体上看，城乡二元结构体制下的乡土社会承载城市资本的危机代价，客观上成为中国工业化完成原始积累进入产业扩张的主要“比较优势”；“三农”中国对城市中国的产业资本危机的“化危为机”，起了重要的载体作用。以 2008—2009 年中国正式进入全球化产业扩张之时的第一次危机发生时为例：之所以东南沿海企业倒闭时 2100 万农民工失业而几乎没有发生严重问题，很大原因在于理性的政府以财政手段进行深度干涉，在大幅投资农村建设以解决就业和经济增长问题时，广大农村地区还能够成为“软着陆”的“蓄水池”，其池底——农村土地财产关系中的成员权“共有制”还没有被完全打破，“2.4 亿户农民家庭大多数还有‘一亩三分地’作为无风险资产，而且 300 多万个村社也还有机动地、村办企业、多种经营等能够内部化处理严重负外部性成本的回旋余地”。②

而在当今资本过剩状态下，以“村社理性”为实践原则的发展

---

① 贺雪峰：《城市化的中国道路》，东方出版社，2014 年，第 12 页。

② 温铁军等：《八次危机：中国的真实经验（1949—2009）》，东方出版社，2013 年，第 28 页。

模式，还可以使村社共同体成为应对“资本下乡”的保护机制，从而最大化地保持村庄整体利益和长远利益。① 诚然，若从历史意义的、更宏观的多元角度来看，中国的小农村社优势还在：“中国现在仍然存在着世界上最众多的村庄和农民，大多数农民在村子里仍然从事着精耕细作的小农经济；而这些小型的、多样化的家庭农场是最能解决未来人类食品安全问题和避免工业化农业的耗能困境的，同时也是中国社会政治经济稳定的根基之所在。”②

三、进一步的问题探讨

综上所述，新中国成立以来之不同于西方现代化进程的主要“比较优势”，到目前来看，主要是在人多地少紧张关系及城乡二元结构制约张力下、在工业化原始积累阶段客观形成的政府理性和村社理性。

政府理性体现在政府直接作为经济主体推进资源资本化并且占有收益——无论是集体化时代由中央政府主导工业化资本原始积累，还是改革开放后以地方政府公司化的方式大办乡镇企业和大办开发区获取土地资本增值收益、进行招商引资。村社理性主要表现在：社队企业原始积累阶段中的“内部化”机制；在农村劳动力流出阶段的土地流转中发挥有效作用；对现代经济危机的“软着陆”作用；等等。

今后很长时间内，中国参与全球经济体系日益深化——在实体

① 陈靖：《村社理性：资本下乡与村庄发展——基于皖北 T 镇两个村庄的对比》，《中国农业大学学报（社会科学版）》，2013 年第 3 期，第 37~39 页。

② 何慧丽、小约翰・柯布：《解构资本全球化霸权，建设后现代生态文明——关于小约翰・柯布（John B. Cobb，Jr.）的访谈录》，《中国农业大学学报（社会科学版）》，2014 年第 2 期，第 27 页。

经济层面，“中国参与国际贸易的动力由国内产能过剩的推力为主变成了外部需求的拉力为主”；在金融体系上，“中国主动加入了以美国为首的由核心国家的金融资本主导的国际经济新循环”，对外形成“金融依赖”；① 与此同时，中国国内经济面临结构性矛盾——劳动力、产能和金融“三大过剩”压力，以及投资、消费和出口“三驾马车”之间的关系加剧失衡问题。②

而农村内部的社会经济结构也在发生着根本性的变化，村社理性正日趋遭受瓦解：新增人口不再分地的法规颁布，农村青年劳动力大规模流出农村，农业人口的老龄化和女性化，这都极大地削弱了农村社区长期存在的能够靠内部化来降低外部风险的机制，以及“三农”对工业化危机的承接能力和社会调节机制。

中国是否还能维护政府理性与村社理性这两个比较优势，已经成为值得深入探讨的问题。由于继续加强其理性经济人特征的公司化地方政府推进激进发展主义，农村生产力三要素均因被“农业外部定价”导致大幅度净流出，一方面是史无前例地出现城市化“大跃进”，另一方面是农村经济基础衰败、“劣绅驱逐良绅”，遂使很多地方已经出现村社理性无效。由此，“三农”问题及乡村治理困境成为“国家综合性安全”不得不面对的多种挑战之中的“重中之重”。

中国在迈入工业化中期阶段之后的战略转变之中，将其强政府的经济理性通过深层次改革的整体推进，转变为以加强宏观经济调控、建设生态文明、提供社会公共品为主的“善治”理性；并且在实施新农村建设战略中，采取“针对村社多边合作的资源注入和有

① 温铁军等：《八次危机：中国的真实经验（1949—2009）》，东方出版社，2013 年，第 199 页。

② 同上，第 199~200 页。

效制度供给”①，以此修复、发展村社理性，这是 21 世纪生态文明时代的要求。多年来从事当代新乡村建设的一批知识分子，以村庄为基本单元在全国范围内一些有条件的农村从事经济、文化、社会的综合性的合作试验②，一方面顺应了中国工业化中期之后“以工补农，以城返乡”的政府理性转变的需要，另一方面也是冀望于通过干预性试验研究形成对小农村社理性的科学认识。

① 温铁军、董筱丹:《破解“三农”与“三治”困境，一个新视角》,《中共中央党校学报》，2010 年第 4 期，第 23 页。

② 何慧丽、温铁军:《亟待从村庄层面突破小农困境》,《人民论坛》，2014 年第 7 期，第 66~67 页。

第十二章

重构宏观经济危机“软着陆”的乡土基础[①]

一、问题与背景：去工业化趋势明显致使劳资矛盾进入阶级对抗性质的冲突多发期

自2008年爆发全球金融危机以来，美国先后进行4轮量化宽松向全球市场释放巨大流动性，导致国际市场上基础商品价格大幅波动，类似中国的制造业国家纷纷遭遇“输入型危机”，而国际制成品市场总体表现萧条，价格水平相对低迷。据笔者计算，2009—2013年，中国制造业的进口价格上涨了64%，出口价格仅上涨了19%。使得国内经济比重最大的实体产业的利润空间被迫压缩，大批企业倒闭破产，很多港台投资迁往东南亚国家，南方沿海的“加工贸易型”经济事实上已经进入“去工业化”阶段。[②] 同期，由于乡村社会碍难再如以往承载城市危机代价，此次危机势必在城市硬着陆，直接影响社会稳定。

楼继伟将当前中国经济的阶段性特征概括为经济增速换挡期、经济结构调整阵痛期和前期刺激政策消化期“三期叠加”，他的基本判断是中国在未来的5年或10年有50%以上的可能性会滑入中等收

---

① 本文是国家社会科学基金重大项目“作为国家综合安全基础的乡村治理结构与机制研究”（批准号14ZDA064）的阶段性研究成果之一，作者为温铁军、高俊。本文原载于《探索与争鸣》，2016年第4期。

② 温铁军、高俊、张俊娜：《中国对美“双重输出”格局及其新变化》，《经济理论与经济管理》，2015年第7期。

入陷阱。①

1. 去工业化与全社会杠杆率②迅速上升成为当期危机的动因。

诚然，国家采取的逆周期调节③，总体上是有效的。如在2008年紧急启动4万亿元国债资金进行救市，有相当规模资金投资于基本建设，投资对GDP增长的贡献一度高达50%以上，相对成功地承载住了2009—2011年外需下降对于国内就业市场的压力。但输入型通胀与国内基本建设投资也进一步造成实体产业内部的挤出效应，客观结果是国家救市投资所释放的过剩流动性自2011年起纷纷从实体经济析出，先是涌向房地产，形成大致表现为3年周期的泡沫，到2014年房地产泡沫从私有制为主的三线以下城镇递次挤出④，大量资金再次析出只能流向股市等高风险领域，带动股市泡沫半年周期崩盘，连锁性地造成全社会各个部门的债务剧增，催生影子银行及其他小贷形式的高利息借贷泛滥（如图12-1所示）！

自2008年全球危机以来，采购经理指数（PMI）、国内生产总

---

① 楼继伟：《中高速增长的可能性及实现途径》，清华大学新闻网。

② 就全社会而言，GDP构成收入主体，而债务对GDP的比率（或债务/GDP），便是全社会的杠杆率。

③ 温铁军、高俊、董筱丹：《逆周期调节与“政府信用替代资本信用”》，《中共中央党校学报》，2016年第1期。

④ 房地产投资增长加快下行是2014年经济下行影响最大的因素。从投资增速看，投资增长率从2013年的19.8%下降到2014年的10.5%，2015年1—8月进一步下滑至3.5%；从新开工面积看，增长率从2013年的13.5%下降到2014年负增长10.7%，2015年1—8月进一步下滑至负增长16.8%；从土地购置指标看，购置面积从2013年增长8.8%下降至2014年负增长14.0%，2015年1—8月进一步下滑至负增长32.1%。而且，2014年以来，房地产开发企业实际到位资金的增长率从2013年近30%的高增长，急剧下滑至接近零增长或负增长，特别是银行贷款和自筹资金增速下滑更快。数据来源：刘晓光、刘元春：《房地产市场复苏不容乐观》，中国人民大学国家发展与战略研究院，《问题与思路》（内部资料），2015年第29期。

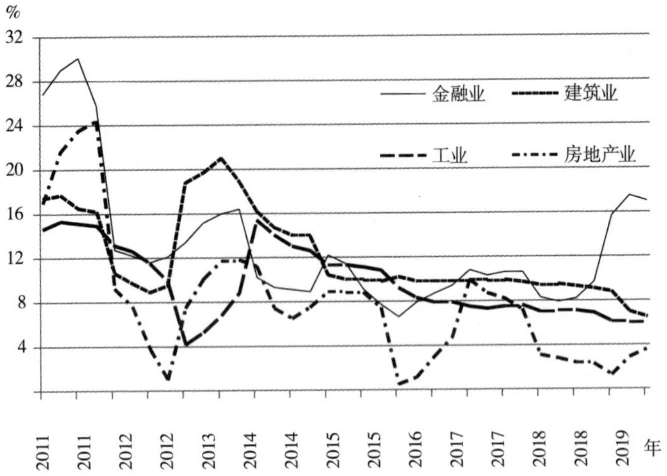

图 12-1 全球危机与中国经济的行业分化

来源：Wind 资讯。

值 GDP 及分行业累计同比（如图 12-1 所示）等宏观经济指标的下滑趋势，表明了中国的去工业化趋势。随之，则是全社会杠杆率的显著增长。数据显示，全社会的杠杆率从 2008 年的 184.6%上升到 2014 年的 278.9%，6 年时间里上升了 94.3 个百分点，其中：居民部门的杠杆率在过去几年经历了相对快速的上升过程，从 18.2%提高到 36%，上升了 17.8 个百分点；非金融企业的杠杆率（包含地方政府融资平台债务）在金融危机之前一直保持在 100%的水平以下，2008—2014 年则从 98%提高到 149.1%，猛增 51%以上；政府部门的杠杆率在 2001 年以来一直保持在 35%~40%的水平，2008 年之后快速上升，从 40%提高到 57.8%，上升了 17.8 个百分点；金融部门的杠杆率（剔除通货和存款）从 13.3%左右提高到 18.4%，上升了 5.1 个百分点。①

① 李扬、张晓晶、常欣等著：《中国国家资产负债表 2015：杠杆调整与风险管理》，中国社会科学出版社，2015 年，第 32~40 页。

更为尴尬的是：在全球危机代价转移及其相关软实力构成综合性外部压力下，国内自主创新阙如，客观上造成金融生态劣化，反过来进一步压榨市场化条件下一般都会顺周期的实体经济。

2. 危机爆发压力下劳资对立演化为阶级斗争的动因。

目前来看，率先发生在沿海地区的去工业化已经从南到北逐步蔓延开来！而大部分“公司化地方政府”① 尚无预案，并且在劳资阶级矛盾尖锐对立之中被亲资本制度“路径锁定”；企业家则先“骗贷”后“跑路”，甩下巨大社会代价造成政府直接面对工资拖欠以及失业现象大量增加，致使劳资斗争越来越呈现群体化、政治化的演进趋势，也成为海内外广泛批评中国的依据。

有案可查的是：2013 年前三季度，全国各级劳动保障监察机构共办理拖欠工资等待遇案件 17.4 万件，为 343 万劳动者追发工资等 188 亿多元，案件数量和涉及的金额分别比上年同期增长了 24.7%和 54.6%。② 数据显示，2010 年以来，我国劳动争议案件数量一直处于高位运行态势，其中民营企业劳动争议高发。从 2010 年到 2013 年，全国各级劳动争议仲裁机构当期立案受理私营企业案件比重不断上升，占劳动争议案件的比重分别为 49.8%、58.8%、63%、65.8%。③ 在企业劳动争议案件高发的同时，集体劳动争议案件占全部集体劳动争议案件的比重从 2010 年的 52.6%上升到 2013 年的 73.1%。④

---

① 参见“地方政府公司化”的研究：Jean C. Oi：*The Role of the Local State in China's Transitional Economy. The China Quarterly*，1995，144，1132－1149；陈家建：《法团主义与当代中国社会》，《社会学研究》，2010 年第 2 期；宫希魁：《地方政府公司化倾向及其治理》，《财经问题研究》，2011 年第 4 期；赵树凯：《地方政府公司化：体制优势还是劣势?》，《文化纵横》，2012 年第 2 期；折晓叶：《县域政府治理模式的新变化》，《中国社会科学》，2014 年第 1 期。

② 据中国企联 2014 年发布的《中国企业劳动关系状况报告》。

③ 据全国工商联发布的 2013 年《中国民营企业劳动关系报告》。

④ 刘凌林：《经济下行压力下劳动关系现状调查报告》，和讯网。

当期的宏观经济危机爆发导致大规模失业的压力，正是工业化带动农民发生性质演变的充分必要条件——从 2.6 亿农村“小有产者”派生的流动打工者群体演化为工人阶级，有组织斗争的自觉性明显提高。

究其原因，一是劳动力成本、社会成本不断上升条件下出现的资本增密和技术增密，并且同步排斥劳动，也就是说制造业已经开始机器人化替代劳动。但这也是产业资本主导工业化时期的一般内生性矛盾的基本规律：“资本增密排斥劳动”的工业化内在机制必然转化为资本与劳动之间对抗性阶级冲突。二是劳工群体在中国地方政府亲外资制度下在厂区高度集中食宿，也在组织上奠定了工人必须组织化才能演变为先进阶级的基本条件。三是各级制式教科书对阶级斗争确立的“政治正确”,① 不仅给广大劳动者提供了指导思想，也节约了任何意识形态的革命者发动工人斗争的动员成本。客观来看，这次经济危机中的工人反抗不同于以往，会直接以经典阶级斗争的形式反映出来，催生国内与官方意识形态对立的政治变革。

二、乡村内部化机制被破坏碍难实现危机“软着陆”

从中国应对历次宏观经济危机的实际经验来看，1950 年的毛泽东和 1980 年的邓小平都是以全面推行小农均田为基础建构国家治理体系，也因使最大多数人群成为“小有产者”而延续了具有内在稳

① 事实上，1949 年第一次全国教育工作会议以来，马克思主义就被确定为中等以上学校思想政治课的核心，而鲜明的阶级性和实践性恰是马克思主义的根本特性。同时，历史课程亦以马克思主义唯物史观作为指导，阶级斗争理论作为历史唯物主义中不可缺少的重要逻辑环节，被广泛应用到历史问题的分析中。

定性和历史延续性的中国特色的“小农村社制”①，而使得乡村成为国家稳定的载体。

在60多年的工业化进程中，相对于风险集中于城市“资本池”而言，资源性资产共有均分的基本制度，一方面体现着村社成员的生存权，弱化了传统乡村向阶级社会转化的动能；另一方面，外出打工仍保留小有产者财产因此还回得来的乡土社会，客观上发挥了“劳动力蓄水池”的作用，国家得以借助“三农”载体内部化处置外部性风险而多次成功实现经济危机“软着陆”。据此可知，这是危机重重的中国特色现代化进程几乎不间断地延续了60多年的主要“比较优势”。②

1. 乡土社会能够“内部化处置外部性风险”在于村社理性。③

传统农业社会的“小农村社制”之内涵性地存在村社理性得以内部化处理外部性风险，在于土地产权的社区边界（农村社区血缘和地缘关系的边界长期是在自然村)，客观地导致土地要素的地租或地价都主要是依据农业产出形成的“内部定价”。这是20世纪90年代之前“三农”形势相对较好的内在机制。④ 而在加快工业化和城

---

① 无论从现实还是从法律角度出发，“小农村社制”经济都是中国农村社会经济的基本类型，其基础是村社成员共同拥有土地的村社共有制产权，由于这本身是一种对内不排他而对外排他的产权关系，所以本质上仍然属于私权，但并不是西方经济学理论意义上的完全公有制或私有制。农村土地客观上是以血缘、地缘关系维系的村社边界作为其产权边界，村社为产权边界的集体共有制是村社内部一组成员权的集合。参见温铁军：《“三农”问题与制度变迁》，中国经济出版社，2009年，第8~9页。

② 温铁军等：《八次危机：中国的真实经验（1949—2009)》，东方出版社，2013年，第10~19页。

③ 也可称之为社区理性、群体理性，与之相关的概念还有集体理性、合作理性、社会理性等。

④ 温铁军：《解读苏南》，苏州大学出版社，2011年，第19~37页。

市产业资本扩张阶段，古典经济学的三要素——土地、劳动力、资金——和其他生产力要素都被“外部定价”，就导致农业产出不可能在预先支付地租的条件下实现净收益。市场经济的“外部性”造成的农业困境，不可能被因“在地化”造成资本沉淀而没有流动性可言的农业产业化自身的制度改进和政策调整所改变。“地板顶破天花板”——国内农业成本高于国际市场价格就是农业资本化导致制度创新能力低的客观结果。① 推行产业化农业 18 年来，现代化程度越高就越体现资本深化，所造成的银行负债和财政补贴也就越沉重。

传统乡土社会中，学田、河田、庙田、族田等在性质上属于不同类型的村社“公地”，主要用其对社区内部成员出租的收益来维持农村内部的基本公共品供给，因而并不存在根据西方个体理性为依据来批判的所谓“公地悲剧”。若从财政社会学的视角看，这类以社区为产权边界的共有土地内在地发挥着“社区财政”的载体作用。可见，历史上长期存在的“村社公地”，是将成员个体财产的一部分被村社组织集中占有收益用于公共品供给的一种制度化安排。

这种维持内部公共品的制度安排，是东亚地区“日韩综合农协”② 模式长期存在的依据之一。但在当代中国，则主要是仍然维持乡村集体经济占有部分土地用于出租的村社存在。其制度收益最大化的作用表现，就是外部性风险的内部化处置，③ 这个非常重要的、支撑村社理性的“内部化机制”，不仅使得村社共同体能够实现个体农户无法达到的风险弱化，而且也是中国城市资本池风险累积

---

① 陈锡文：《国内农产品价格逼近天花板》，中国网，2015-02-03。

② 申龙均、韩忠富：《韩国综合农协对我国发展农民综合合作社的启示》，《经济纵横》，2014 年第 5 期；秋芳：《战后日本农协发展史研究》，南京农业大学博士学位论文，2009 年。

③ 董筱丹、杨帅、李行、曾天云、温铁军：《村社理性：基于苏南工业化经验的比较制度经济学分析》，《制度经济学研究》，2012 年第 1 期。

演化成危机、代价因向乡村转嫁而多次实现“软着陆”的制度基础！然而，这个制度基础近年来被摧毁，中国当期爆发城市资本危机就势必“硬着陆”。

2. 危机“软着陆”的乡村基础被摧毁的客观过程。

农村组织化程度最高的是农业集体化时期，其与“日韩综合农协”模式相似，在于土地的社区财政功能发挥到最大，也使得国家的支农建设投资能够效用最大化，中国以占总财政支出10%左右的水平，建立了财政公平性国际排名第一的、多维度、广覆盖的农村公共品供给和维护体系，兴建了一大批至今仍发挥体现“正外部性”积极作用的农田水利等基础设施。

之所以集体化时期农民收益低，主要问题不在农业组织，而是剩余长期流出、被国家工业化的资本原始积累占有——集体化作为国家推进资本积累的手段，一是通过以乡为单位的数万亩规模农业，直接占有工农产品不等价交换中内含的剪刀差，借此获得大量剩余；二是国家在大型基本建设中成规模占有农村劳动力来替代极度稀缺的资本；三是把国家工业化原始积累阶段发生的巨大制度成本（如数千万失业人口）从城市转嫁到农村。①

国家工业化原始积累完成，政府财政主要源于城市工业以后（1978年85%以上财政收入源于城市工业），在累积赤字危机爆发的压力下客观地发生了放弃集体化——农民去组织化的大包干。②

首先是社队集体作为经济主体长期缺位、完全没有话语权的条件下，只被允许“合法”地留下5%的机动地。在很多地方“分光吃净”的情况下农村基层公共开支普遍高负债，使得局限为农业用

---

① 温铁军等：《八次危机：中国的真实经验（1949—2009）》，东方出版社，2013年，第10~19页。

② 温铁军：《“三农”问题与制度变迁》，中国经济出版社，2009年，第284~300页。

途的农村土地不再具有社区财政的功能。

土地增值收益最大的部分本来是农村建设用地，凡具有集体化制度“路径依赖”特征的乡镇企业，在 20 世纪 80 年代大都具有三大目标：第一是社区成员就业最大化，第二是社区公共开支和福利最大化，第三才是追求企业利润，这说明了乡镇企业的社区财政取向①，而乡镇企业收益的三个主要来源之一就是土地农转非的资本化增值收益，土地涨价归公（社区集体）的理想（国家政治化的基础）在维持集体化的农村社区是普遍实现了的。

但从 20 世纪 90 年代初开始，村社土地的农转非权限被以国家名义强行上收至各级地方政府，城市土地则实质性地改变全民所有制属性归于各个城市政府及其利益部门。因而，1994 年分税制改革引发的新一轮“圈地运动”，标志着土地的功能由支持“社区财政”转向了地方政府财政（21 世纪以来则进一步转向地方金融），意味着农村土地收益权由基层社区上提至地方政府，从而不再具备反哺社区的功能，村社集体的交易地位当然也随之下降。

其次，由于 20 世纪 90 年代中后期的城市倾向，大约 70% 的乡镇企业在私有化改制中破产或倒闭，随着能够提供农村公共品的集体经济坍塌，农村缺乏吸纳劳动力的经济场域，加上国家在 1998 年生产过剩大危机压力下连续实行多个大规模基本建设计划，使劳动力市场在 2003 年以后出现 10 年需求旺盛，从而非农就业市场的劳动力价格飙升。于是，农村劳动力大量外出打工，一方面抽空了农民合作的另一个收益来源——劳动力租，另一方面造成农业劳动力也被“外部定价”。结果，农业因不可能支付城市工业的劳动力市场化价格而出现越是产业化越是难以维持的“农业产业化困局”。

---

① 温铁军等：《解读苏南》，苏州大学出版社，2011 年，第 19 ~ 37 页。笔者比较重庆调查，认为这相当于黄奇帆在重庆以“八大投”为名的大型国企收益作为第二财政。

大约延续了10年的所谓“人口红利”，其实是农村劳动力随宏观经济波动被间歇性地从农业部门抽调到城市部门①，因“劳动力再生产”成本长期留在农村内部而使得外部的城市工业劳动力低工资得以长期维持。亦即：劳动力外部定价使农村的劳动剩余被城市资本部门占有，也就导致农业自身不能形成资本积累。而且，农村居民的劳动投入也开始参照城市预期打工收入，农民为了追求收入和闲暇的效用最大化而选择“被动闲暇”，导致粮食种植面积减少和农业劳动生产率降低，这种符合市场经济的“理性小农”特征逐渐强于“生存小农”，成为导致我国农业主产品价格“地板高于天花板”的一个重要因素。②

更为深远的影响还在于，这种情况下的“半农半X”，因为有对外出劳动力要素市场的完全定价，外出劳动力回到本村，一般不再秉持基本的农户理性，也不再是一个对村社理性起积极作用的因素，反而会不断加速“小农村社制”的解体。这意味着两个机制性改变：其一，以外部市场作为诱因所产生的破坏性因素，既可以被内部化机制处置，也可以是负外部性因素进入，破坏原来的内部化机制；其二，外出务工的劳动力因被外部市场条件完全定价，即使回到乡土社会，也不会选择继续下地干活儿，处理粮田，也就不能为家庭综合安全打造一个粮食安全基础。本文据此指出：在外部市场作为诱因、外出劳动力作为中介的条件下，市场竞争逻辑被大多数在地化农户接受，也被村社成员在处理内部关系时所接受时，小农机会主义势必由此发生。于是，就有了当前农村中出现的各种乱象。因此，在乡村“去组织化”改革30多年之后，乡村几乎全面地进入了

① 丁守海：《劳动剩余条件下的供给不足与工资上涨——基于家庭分工的视角》，《中国社会科学》，2011年第5期。

② 刘怀宇、李晨婕、温铁军：《“被动闲暇”中的劳动力机会成本及其对粮食生产的影响》，《中国人民大学学报》，2008年第6期。

“有组织地不负责任”[1] 的状态。

此外，农业生产及农村基本公共品供给中不断演进的“资本深化”及其配套的制度安排，使得过去依靠大量劳动力投入才能开展的一些关键环节，如水利设施建设与维护、农村道路工程等，普遍承包给专业工程队；加之化肥、农药、薄膜、机井等农业生产资料的使用，也降低了个体农户对于集体协作的依赖。只有在那些自然条件恶劣、现代化设施及招投标制度还没有配套使用条件的地区，一些关键的生产环节还保留着邻里互助的做法。

综上所述，乡土社会在外部压力下的机制性改变，使得“内部化处置外部性风险”的村社理性在大部分农村地区已经被破坏。由此，中国乡村碍难如以往60年那样，再次作为城市危机代价转移的载体。所以，此次危机在城市“硬着陆”随之引发社会冲突，很可能会在不久的将来成为现实。

三、城镇化中的“无风险资产”[2] 是重构宏观经济“软着陆”的基础

1. 近期加快城市化与地方“以地套现”债务链危机。

客观来看，20世纪90年代中后期以来的激进发展主义政策导向，促进了资本与风险同步集中的城市化过程，已经逐步演化成地方政府以土地财政或土地金融为杠杆撬动的房地产泡沫化，及其与金融扩张同步的发展路径。某些政府负债程度较高地区，采取“农民集中上楼”等更为激进的、消灭农村的方式，来获取“增减挂钩

---

① 陈道银:《风险社会的公共安全治理》,《学术论坛》，2007年第4期。

② 董筱丹、李行、温铁军:《宏观经济波动视角下的劳动力流动问题研究》,《探索》，2013年第2期。

占补平衡”指标在土地市场上交易得来的政策差价，就是因为地方政府以土地抵押从银行套现的空间不够了，只能以差价抵付利息来阻止“以地套现”累积的债务链条立即断裂。

这种饮鸩止渴的最终结果，只能是地方政府债务陷入越来越严重的恶性循环。

与此同时，由于资本这个龙头要素过度集中于大城市，而势必带动其他要素也流向大城市，遂致东部地区发生“产业集群叠加于城市带之上”造成的污染恶化，同时中西部县以下的“三农”衰变，弱化了中国经济抗御外部性风险的乡土基础。也就是说，原有能够实现宏观经济危机“软着陆”的微观机制性基础，已经随着外部制度条件的变化而发生根本性改变，在当前宏观经济下行趋势不断加剧的背景下，大量失业劳动力很可能无法再如从前那样顺利回流，由此导致经济危机“硬着陆”在城市并引发冲突的风险与日俱增。这与很多发展中国家堕入“城市化陷阱”难以自拔的教训基本雷同。

2. 城镇化与城市化的战略差异。

然而，随着2005年中国针对“三农”问题严峻而在“十一五规划”中确立“社会主义新农村建设”战略，以及提出“县域经济以城镇化和中小企业发展为主要依托”的指导方针，局面本来可能根本改观。因为这本身就内含着一系列的政策反思和战略调整，既不同于一般西方话语中的城市化概念，也不同于我国20世纪90年代以来超前发展大城市和产业集群的投资导向。

我们从1995年就把中国特色的城镇化战略与从殖民地国家照搬来的城市化道路相比，10年间做了大量的调查研究。我们认为，中国在2005年自主提出的“城镇化”① 战略更多呼应了中国城乡二元

---

① 温铁军、温厉：《中国的“城镇化”与发展中国家城市化的教训》，《中国软科学》，2007年第7期。

结构这一国情矛盾，既能为延缓生产过剩危机爆发而构建县域经济这个“第二资本池”，也能在巩固农村“劳动力蓄水池”的同时分散和弱化城市内生风险。

为了防止中国作为产业资本第一大国遭遇生产过剩危机的爆发，本来应该主动采取逆周期调节，而且本来也还有自主创新的时间和空间条件。

但，由于 2008 年美国次贷危机以来的外部压力，中国实际上仍然沿着激进殖民地国家的城市化道路演进。到 2013 年经济下行明显急于寻找投资空间之际，据估计，一个农民转为市民至少需要国家综合性投入 20 万元。于是，官方认同了 2 亿农村人口进城带动 40 万亿元投资需求的说法，这就意味着又从“城镇化+中小企业=县域经济”的可持续发展思路，退回到了在发展中国家教训惨重的“城市化”……

3. 城镇化战略及成员权联合的合作经济能够缓解城市阶级矛盾。

须知，“城镇化+中小企业=县域经济”，既是中国产业资本和金融资本双过剩背景下，把本来的被动选择转化为主动做逆周期调节的比较制度优势，也是在宏观经济下行趋势加剧导致劳资之间阶级矛盾日益紧张背景下的政治上的主动而为。与西方市场资本主义体制下势必出现的阶级斗争相比，中国在竞争中应该延续的比较制度优势，本来是国家以政治强权向中央掌控的金融和财政这两大体系做信用赋权，直接推动财政的债务扩张和金融的货币信用扩张，以此来垫付县域经济或中心城镇的基础设施建设成本。

国家的这些城镇化投资，虽然也属于不可回收的“沉没成本”，但却可能成为城镇化发展的无风险资产，有效降低中小企业落户城镇的机会成本，形成县域经济的中小企业进入城镇、带动非农就业的集聚发展效应。

值得注意的是，在沿海去工业化的背景下，中央政府强调“大众创业，万众创新”。而能够在县以下城镇创办中小企业的潜在主体，恰恰是那些常年在外务工并且积累了一定现金的返乡务工人员。由于常年在外务工，其劳动力价格已经被外部工业市场定价，即使返乡，也不愿意从事收益率过低的农业。

由此，有必要加强对打工者返乡创业和创新的激励政策。而以国家信用投资作为杠杆撬动城镇化发展的制度安排，在经济下行的趋势下不仅可以缓解产能的长期过剩压力，也可间接实现返乡务工人员由小土地所有者向小业主所有者的身份转换，客观上也符合返乡务工人员的主观愿望，进而有利于弱化日渐对立的劳资之间的阶级矛盾。

为此，作为配套的制度安排，还应由中央和省两级财政主导增加县域经济和中小企业专项投资；同时通过税收、金融、技术、公共服务等方面的优惠政策，既鼓励农民提高组织化程度发展合作社经济，以此为基础来构建小城镇必需的、只有低成本才能运作的“良治体系”；也为那些能够与城镇化相结合的外出农民“返乡创业”和本地中小企业降低进入门槛和经营成本，保护中小企业在县内城镇的生存环境；同时创造对等的自主谈判条件推动中西部城镇承接东部产业转移。

可资借鉴的改革促发展经验是 20 世纪 80 年代乡镇企业崛起，同步带动农村建制镇的增长：1978 年建制镇只有 1800 多个，到 1995 年建制镇增加了 10 倍多，达到 2 万多个。同时，1995 年县以下工业增加值占全国 54%，被誉为半壁江山。20 世纪 80 年代初期的改革促进的农村工业化和城镇化是完全同步的，不仅没有后来发生的维稳和剥夺，甚至没有当今随处可见的上访告状，而且有效化解了 1979—1980 年的城市经济危机。①

---

① 温铁军、温厉：《中国的“城镇化”与发展中国家城市化的教训》，《中国软科学》，2007 年第 7 期。

4. 在地化的资源资本化是从投资拉动型向内需拉动型转变的关键。

单纯依靠国家信用扩张派生的县域城镇化投资打造“第二资本池”，虽然能够有效缓解当前宏观经济下行背景下的产能过剩压力，但如果无法借此激活广大农村地区在地化的资源性要素，使之成为农民增收的主要来源，则县域经济与城镇化发展战略只能是无源之水、无本之木。国家的信用投资也就成为真正的“沉没成本”，而无法发挥无风险资产的杠杆效应。

尤其是在党的十七大以来反复强调的生态文明的战略导向下，农村地区所有在地化的生态资源环境、文化资源、社会资源等，客观上都属于“重新定价”的范畴，潜在的增值空间巨大，而且绝大部分的增值收益有可能通过“资源自主”的产业纵向整合被在地化的“小农村社制”成员所共同分享，形成乡村公共财①，从而复兴村社理性之“内部化处理外部性风险”的机制性基础，同时，这也是真正扩大中国内需消费能力的有效路径。

根据国务院发展研究中心的最新研究成果，在不包括国有农场、国有林场等全民所有制单位占有和使用的资产前提下，2012 年中国农村总净资产大约为 127 万亿元。其基本特点为：第一，集体净资产占农村总净资产近 70%；第二，土地净资产占农村总净资产的近 70%；第三，集体净资产中归个人经营和使用的部分占到 80%以上；第四，全部净资产中归个人经营和使用的部分占到 80%以上。② 这仅仅是一个近似估值，中国面广量大的农村地区的资源性资产存量远多于此。

---

① 何慧丽：《乡村公共财的作用与生成逻辑》，《人民论坛》，2015 年第 14 期。

② 国务院发展研究中心：《国内首份农村净资产评估：2012 年净资产 127 万亿元》，中国乡村发现网。

但是，客观困难在于农村地区处于分散状态的资源性资产很难变现，也就无法实现要素资源的定价收益。目前来看，即使变现，溢价收益也主要是被下乡的工商业资本和本地精英所俘获。

已经被无数经验事实反复验证的一个理论判断是：在小农已经成为分散的、细碎的小规模经济主体的条件下，任何外部主体进入乡土社会都必有交易费用过高的难题。一般情况下，外部主体进入乡土社会通常会选择与村内精英合作来化解交易费用难题，由此，势必导致“精英俘获”，形成外部主体和村内精英之间稳定的合谋关系，亦即：通过“精英结盟”，构建“精英俘获”的制度体系。① 这也就意味着，要想实现在地化资源资本化收益的公平分配，继而形成县域城镇化发展的内生性增长动力，其首要前提是先形成在地化组织，才能构建与外部市场主体平等的谈判地位，才能建立相互信任的可维护契约，这才是以合理的契约关系为信用基础的市场经济。据此，保证最大化地留住在地化资源的资本化收益，并以村社成员权为基础进行收益分配，是在农村和城镇构建市场经济及其信用体制的前提。

四、有关政策建议要点及操作方式

上述政策考虑，在操作上应该遵循以下渐进的步骤。

首先，所有在地化的生态资源要素应主要以自然村社为单位（已经以行政村为单位的可不做更改）、以界定成员权为基础完成确权登记，这本来也是最小阻力、最低成本地贯彻中央一号文件、党的十八届三中全会文件等一系列中央政策文件的基本要求。生态多

① 温铁军：《中国新农村建设报告》，福建人民出版社，2010 年，第 28～48 页。

样化、文化多样化的资源越多地得到村社为载体的保留，其价值化的预期收益就越大，这个价值化的收益不能都让渡给外部资本投资主体。近年来，之所以没能在地化操作生态化转型的原因，恰恰在于确权登记政策没落实，在地资源的所有权人没到位。为此，应该督促各地政府在加快向村集体签发村社范围内的所有地权（含水面权、滩涂权、草权、林权、山权和建设用地权）和地面物权（包括设施和建筑物等）的所有权证，同时在合法及有监督的情况下，由所有权主体向农户签发与上述所有权相对应的使用权证的工作。

其次，在地化资源资本化的形式一般是成员权的股份化。这是综合性合作社内部以村社成员权为基础的主要财产关系，也是最主要的组织基础。

诚然，由于外部资本除了短期资本收益，还可以享受生态环境的长期溢价收益。这也是生态化三产经济能够吸引外部资本主体的条件。进一步，通过确权之后形成的综合性合作社就可以把价值化的资源做股，形成县级联合社一致对外，通过与外部资本主体平等谈判合组区域开发集团公司。当以生态资源要素形成股权投资的合作社对外谈判时，就有了合法体现在地化收益的条件，比如某县合作联合社在地化的生态资源经过确权评估的价值化资产为 100 亿元，若设外部资本主体投资达到上限 100 亿元，则当地政府只要投资 1 元，即在亲环境和亲民生的政府法理上可使在地化资本形成控股权。

再次，由于合作社对接政府的财政项目资金及使用经营性资产，乃是党的十八届三中全会确立的新政策，这就使地方政府面对联合社可以相对集中使用财政资金中占比最大的支农开支，直接用于县域经济区域开发集团公司，作为农村合作社资源开发的投入。据此，国家应该通过大部制涉农改革，重点改革条块分割的涉农体制，设立体现普惠原则的“农村综合发展基金”，将各部门分散把持的国家粮食与食品安全、生态与环境安全、社会与文化安全以及美丽乡村与资源可持续建设等专项资金统合起来，作为县级资本金对乡、村农民综合性合作组织持股，一般只是作为资本金，不享受股本分红。同时，将县级政府各单位涉农的金融、保险、物流、仓储、科技、房地产、旅游、餐饮、加工、流通等领域参股纳入综合性合作组织，使产生的经营收益反哺“三农”。① 其现实目的之一，也在于帮助垫付合作社的前期组织成本，以此作为杠杆来撬动农村地区资源的资本化过程。

最后，全面发展综合性乡村合作社，才能维护危机“软着陆”的劳动力池。一方面自上而下地促进农村金融、农产品流通、社会化服务和教育文化等领域的机构与农村综合性合作组织的有机结合；另一方面，尽可能帮助有社会和文化基础的农民合作社拓展生产、加工、金融、流通、服务等多领域综合性经营。这二者结合，既能够充分活跃以农民为主体的乡村经济，又可以借此形成占中国人口大多数的农民的消费能力，最终实现县域城镇化战略由投资拉动型向内需拉动型的阶段性转变。

---

① 董筱丹、梁汉民、区吉民、温铁军：《乡村治理与国家安全的相关问题研究——新经济社会学理论视角的结构分析》，《国家行政学院学报》，2015 年第 2 期。

第三篇

农　业：

现代化何以为继？

第十三章

农业现代化的误区①

很少有人知道，中国农业现代化的口号是1956年提出的，1956年提出能源现代化的同时，中国做了一件大事，就是把原来的初级社升级为高级社，所谓的高级社就是以乡为单位形成数万亩土地的规模经济，我们今天所要达到的目标，在1956年的时候曾经达到过，也就是说当我们以土地规模经营为现在的农业改革和农村制度建设的目标的时候，别忘了我们曾经有过26年的集体化历史，那个时候是以乡为单位集中土地的。所以1956年在农业现代化提出的当年，中国实现了以乡为单位数万亩土地规模经营的这种经营形式，同期提出农业现代化的时候，其实是斯大林主义模式的重工业化的工业，在中国开始生产50马力的拖拉机，我们知道中国成批量地使用拖拉机是1955年。由于工业各个部门生产出的拖拉机不能被农民所接受，因此当时工业各部普遍要求中央提高农业的组织化程度，让工业品能下乡，所以是为了国家工业化从农业顺畅地提取原始积累，而提出了农业现代化的目标。也就是说当年农业的规模经营和机械化这两者是紧密结合的。

这个话题我就不多说了，今天我们官员、学者几乎不假思索地把农业现代化作为一个发展目标，搬到我们所有的政策报告和学术文章中的时候，大概少做了一件工作，没有去索引这个东西是怎么来的。我想每一个有思考能力的人应该自己去考虑它到底是怎么回

① 本文作者为温铁军，原载于《财经界》，2014年第11期。

事儿。

当前，其实人们谈农业的时候，已经很难再单独谈农业了，特别是以中国为例，我们从 2010 年国务院公布的面源污染普查报告来看，农业已经超越了工业和城市生活的污染，成为中国面源污染第一大贡献，也就是说农业造成的污染远大于工业、远大于城市。今天，人们讨论农业现代化的时候，也似乎有意无意地忽略了农业是我国第一大面源污染。无论是国内还是国外的研讨会，都没有见到谁把这两者做结合分析的。殊不知，其实在三四年之前，中国农业还是一个正外部性的行业，也就是说农业是因和自然性状直接结合，是有利于资源环境的保护的，因此叫正外部性。尽管农业自身没有收益，但是它却有利于资源环境的保护。同时此前我们说农业的第二重正外部性是它创造食品安全，那时候几乎听不到有今天这样的食品不安全事件或者说叫食品质量事件。

尽管农业过去可能有所谓“不现代化”的问题，但它和资源环境之间的结合是正向的，也就是说它不创造负外部性。现在当然我们把它叫作创造双重负外部性，第一重是严重地造成了资源环境的破坏，特别是污染，江河湖海水资源的污染、土壤的重金属污染以及大气的污染，应该说面源污染贡献最大的是农业，这是第一重负外部性。第二重是严重的食品不安全。

除了利益使然之外，大多数人都不会觉得自己是安全的，这一点我也不多强调，只是告诉大家农业从原来创造双重正外部性，现在变成了创造双重负外部性。为什么农业的污染，就是农业作为源污染超过城市和工业生活，成为最大的污染源？原因在哪儿呢？

首先在于全球三大资本都过剩。第一大资本过剩毫无疑问是金融资本过剩。现在各地政府都是张开双臂欢迎招商引资，高喊着一个口号——投资者是本地的主人，资本毫无疑问是要追逐利润的，那么在资本过剩的条件下呢？人们很少做这样的讨论，特别是我们农业界的人士，包括农业院校的教授，我看了大量的论文，几乎没有哪一位讨论：在资本过剩条件下，农业与资本之间的关系。

举一个例子就明白了，大家都知道中国现在的奶产业遭受了摧毁性的打击，也知道连带发生了政府的信用危机，现在无论政府怎么出面说“我的奶业没问题了”，老百姓就是不信。这样严重的问题，谁也想不到本源于什么。本源于一笔不到5000万美元的热钱，拿到这笔热钱的那位著名企业家，当然今天他已经不做奶产业了，去改做公益了，于是乎，坊间有一个段子：你不做奶产业就是最大的公益。

大家知道现在热钱横行于世，热钱横行于世为什么会影响农业呢？当然我们现在有很多人在欢呼着某个玩儿热钱的大型投行，要玩儿中国的猪，要在中国建猪厂了等，所有媒体几乎都在那儿欢呼。我给你们举个例子，曾经有一笔不到5000万美元的热钱是如何摧毁中国奶产业的。那就是拿到一笔钱根本不用，因为热钱要求短期回报，是不可能先去做草场和基地建设、养殖户的培养、奶站的建设、加工企业以及宣传推广等整套产业的投资，这些是需要多少年不断地投入才能形成的。但是热钱会怎么样呢？掐终端。

建一个现代化的奶业加工车间，请领导人来看这叫农业现代化，但是有谁算过这一个加工车间的产量和这个企业总销量之间的关系？大概连它的总销量的十分之一都不到，那90%哪儿来的呢？抢奶站的奶源，只要抬价就行了，因为反正有一笔热钱，这样一抢购奶源，就把整个奶业市场搞乱了，辛辛苦苦培育草场，帮助农户上奶牛，甚至帮他贷款、帮他担保来养奶牛的那些企业全完了，于是乎大家一起跟着三聚氰胺造假，奶产业毁了。这个人赚得盆满钵满，被我们媒体一捧捧成了企业家明星，现在转行做慈善了。

这个故事我想没有任何政府部门、研究机构愿意好好地把它研究清楚，作为一个个案提交给你们，有没有研究呢？有，只不过我们现在的高校和政府部门总是有选择地使用研究材料，因此这个问题至今不能解决，出了多少文件解决不了。类似的情况难道不是比比皆是吗？

其次，当我们说到产业资本过剩的时候，应该知道它比金融过剩还要早。中国什么时候发生产业过剩的呢？是 1998 年，当时是由中国老一辈经济学家给党中央写报告，说中国在 1997 年亚洲金融危机爆发的情况下，已经表现出生产过剩的问题。什么是生产过剩？只要上过高中就应该懂，高中政治课本里都写着的：生产过剩是资本主义一般内生性矛盾，我不用重复课本了，只是告诉大家生产过剩发生会怎么样。当然也就在 1998 年，在生产过剩发生的当年，中国推出了农业产业化，为已经在过剩阶段的工业资本、工业产业找到进入农业拉长产业链的机会。

值得注意的是，在 1998 年之前，大家很少听到有成规模的食品不安全事件，1998 年以后短短十几年过去，大概也就是 15 年的时间，我们几乎每年都会有成规模的食品不安全事件，以黄浦江漂猪为例，我们看到多少了，为什么？因为如果在它的上游浙江某个地方，那儿据说是 700 万头生猪的年产量，那正常死亡率在规模养殖条件下是多少？最低是 3%，700 万头、3%是什么概念？一年有 21 万头猪死掉，农业部的官员一拍脑袋发展工业养殖，卫生部官员另外一拍脑袋要搞焚烧和填埋处理。

如果按照 8%的正常死亡率，56 万头，那是一个寸土寸金的地方，请问卫生部的官员，你让他上哪儿填、上哪儿烧？烧一头猪比烧一个人贵得多，一年烧 56 万头猪吗？所以政府官员脑袋拍扁了能解决问题吗？没有人从根本上找原因。在政策理论界，至少在工业领域中我们已经找到了原因，今天中国之所以出现严重的对资源环境的破坏，乃至于 1998 年、1999 年发生了生产过剩，为了防止生产过剩引发危机，我们这十几年是以远期过剩来掩盖当期过剩，那就是要继续扩大投资，所以我们现在变成典型的投资拉动增长，连续增长十几年。

当然我们可以说现在仍然是风景这边独好，经济一枝独秀，我们继续保持着投资拉动型的高增长，笔者可以微笑着说这些话，但是内心深处能笑得出来吗？当这种产业过剩直接进入农业的时候，会造成什么？难道不会造成类似的问题吗？十年之后当我们看到一份联合国组织 54 个国家的专家做的粮农组织报告的时候，我们又是有选择地借鉴，我们让这样的声音完全不在中国有动静。全世界如果按人均健康所需要的热量来计算，农业的产出量，农业产出过剩三分之一，之所以还有饥饿国家、饥饿人群，那是制度不合理，有谁说过农业过剩吗？

那好，我给大家说一个数字，世界上 80%的大棚设施农业集中在中国，中国种植出多少蔬菜呢？全球 67%的蔬菜是中国人种植，人口却只有世界的 19%，那你消费世界上多少蔬菜呢？至少是平均规模的 3.5 倍以上，真的能消费那么多吗？不，浪费一半。有必要吗？

再说生猪，中国养殖了世界上一半的猪，19%的人口、50%以上的猪，有必要吗？还有果品，大概苹果的 50%、柑橘的 40%。我们各地的干部还嫌调结构不够，直到菜贱伤农，我们还认为那只是个别现象，有谁讲过中国也出现农业过剩？所以说，假如政策理论界在 1998 年、1999 年就已经发现了工业领域中的生产过剩，当然这后续的一系列政策安排，都未必那么让人满意，某种程度上是尴尬的。

那请允许我冒昧地说一句：在我们工业领域的生产过剩发生十年之后，其实有人早已经指出农业也存在生产过剩，只不过我们不接受。对中国来说，农业难道不同样存在生产过剩吗？

金融资本过剩，产业资本过剩，商业资本也过剩，因此我们现在农村中的商业环境，因商业资本过剩，而不可能构建一个所谓契约关系，只要是有理性思考的人，就会明白，在三大资本都过剩的条件下，会出现什么？当然是市场失灵、政府失灵。于是乎，我们所谓的污染问题，当然就得靠国家战略调整。

2006 年中央一号文件就已经强调，我们要发展的是多功能农业。2007 年我们提出了生态文明的理念。2008 年党的十七届三中全会明确提出了两型农业，叫资源节约型和环境友好型农业。这几年，慢慢开始强调农业转型，其实转型也要看天时、地利、人和。

其实如果我们把大农业口径做一个区别，你会发现最早实现转型的是大农业中的山区林业，尤其是南方山区林业。从 1999 年国家把过剩生产能力转向内陆建设，提出西部大开发的同时，强调了退耕还林、造林种草，1999 年到现在，整个山区的植被恢复，森林覆盖率大幅度提升，同时山区的森林经济乃至于制度创新，除了经济创新之外，组织制度创新也在大量发生。所以我们现在看如果和资源环境相对而言比较亲和的，大致有条件朝向可持续方向，向生态化方向走的是山区林业。第二大块儿就是平原农业，但目前来看，恐怕越这样投麻烦越大。

以北京地区为例，我曾经在北京的领导面前提过，如果在北京郊区这种地下水严重超采的地方，甚至现在的华北，几乎大面积农田都变成大棚，假如说把设施农业放在华北大平原上，其结果就是更进一步严重超采地下水，然后地表沙化和盐碱化，这是严重地破坏资源环境的做法，很可惜在农业领域中，仍然不顾资源环境条件的约束继续这么干，包括大城市郊区，这是严重不可持续的。

所以说农业因为原来的思路没改，不像 1999 年那次西部大开发，就严格地要求所有 15 度以上坡耕地全部退掉，然后国家拿补贴，这样才促使整个山区林业发生了相对而言比较正向的变化，也就是说它开始出现正外部性了，而农业还没有。所以说农业现在和资源环境的关系越来越紧张，这个破坏性就不是资源节约型、环境友好型，而是资源浪费型和环境破坏型，这种状况愈演愈烈。再这样下去，大多数中产阶级移民的倾向可能会越来越强，因为担心子孙后代没有安全感。

再看干旱草原牧业，本来就是每况愈下，照搬了农区的家庭承包制，而把本来很大程度上具有公共性的干旱草原牧区，变成了牧业产业，也要追求干旱草原地区的牧业产业化，这个口号后患无穷，再不调整会越来越严重。如果抓紧调，就像林区那种调整，战略方向性调整，还来得及，否则污染的问题、资源环境的破坏问题将会越来越难以缓解，这是笔者要特别强调的。

接着还得提醒做农商的，想在农业领域中打造自己的产业的朋友，世界农业本来就是三分天下，你们所追求的一般大规模产业只在殖民地条件下才有。比如荷兰的人均耕地面积跟中国差不多，所以荷兰也不能搞像美国、加拿大、澳大利亚的那种大农场农业。欧洲其实基本上算是小农场农业，所以我们说第一类规模化的大农场农业，只规模存在于殖民地条件下，北美洲两个白人国家有大农业，一个是加拿大、一个是美国，原住民哪儿去了呢？加拿大和美国的原住民下降到不到2%，因此有外来人把土地资源占领后，真就有了大农业。麻烦就是我们有些官员和企业家，跑到美国、加拿大一看，说那里的大农场真棒、真漂亮，表面看是不错，但你有本事把中国的原住民送进太平洋你才搞得起，否则没有大农业。南美洲也有两个国家有大农业：巴西和阿根廷，这两个也是原住民人口下降到了5%以下，在这种条件下，你有可能实现大农场农业，否则老老实实发展。欧洲是小农场，因为没法儿跟大农场竞争，所以欧盟财政的40%是补贴给农业的。平均每个欧盟农场一年要得到1.8万到2万美元的补贴，这就是客观事实。并且还得有一系列的壁垒，除了一般的贸易壁垒之外，还得有各种各样的技术壁垒，甚至社会壁垒。比如说讲牛权、猪权、鸡权，如果你的国家不给牛以牛权、猪以猪权、鸡以鸡权，你不符合我的社会标准，你不能出口。就是我不进口你的东西，类似的各种各样的壁垒，欧盟国家因农业规模小，且没有国际竞争力，所以用大量的各种壁垒来保护自己本国农业，这是普遍现象，这是常识，谁都知道。

亚洲小农经济不管你叫什么主义，印度叫资本主义、日本叫资本主义，叫什么主义并不重要，但是亚洲小农长期就是小农，改得了吗？你让印度人、日本人改改，日本现在农业人口剩5%，你们有人说把中国人70%变成市民，农业就变成规模农业了？这是中国梦还是美国梦？因为说老实话，你再梦也顶多梦到日本，但是日本只剩下500多万农民人口，那还不照样是户均2公顷左右的小农吗？改了吗？

且不说改不了，看看整个亚洲地区，就是因为亚洲是典型的原住民大陆，外来的殖民者没把亚洲这么大规模的人口减少，反而增加了，那结果就是亚洲农业就是小农农业，小农农业唯一的一个办法就是把各种各样的和农村经济相关的产业，都包装进综合性农协，农民才能在其他的产业领域中获取收益，达到社会平均收入，否则当我们大家都说到粮食安全的时候怎么办？我跟媒体的朋友开过一个玩笑：我说现在只有总理抗旱，农民不抗旱，农民巴不得你旱得再重点儿，然后我坐着没吃的你给我送，反正你得保我，地方政府也不抗旱、企业也不抗旱，真到抗旱的时候就是媒体跟着总理报道一下中国大旱了，他没有道理帮你抗旱。有机制吗？请问地方政府有没有激励机制抗旱，农民有没有激励机制抗旱？

所以我说现在就是媒体抗旱、总理抗旱，为什么？现在农民的收入靠农业是不可能的，无论把农业怎么绣出花来，让农民的收入增加，靠农业来增收，这一条已经被事实证明，已经在10年以上的时间反复证明过多少次，我们有的官员就是不接受。所以现在实际上不要再想让农民靠农业增收，农民很大程度上靠的是非农领域增收，因此农业主要干什么？既然农民作为生产主体，不能再以农业作为自己收入增加的一个领域，那农业是什么？是资源环境和可持续发展的一个重要的安全领域，所以我们现在讲新“三农”的时候，第一条叫合作农业，农民不合作，搞不得经营主体。第二条是农村，农村是什么呢？叫作稳定农村，或者说可持续农村。第三条是农业，农业叫安全农业。

“三农”不再是过去的农民增收、农业增产和农村发展，那是过去的发展追求 GDP 的老“三农”概念。

其实只要我们注重东亚小农社会的理性，我们的发展仍然还是有条件的，这点笔者不多说，大家可以查笔者的文章，这都是理论。

我们现在做的实践是什么呢？其实我们在鼓励市民下乡、农业进城，而这其实应该说在日韩、包括中国台湾，乃至在欧洲的一个很普遍的社会趋势，大家都应该知道中国是世界上中产阶级人群最多的国家，现在社科院公布的数字是 3.4 亿，亚行的数字比这个更高，折中大约有 5 亿多的中产阶级，一旦中产阶级成为社会很重要的一个力量，就会导致逆城市化或者说叫去城市化。

所以说在这种条件下，更应关注这个趋势，因为这个趋势带来大量的经济机会，比如说中小资本的中小企业，中小资本的中产阶级，所以我们现在正在做政策建议，希望开放非转农，我们的政策主流是促进农转非，让城市放开户口，我们说有没有可能让农村放开户口，促进市民下乡，非转农，这样的话城乡之间的要素，特别是资本要素的流动，将会带来农村新的发展机会。

以北京为例，北京周边所有的沟全都被有钱的人包光了，现在到北京找一条沟很难，十年前还有，这十年期间，北京的富人大量增加，他们的钱投向哪儿？房地产，很多人都已经买了很多套了。投哪儿的房地产了呢？往山沟里投了，只要这个沟系有水，这个沟口一卡，整个沟系生态化。就是在整个生态化的农村改造中，有着巨大的机会，我们以 1999 年林区的改造为例，不知几千亿元资本流向林区，为什么呢？很多人说投资往哪儿投？北方林区每年林木的增值率至少在 6%，南方的林区林木的增值率至少 8%，比一般制造业要强得多，别老觉得买股票不行、买房不行、买金子也不行，农业领域中确实有很多很好的机会。

所以说去城市化这个趋势，适应中国中产阶级崛起，它本身对于山区林业、牧区、草原，乃至于一般有点儿资源环境条件的那些地方，都有很大的机会。

第十四章

中国当前农业农村政策的基本问题①

我们在承担多个国家重大和重点项目的研究中开展了国内外的调查研究，对造成中国农业困境的内外因提出客观分析，从产业化负外部性角度讨论农业政策的研究导向，并研究了乡村治理劣化的主要问题。兹报告如下。

一、农业全球化困境："地板高于天花板"②

中国农业政策在20世纪90年代初期即从此前的注重生产关系变为注重生产力，此后的农业综合成本平均每年增长约10%，已经出现了粮食的国内价格高于国际价格的"地板高于天花板"现象；进入21世纪则变为以加强投入和调整结构为主，随即出现中国大宗农产品几乎都"地板高于天花板"，在总体上已经没有参与国际市场竞争的能力。由此，客观上难以继续靠传统部门政策来化解农业的复杂困境。

另据陈锡文的研究，"谷物国内价格比国际价格高10%～15%，

---

① 本文调研和写作受到国家社科基金年度项目"粮食金融化与我国粮食安全战略研究"（批准号14BGJ048）、社科基金重大项目"作为国家综合安全基础的乡村治理结构与机制研究"（批准号14ZDA064）的资助。本文作者为董筱丹、计晗、邱建生、温铁军等，原文刊于《战略与管理》，2015年第1期。

② 对这个"地板高于天花板"的现象分析，参见温铁军1999年发表的《中国入世对三农问题的挑战》一文，后来收入温铁军文集：《三农问题与世纪反思》，生活·读书·新知三联书店，2005年7月，第1版，第222页。

每吨比国际市场高 600～800 元，肉类价格更是国际价格的两倍。即使我们使用关税保护，国际市场的价格依然会低于国内的价格”。他也提到收益下降成本上推：“去年我们每亩土地的净收益是 682 元，这里面包括农民自身劳动力的报酬，这个收益水平比前年下降 2.4%，而各项农业服务的价格却提高了 8%～10%。”①

如果从外因看，中国深化改革的顶层设计在总体上倾向于自由市场经济的客观背景，与 20 世纪西方产业资本战后恢复即遭遇过剩压力亟须对外强化自由贸易制度相似。由于我国农业领域服从产业资本扩张需要而在 WTO 谈判中被作为让步筹码，政府增加对农业补贴在加入 WTO 之后已属“红箱”……

从当前形势看，近期多个自贸区协定生效造成低价粮食、油料和畜牧产品进口增加，就可能连带发生国内涉农企业资金链断裂，演化为银行坏账和地方财政赤字增加。对此讨论不足，遑论预做准备。由此，以往“三农”政策的很多争论变得没有意义，无论传统小农经济还是现代产业化经济，都势必遭遇农业全球化的巨大挑战。需要对中国遭遇国际价格“天花板封顶”困境及成因做深入研究。

二、农业困境的内因分析：生产要素被外部定价

人们如今不难看到国内农业成本作为“地板价”已经长期高于国际价格的“天花板”的现象，进一步要了解其内因。起决定作用的内因是中国农业基本要素劳动力、土地和资金都被“外部市场定价”。具体情况简述如下：

劳动力——20 世纪 90 年代乡镇企业大面积关停以来农村已经有

① 摘自陈锡文 2014 年 11 月 22 日在中国人民大学农业与农村发展学院 60 年院庆暨国家粮食安全研讨会开幕式演讲。

两代人外出打工，造成农业收入在农民收入中占比下降到25%，使农业领域的劳动力要素主要被城市劳务市场定价（普工的日工资150元以上、农业用工最多承受50元）；于是劳动者即使返乡也不做农活儿。对此，我们在6年前发表的研究成果称之为“被动闲暇”。

土地——各地基层政府和企业由于征地指标有限而一般都大面积租用农村土地搞建设、办开发区，这也造成土地要素已经被外部工商业用地市场定价（县级亩均年租金在1500元以上，而农业用地最多承受500元）。于是土地资源高度稀缺的发达地区出现弃耕撂荒。

资金——银行资金经过影子银行及其他费用添加造成外部市场确定资金价格（中小企业平均利率实际上超过10%，而农业收益远低于社会平均利润率），于是导致农村资金长期净流出。

这种“被外部定价”造成三要素长期净流出而使得农业堕入困境——农业的低收益决定三要素的回报率低于工商业，任何在“一产化农业”领域投资的经营主体都不可能支付被外部二、三产业市场决定的要素价格。而任何经济领域只要发生三要素长期净流出就都会导致衰败——这既是作为经济基础的中国“三农”问题长期化的根源，也是学科化农业教育所缺乏的内容。

据此看20世纪90年代以来有关部门强调“要素市场化”改革提高农业效益的政策思路，客观上体现了“市场失灵”规律。如果只在农业领域中做微观主体及其运行机制的改革安排，其效果是有限的。近两年不仅农户在农业上的收益连续下降，各类较大规模的农牧企业效益也普遍不好；所派生的趋势只能如工业企业遭遇过剩一样进入恶性循环：一方面更多占有乡村资源获取“资源资本化”的制度收益，另一方面更多套取政府支农资金。

把生产过剩压力下的短期应对政策作为市场经济新体制的内涵并且进一步使之意识形态化，意味着中央政府随意性地赋予有关部门利用国家权力为利益集团服务，使得上述恶性循环反过来恶化地方政府“亲资本”政策与底层社会的利益冲突，最终以破坏国家综合安全的基础作为此类政策的代价。

因此，中央政策亟须另辟蹊径，如果有条件再次注重宏观政策和农村生产关系领域相结合的改革思路，强调从生态化战略及“多功能农业的三产化”所需要的组织制度创新角度来深化“三农”领域的综合改革，则尚有可能通过相对缓解农业困境来维护基层稳定。

三、农业产业化：背景、实质、成果及其“三重负外部性”

自从 1997 年遭遇亚洲金融危机使中国遇到“工业过剩”危机以来，与西方 1929—1933 年遭遇生产过剩，转而在农业领域全面推进大生产，旋即造成农业过剩的情况类似——中国也主要是在商品化率高的大宗农产品生产领域全面推进了工商业资本进入农业的产业化进程，并在 1998 年成为国家支农政策的主要导向至今已经 15 年，客观上也发生了农业过剩和农产品大量浪费。

据研究，“农业产业化”在现象上看是农业的二产化——增加设施投入实现车间化生产，而实质则是政府为过剩工业产能开放农业领域，让外部投资主体获得农业资源“资本化”的制度收益。在这个实质的决定作用下，几乎所有外部投资主体都与地方部门交易来更大规模占有农业资源。

农业产业化 15 年来的经验和教训两方面都值得关注。

积极的结果，一是在化解工业过剩压力的同时加速推进了农业现代化，设施农业为主的农业现代化憧憬初步得到体现。二是形成了一批有规模的涉农企业。三是体现了农业市场化改革的效率，凡商品化程度比较高的农产品产量都大幅度提高。

消极的后果是产业化农业的三重负外部性愈益明显。具体如下：

其一是农业过剩：中国人口占比约 19%，相对而言中国农产品占世界产量的比重数倍于人口比重，其中蔬菜占 67%、猪肉占 51%、淡水养殖占 70%、大宗果品占 40%等。事实上，中国鲜活农产品大部分过剩，社会上发生大规模浪费型消费，增加了物流、垃圾等环境成本和诸多社会问题。近年来，中国产业化龙头企业大部分已经没有盈利可能，其行为与近年来工业过剩压力下的一般企业没有利润，却不得不勉强挣扎恶性竞争的情况几乎一样。

其二是污染严重：种植业大量使用化肥、农药、除草剂和养殖业的添加剂、重金属等，都造成农业污染愈演愈烈。陈锡文指出，2013 年我国的化肥使用量已达 5900 万吨，农药使用量达到 180 万吨。遭受中重度重金属污染的土地，已经达到了 5000 万亩。此外，北方广泛使用的塑料地膜每年回收的不到 40%，剩下有 100 万吨的地膜碎片留在了地里；大量抽取地下水造成地下漏斗的有 22 万平方公里，主要在华北。① 这种农业生产模式造成的污染大大超过城市生活污染和工业污染。农业源污染在我国面源污染主要指标中占比在一半以上，并且成为碍难化解的环保瓶颈。

其三是安全恶化：大量食品安全事件演化成为社会冲突。毋庸赘述。

发现农业产业化造成三重负外部性并不是理论创新。根据负外部性理论发现涉农企业及农业部门实际上都不承担责任，因此存在“市场失灵+政府失灵”，进而导致双失灵条件下的国家治理困境，才是研究中提出的理论创新……

---

① 摘自陈锡文 2014 年 11 月 22 日在中国人民大学农业与农村发展学院 60 年院庆暨国家粮食安全研讨会开幕式演讲。

据此可知 15 年农业产业化期间形成的利益集团对政府部门决策多方面的潜在影响，可知中央政府及时提出生态文明建设及转向“两型农业”的重大调整难以在部门政策调整中得到落实的原因。

此外，面对更多新挑战需要特别注意的是有关政策被意识形态化地讨论着，而至少应该有的政策研究明显阙如。为此，近期需要加强关于产业化农业派生的生产过剩及污染恶化的相关性研究，需要有关于全球化挑战下的负外部性研究。相应地，亟须建立政府部门和社会组织积极配合开展生态化农村经济及两型农业的优惠政策及投入导向。

四、治理困境：交易费用导致“精英俘获”直接影响国家安全

农民全面恢复传统小农经济为实质的家庭承包制，派生了农村去组织化改革。客观形成 2 亿兼业细碎农户生存于 300 万个千差万别自然村的过度分散状态。虽然本是无可厚非的历史过程，但对于包括政府和企业在内的任何外部主体而言，都有交易费用过高的难题。

21 世纪的新矛盾是：政府善意和善举前所未有——2002 年强调“三农问题重中之重”以来连续出台惠农政策已经投入约 10 万亿元用于基本建设及社会福利，但农村群体性治安事件仍然居高不下，严重影响国家综合安全。

据多个重大项目研究成果，主要问题是政府多部门分配的公共投入深陷“条块分割，尾大不掉”的体制困境，政府项目下达到基层的本意是普惠农民，但项目资金却有很大一部分被精英俘获并与该部门分享“寻租”收益。于是，此类增加寻租收益的项目投入越

多，群众对“精英俘获+部门寻租”的不满就会越多转化成群体事件。

据此看，花钱买不来稳定。需要做相应的综合性政策调整：

一是减小交易成本，弱化精英俘获。政府财政金融的支农投入作为普惠制的公共品只能用于村社成员股份合作制的综合性合作社，所有村域内的资源和政府项目投入皆做集体股，其收益用于增加公积金以促进扩大再生产。由此，能够借综合性合作社建设来提高农民的组织化程度，形成对外谈判的对等地位。

二是政府支持基层综合性合作社抓好农村经济三产化开发，把外部定价改为内部定价。各级政府应以免税、贴息和财政专项免配套等优惠政策帮助基层合作社抓好乡村经济和社会各类资源的综合性开发和资本化利用，重点促进合作社在多功能的“两型农业”及农村二、三产业的发展，形成收益反哺一产，利润返还农民股东。

三是在复兴乡土社会文化基础上改善乡村治理。不再强推劳民伤财制造冲突的“村民直选”。除了城市郊区和工业化地区之外，不在村级建设过高成本的公检法体系，也不再形式化地强调乡村基层实行党政经分设。应该了解和理解乡土社会千差万别的文化资源和传统社会协调机制，以中央财政专项开支用于各地改善村治试验，重点探索以综合性合作社为经济基础的“乡绅（乡贤）+村规民约”的低成本自治；同时鼓励党政机关、社会组织、学校和市民群团等多元化外部主体开展经常性下乡，奖励那些有利于城乡融合的支农活动。适时地建立全国农会，公开地与其他利益集团谈判，合法地维护农民阶级的权益。

第十五章

农业现代化的发展路径与方向问题[①]

一、中国农业现代化的来龙去脉

当中国在21世纪延续性地把农业现代化写进国家战略的时候，很少有人注意农业现代化自1956年以来几次提出的背景以及演变过程。起草文件的同志没时间关注历史，可我们作为从事学术研究、强调客观立场的学者，有责任搞清楚来龙去脉。

以往农业现代化的基本内涵主要是来自西方发展经验：殖民化带来的规模化和工业化带来的产业化。

须知，以“土地规模经营”为农业现代化的基本内涵，是伴随着西方殖民化产生的。

从16世纪开始西方国家向美洲拓展移民，被宗主国王权授命的外来殖民者政权不承认当地原住民的土地和其他财产权利，甚至不承认当地的人是人。按照西方的教义，不信上帝者没有灵魂，那就不是人，所以殖民者可以大量杀戮当地原住民而不必做有罪忏悔。在占领美洲、大洋洲和非洲的殖民者对原住民的权利完全不承认，

---

① 本文是国家社会科学基金重大项目“作为国家综合安全基础的乡村治理结构与机制研究”（批准号14ZDA064）、国家社科基金年度项目“粮食金融化与我国粮食安全战略研究”（批准号14BGJ048），以及北京市社科基金重点项目“城乡二元结构下改善社会治理研究”（批准号15FXA003）的阶段性成果。本文作者为温铁军、张俊娜、杜洁，根据2014年4月温铁军在国家行政学院的演讲整理而成，已经本人修改审定。本文原载于《中国延安干部学院学报》，2015年第3期。

甚至对基本人权也不承认的情况下，外来殖民者按照在欧洲的传统封建庄园的模式占领美洲的土地，这就有了大规模的农场。在这个殖民化时代的原住民作为劳动者是被束缚于土地的奴隶。因此，当前理论上认定可以通过市场交易来兼并土地，形成土地规模经营的农业现代化思路，在历史上并不具有真实经验的依据。

在世界史上，北美洲和大洋洲都是通过殖民化形成土地规模经营的典型——外来殖民者不承认原住民的权利，几乎把原住民赶尽杀绝。据有关资料，殖民化之前美国的原住民 8000 万人，现在仅剩 50 多万被圈入保留地。如以世界上最大规模农场为例，主要出现在欧洲殖民者占领形成的大陆国家，北美有两个，即加拿大和美国。但是，农场主都不是原住民，而是外来白人殖民者。南美也有两个大农场国家，即阿根廷和巴西，白人占比都很高，白人及其后裔占比达 60%以上，白人与当地人的混血人口占 30%以上，剩下的原住民不到 5%。这两个国家的大农场主也一样不是原住民。再看大洋洲的澳大利亚、新西兰，农场主也不是原住民。

总之，美洲和大洋洲的大农场农业的土地规模经营，主要靠殖民化实现。

亚洲至今仍然是世界上最大的原住民大陆。大部分是小农经济为主。不过，在整个亚洲也有一个国家是大农场为主，即被殖民化了 400 年的菲律宾；也同样是外来殖民者拥有土地权利，不承认当地人的财产权利，才有所谓大农场。原住民只是农场的包身工。

所以，谁想在亚洲大陆上搞土地规模经营，谁就要先解决原住民的问题。

可见，按照有意不谈殖民化罪恶的西方理论来把中国这种原住民农业作为纯粹经济问题脱嵌于社会，再简单化地作为“第一产业”，试图以推进“土地规模经营”加入全球农业竞争这套思路，虽然主流理论认可，但在原住民大陆确实还找不到符合客观性原则的经验依据。

以中国为例，随着人口的增加，土地即使在市场条件下也并不成集中的趋势，而是人口越多的地方土地越呈村社“共有制”趋势。当 1947 年解放战争向南方推进到淮河以南要求发动土改配合战争的时候，中央领导中有“农民问题专家”之称的邓子恢就已经发现很多村子无地主，甚至找不到富农。于是他给毛泽东写信要求土改暂停两年。据此可见，即使在新中国成立前，尽管土地私有，自由买卖，淮河以南的土地集中度并不高。另据笔者在珠三角这一带的调查，1949 年之前农村共有制土地以所谓的“公田”“祖宗田”“族田”这些形式存在，很多地方超过 80% 以上，村社土地共有制的财产关系是以血地缘关系为产权边界的。

当代政府强力推进市场经济 30 年，在农民大量外出打工的条件之下，农村土地转让占比也不到 30%，比新中国成立前的地主拥有土地占比还略差些。

倘若超越西方农业经济理论来看规模化农场，还多少可以得到解释：在近现代产业资本占据主导地位的制度条件下，工业改造农业的最初内容是农业机械化，那就必然会要求土地规模化，因为规模化才能产生绝对地租总量增加，才能支持机械化的高成本。因此，尽管美苏意识形态是对立的，却几乎在同期——生产过剩大危机的 20 世纪 30 年代出现了美国福特主义的大农场和苏联斯大林主义的集体农庄。美苏两国都属于殖民化占有资源、开疆拓地形成的世界最大疆域的国家，它们有条件实现绝对地租增加，以土地规模经济支持机械化，也就有了工业化时期的机械化作为农业现代化内涵的经验。

那么，这种农业现代化在中国是什么时候出现的呢？1956 年，苏联战略性援助形成的重工业，特别是军重工业为主的国家资本主义在中国实施的时候，就应运而生了。但是，苏联模式的工厂生产出来的大型拖拉机没法儿在农村使用——在 20 世纪 50 年代初期，主要是 1954—1955 年在“一五”时期能够生产大型农业机械的条件下，农村还只有二三十户的初级社，接受不了大马力的拖拉机，于是政府工业各部要求中央在农村推进农业现代化，以乡为单位建立高级社。只有靠以乡镇为单位集中土地的集体化才能保障拖拉机站的效益。于是，高级社和人民公社作为组织载体，维持了几十年的集体化土地规模经济，使得中国发展出 2000 多家拖拉机厂。这主要是国家工业化要求搞农村集体化才能让农业机械下乡。同理，大包干平均分地之后形成的分散农民家庭经济不接受机械化，于是 20 世纪 80 年代后期数千家农机厂和农技校随即倒闭。

因此，服务于国家工业化原始积累，才是把农业单纯作为第一产业、推行土地规模经济和农业集体化的根本原因。

由此看，1956 年工业部门要求的“农业现代化”，不仅比 1963 年才提出的“四个现代化”早了 7 年，而且当年的农业部门基本上是持反对意见的。以邓子恢和杜润生为代表的领导人向中央提出的建议恰恰是“放慢推进合作化的速度，不要过量侵害小农利益”。他们被毛泽东批评为“小脚女人”。在此之前，梁漱溟向毛泽东提出批评，被客气地称为“妇人之仁”。但在当时的国际形势下，中国必须反帝反殖才能自立于世界民族之林，那就需要服务于军事装备需求的重工业。那么谁要为国家工业化的资本原始积累作出牺牲呢？中央多次讨论的结果是只能农民让步。没有这种高度集中的组织体制，工业化不可能完成原始积累。

于是，1956 年全国农业实现了全面的土地规模经营——以乡为单位集中土地，一个乡设立一个拖拉机站，当时建立了 9 万多个高级社，每个高级社能够集中几万亩土地。例如河北晋州市周家庄乡，是第一个接收大型拖拉机的以乡为单位的高级社，也是大包干以后全国唯一保留人民公社制度的乡镇。

须知：1956 年贯彻的农业现代化对接城市国家工业化，实际上有三大内涵：一是以乡为单位的集体化形成土地规模经济；二是以乡为单位建立拖拉机站，接受城市大型工业品下乡；三是贯彻城乡产品不等价交换、获取剪刀差，用于城市产业资本原始积累。

中国实行以乡为单位的大规模经营，从 1956 年开始维持到 1961 年，这 5 年确实实现了第一产业的农业规模经济。所以，今天的学者们再无知也不要讲中国人没搞过大规模农业，不要讲没搞过土地规模经营。

但是，5 年后改成了“三级所有、队为基础”——把原来以乡为单位形成的土地规模经营再退回到以自然村的地缘关系作为土地产权边界，重新界定土地财产关系；同时允许农户留下大约 15%的土地搞“三自一包”，允许农民搞庭院经济、自留地，还可以搞拾边地、小块地、小片荒。国家政策上推出生产队集体与农户个体的这种“双层经营”，使得农民的小生产可以占有大约 15%的农业用地维持家庭生活。

可见，“统分结合、双层经营”早在 1961 年的那次调整中就已经做到了。

1961 年的政策调整的原因，是那 5 年“土地规模经营配套机械化”为主的第一次农业现代化造成的过高成本，压得农业承受不起。也还因为我国人口太多，不可能像西方殖民化那样把原住民基本赶尽杀绝才有殖民者大农场。相反的却是和平年代中国人口增加，农业的人力成本不可能减小，还另外追加了高价格的拖拉机成本，就导致第一产业的农业现代化的制度成本太高，集体经济承受不起。

若深入分析可知：农业集体化效益低并不是因为农业自身，更主要的是因为农业承受了工业化的巨大制度代价，导致了农村的相对贫困和农民收入过低，遂有以乡为单位的高度集体化调回到以自然村为单位的双层经营。

在 20 世纪 60 年代，由于中国在两个超级大国的全面封锁条件下进行独立自主的工业化——没有外资，必须靠自力更生。于是，各个公社不仅维持拖拉机站，还要配套建立“五小工业”，把城市产业资本生产的工业品用人民公社体制下乡，然后公社再通过国家金融与统购统销相结合的体制强制从各个大队抽取农业剩余。这样，城乡之间出现了一个城市长期提取农村剩余的二元对立体制，这才是导致“三农”困境的根本原因。

20 世纪 80 年代后期，国务院农村发展中心下设的农村发展所曾做过一个测算，称 20 多年的集体化期间，城市和工业通过剪刀差的方式从农业提取了大约 8000 亿元的剩余，而到改革开放之前，国有工业的固定资产总量只有 9600 亿元，那就意味着 80%是从农业提取的。根据中国人民大学的严瑞珍教授测算，国有工业的固定资产总量大约也是在 7000 亿~8000 亿元。孔祥智教授通过测算，认为新中国 60 年期间国家从“三农”占有的剩余总量是 17.3 万亿元。并且，到现在仍然没有完全改变从农业占有剩余的发展模式。

当我们说 21 世纪农业现代化遭遇的种种困境的时候，人们很少去注意背景，就是当年工业化原始积累所形成的向“三农”转嫁代价这套制度至今仍然在延续。社会主义新农村建设以来，国家已经向农村投了约 8 万亿元，但仍然不能抵偿已经从农村拿走的 17.3 万亿元，何况每年征占土地和劳动力也有上万亿价值净流出。

也就是说：以农业现代化为名，“三农”向国家现代化、工业化做了巨大的贡献。农业现代化是一个长期从“三农”占有剩余（或者说是提取剩余）的过程。

这样解释并不是批判农业现代化，只是说由于中国不能像西方人那样通过对外掠夺来形成自己工业化的原始积累，那么在这个约束条件下以农业现代化为名采取了对内的内向型积累来实现工业化。

二、第二次农业现代化的高潮发端于产业资本遭遇“生产过剩”

第二次农业现代化的高潮是从 1998 年开始的。其背景是 1997 年亚洲金融危机爆发，中国工业对外的出口订单大幅下降，出现产业过剩危机。如同 1956 年的第一次农业现代化是工业部门的要求一样，这时候，产业领域中收益下降的企业家们就要求产业资本进入农业。当年开“两会”的时候，有 30 多个代表联名写提案要求大型工商企业进入农业，理由仍是“促进农业规模经营”“提高农业的技术含量”“延伸产业链”，以使得农业产业综合收益增加等。于是，政府赋予优惠政策使他们得到农业产业化的资本收益。

第二次农业现代化之所以被官方称为农业产业化，是因为其主要是城市资本下乡以产业方式对农业做车间化的改造。由此看，已经不再是第一次农业现代化时的形式：当年主要是工业产品下农村，搞拖拉机站及其配套的五小工业；现在则是各地推进设施农业和产加销一体化，使工商资本占有全产业链收益。20 世纪 90 年代末期的第二次农业现代化高潮，试图把土地兼并变成企业资产，同步把农民变成农业工人占有其剩余价值。诚然，这也是各级政府招商引资要做的事情。其实质是使农业去资源化而实现资本化。因此，这是原住民农业遭遇本土资本进入带动的资本深化过程。

第一次和第二次农业现代化过程，本来也无所谓对错好坏，只是国家产业资本经济发展过程中的改造农业的两次客观经验。如果说第一次农业作为第一产业的土地规模化经营，确实有利于国家工业化的资本原始积累，那么第二次工商业资本下乡促进农业产业化，则确实有效地提升了农业的装备系数和技术贡献度，使得全世界约 80%的大棚建在中国了。

若从这次大力推进农业二产化高潮看，中国农业现代化几乎是世界之最。我们的农业产量在这次产业化改造之后，很多农产品产量达到了世界第一。

比如，中国是世界第一大淡水养殖国，生产占全世界70%的淡水产品；世界第一大蔬菜生产国，生产占全世界67%的蔬菜产品；还有全世界51%的生猪养殖、40%的柑橘和苹果种植等，但中国人口只占世界的19%。也就是说大宗鲜活农产品的人均占有量中国都是世界2倍以上。

这就造成了农业过剩、效益下滑。按现在测算，中国人口增长最多是15.6亿，就是说现在13.4亿，未来最多再增加2亿人口。中国现在浪费的粮食够养活2.4亿人，那也就意味着不用再追求粮食增产，只要别浪费就足够养活中国人了！这也就是说：粮食其实是已经过剩了。另据有关部门测算，蔬菜浪费在一半以上。中国以这么有限的资源生产出世界最大规模的农产品，却浪费掉很大一部分。现在每年浪费掉的农产品价值几千亿元，大大超过国家财政的种粮补贴。

还有生态破坏的问题，甚至是历史上前所未有的对农业资源破坏最严重的时期，无论对水资源、土壤，还是对大气，这三大农业基本资源的大规模破坏主要发生在这个阶段。到现在为止，越是农业现代化程度高的东部发达地区，污染越严重。土壤的污染高达40%以上，大城市郊区44%，水污染也在40%以上。因为越是发达地区政府赋予更多优惠推进所谓二产化的农业现代化，就越是发生资本替代劳动而大规模使用化肥、农药、除草剂，因为发达地区劳动力价格早就提高了。

结果，就是农业的双重负外部性。第一重，资源环境严重破坏；第二重，食品质量严重地不安全。各地政府都愿意让大家看好的项目，比如说当地是养殖了百万头猪的农业大县。可是百万头猪每年正常死亡率是 5%～8%，百万规模养殖的一个结果就是一年要死 5 万～8 万头猪，大部分都是死猪产业链处理掉的。这样不可能有食品安全、环境安全。

2011 年国务院公布全国面源污染源普查，农业成为面源污染贡献度最高的行业，远高于工业，远大于城市。农业在总磷的贡献上高达 67%，总氮的贡献接近 60%，这些污染确实是农业产业化派生出来的。山东诸城作为最典型的农业产业化县级市，农村几乎被大棚全部覆盖条件下的土壤已经完全丧失有机质，甚至毒化了。

这不是可持续发展的生态文明，这种农业现代化生产方式也不能再持续下去了。

第一次农业现代化被我们叫作一产化的农业，走了 5 年就基本上走不下去了。第二次农业现代化被叫作二产化的农业，1998 年提出到现在也走了 15 年；再继续沿着二产化道路还走得下去吗？我看这两次都会走到头的。诚然，这两次农业现代化的经验很丰富，但也有很多教训。不仅是中国这样，欧美在 20 世纪 30 年代先工业过剩后农业过剩的规律现象也类似。我们只不过对产业过剩认识不足，更不要提对农业过剩的认识难以被接受了。

三、第三次农业现代化主要是“三产化”的农业现代化

第三次农业现代化，应该是一、二、三次产业相融合的，三产化为主的农业现代化；而不是过去曾经有教训的那种单打一的追求一产的规模化、二产的车间化。

那么三产化农业是什么呢？务必实质性地体现“三农”问题重中之重的指导思想，大方向是生态化。这不仅符合党的十七届三中全会提出的两型农业，即资源节约型、环境友好型农业，也符合党

的十八大确定的生态文明发展战略。而且，中央强调其他几个战略都要和生态文明发展战略有机地结合，应该以生态文明发展战略为主导来统筹其他发展战略。我们感到，这是新一代领导集体对世界文明做出的重要贡献。

须知，传统农业本来就是生态化的，我们只不过是经历了两次比较单一的、经济“脱嵌”于社会文化的农业现代化。

中央政府在 2006 年的一号文件中提出了农业是多功能性的，2007 年党的十七大提出了生态文明，2008 年党的十七届三中全会文件中就强调了 2020 年的农业大目标是实现“两型农业”，即资源节约型和环境友好型农业。

国际经验表明，两型农业必有一个重大变化：农业从单纯强调农业经济资本化而脱嵌于社会，转变为“回嵌”社会，只有农业社会化才能生态化。

因此，第三次农业现代化的主要特点，应该是生态文明理念之下的“三产化+社会化”。

如果 1998 年是二产化农业的开端，那么 2008 年应是三产化的第三次农业现代化的开端。

但是，中央提出的方针并没有在有关部门得到贯彻落实。由于大量利益群体浸淫其中的坚持，实际上不可能做投入政策及相关优惠政策的调整，也就难以服务于党的十七大、十八大提出的生态文明理念和生态文明战略，也没有贯彻 2008 年就确定的两型农业的发展日标。

终于，到 2015 年 1 月发布的中央一号文件相对地涉及了三产化农业的指导思想……

为什么应该叫三产化农业呢？就是因为每一个产业层次会带来对要素的“重新定价”，亦即所谓产业升级的内生增长机制。三产化农业对要素重新定价所产生的增量收益，大大高于二产化农业对要素定价增加的收益。

早期的中国政府在经济欠发达条件下把农业作为第一产业来发展，就要靠多投入土地来匹配拖拉机的应用，才能多生产粮食，这是一产化农业生产力外延扩张，追求规模经济收益。而在工业化后期的二产化农业，则主要是把农业装备系数提高，这就要按工业要素来定价农业要素；但农业产品在市场经济条件下不可能按工业的产品定价，于是要素价格上升就导致农业成本上升，大量农业用地被二产化后盖上了大棚，还得把农民当成雇佣工人来支付全额工资加社保，这样的农业产业化企业现在纷纷找政府要补贴，否则还不了贷款。因为大规模生产出来的产品多了，价格只可能下降，但要素价格却都得按二产决定，企业就亏了。

比如，现在到农村去办产业化企业的时候再对农民说“每亩地 500 斤玉米把地租给我，一租 15 年”，农民还会干吗？早就不干了。农民会参照工业用地的地价地租向投资者要钱，一般城市郊区每亩地每年租金要超过 1500 元，甚至 2000 元。过去说 500 斤稻谷或是 500 斤玉米就能解决了，现在得要 1000 斤，否则农民就不愿意把地租给企业。这是因为土地要素价格被二产定价，大量出现工商业和房地产占地而导致土地要素价格显化；于是，很多当年大规模租地的企业都亏了，因为农民重新要价。企业说已经签了合同，应该按 500 斤玉米支付地租，但农民人多不遵守合同，企业也没办法。

对于其中的道理，制度经济学讲得很清楚：当你面对的交易对象大到一定量的时候，就会由于“交易成本”过高而使交易无法进行。一个企业面对着成千上万农民（农村人均 1 亩多地，企业占去了 1000 亩地，就要对付 1000 个农民，要占 10000 亩地，就要对付上万农民），怎么付得起“交易成本”？

为什么现在大量二产化农业项目出现纠纷？主要是因为产业资本进入农业必然造成资源要素被重新定价。

那么，能够以三产的要素价格对农业资源要素重新定价的三产化的农业现代化，就应运而生了。这是因为中国有个基本变化：崛起了一个庞大的中产阶级（中等收入群体）。企业家群体和政府中层以上干部都属于中产阶级，其消费特点要追求个性化。比如现在网络这么乱，想用传统意识形态来控制网络做不到，因为中产阶级靠网络来表达个性化的言论。同理，中产阶级在农业产品的消费上也是个性化的。如果研究市场消费，一定要知道什么类型的农产品所对应的消费主体是什么。

那么，中产阶级在中国有多少呢？中国已经有世界上最庞大的中等收入群体，约为 5 亿。如果按照亚洲开发银行的数字，中国有 8.17 亿中等收入群体，而中国社科院陆学艺先生曾做的经济分析研究是有 3 亿多中产阶级。亚行和陆学艺先生的两个数取其中就是 5 亿，是美国中产阶级的 2.5 倍，欧洲中产阶级的 2 倍。这是非常巨大的消费需求。现在中国的恩格尔系数已经很低了。中产阶级不愿吃大路货，但其食品消费也是理性选择，首先是要安全。不会接受地沟油、转基因，以及那些产业化条件下大量使用化肥、农药的农产品。这个群体到处找安全食品，愿意出高价。

客观上看，安全是全世界中产阶级消费的共性要求。为什么欧洲绿色主义兴起，是因为欧洲是中产阶级个性化最强的，安全需求也是最强的，那就带来了第一需求——安全农产品的需求。而我们这种大规模的产业化农业能有安全产品吗？谁都知道不可能，就像刚才讲到百万头猪的农业大县，能安全吗？

因此，21 世纪进入生态文明新时代，如果再用工业文明时代的观点、思路、政策来推进"三农"发展已经过时了。

北京、上海、广州、深圳等城市郊区有了一些市民农园。市民农园主要起什么作用？就是保障食品安全。虽然那里的农产品价格贵了点！2008 年，我们认为第三轮农业现代化是"三产化+社会化”，于是就开始了市民农园的试验。党的十七届三中全会召开之前我们就跟北京市海淀区政府签订合同，搞社会参与式的三产化市民农园。

在第三次农业现代化阶段，三产化农业会把一、二、三产有机地结合起来，不仅用三产对农业要素和产品同步实现重新定价，使农产品价格能够达到三产水平，而且我们主张“农业进城、市民下乡”，使城乡对立转化为城乡融合，形成农业一、二、三产有机结合的社会基础，通过社会化才能形成最低成本的安全保障。这才可能是一个投入产出相对合理的农业现代化。

之所以提出社会化，也是由于中国21世纪大量崛起的中产阶级对农业消费的要求除了安全，还有乡土文化的复兴。中产阶级的乡村旅游也比较具有个性化特点，不会愿意跟着产业资本时代风行的那种把旅游资源作为产品的旅游团，而是更喜欢个性化的农家乐，消费讲究“四洗三慢”，即新鲜空气洗肺、山溪清泉洗血、有机食物洗胃、乡土文化洗心，以及慢食、慢城、慢生活。现代都市人向往的乡村农业生活，导致阳光、空气、石头等千差万别的乡村资源环境都成为生态文明时代可被三产重新定价的要素。

总之，21世纪生态文明新时代与中国的中产阶级崛起，意味着有山水风光和有机农业资源潜力的地区都将成为中产阶级下乡和中小资本投资的重要领域。各地政府要抓紧对农村集体土地和农民宅基地的确权，推进资源性资产的股权化和产权的本地化，进一步形成农民股权联合的综合性合作组织；这样可为吸引市民下乡打好财产关系和组织制度基础；同时抓好信息化时代连接个性化需求的网络化的城乡互动，为城乡融合的农业三产化发展创造条件。

第十六章

农业“三产化”阶段的制度创新①

2015年1月发布的中央一号文件明确指出了我国农业现代化面临的重大挑战，同时强调要走一、二、三产业融合发展的道路，由生产导向转为消费导向。这对于以往更多注重“二产化”的农业产业化而言，是更为丰富的“三产化”发展的创新思维。

一、农业现代化的阶段性政策演化

在过去的半个多世纪里，我国农业现代化和产业化政策演变先后经历了“一产化”“二产化”两个阶段，现在进入消费主导的“三产化”新阶段。

我国“农业现代化”的战略方针是1956年正式提出的，主要是在国家工业化背景下推进农业作为第一产业的基础性发展，目的是通过扩大土地规模化种植实现农业机械化，促进工农两大部类交换，巩固工农联盟，完成从农业农村提取城市产业资本“原始积累”的历史性任务。为此组建了高级社，以乡为单位集中土地以承载拖拉机下乡。这可称为服务于城市工业化的农业“一产化”阶段。1958年，农村集体经济在发展和更名为“人民公社”的同时，国家把涉

---

① 本文系国家社科基金年度项目“粮食金融化与我国粮食安全战略研究”(批准号14BGJ048)、国家社科基金重大项目“作为国家综合安全基础的乡村治理结构与机制研究”(批准号14ZDA064）等项目阶段性成果。作者为温铁军、高俊，原文刊于《中国社会科学报》2015年第48期。

农的中小企业权利下放到乡镇级，大办“五小工业”，以承载更多城市工业品下乡，有效地提升了农业的装备系数和技术贡献。20 世纪 90 年代的“农业产业化”，最早形成于山东潍坊等地商品化农业发展经验，主要是借鉴泰国正大模式的“公司+农户”推行“产加销一条龙”。

但 1997 年确立农业产业化之后的改革安排，包括全面上收涉农的第二产业。金融业方面的主要措施有：1998 年农业银行和农业发展银行的法人地位被提为国家一级，信用社法人地位被提到县市级。与官方金融保险等高端三产退出农村几乎同步的是高利贷崛起，农业承受双重风险的情况更加严峻。这导致了“二产化”困境。

二、农业产业化面临重大挑战

一是根据“要素再定价”规律可知：由于符合农村外部资本要求的土地规范流转的占比很低，导致能够用于支付农业资本化的成本所必需的绝对地租总量并没有明显增加。就在同期，加快城市化造成农业生产力诸要素更多被城市市场重新定价，在这种“外部定价”作用下的农业“二产化”所能增加的收益有限，根本不可能支付已经过高且仍在城市三产带动下攀高的要素价格。于是，农村的资金和劳动力等基本要素必然大幅度地净流出。劳动力老龄化更表明，农业竞争力丧失殆尽。这说明，中国并不例外于东亚各国农业现代化都遭遇到的普遍困境。

二是根据“资本深化”规律可知：农业产业化内涵性地体现着“资本增密排斥劳动”，即同步带动农业物化成本的不断增加。改造传统农业带来的相应后果，则是在过去兼业化综合性村社合作社经济通过内部化处置外部性风险条件下，大部分的经济作物、畜禽养殖还能产生附加值，可是，一旦交给产业资本开展大规模“二产化”

的专业生产，就纷纷遭遇生产过剩；单一品类生产规模越大，市场风险越高。如今，一方面是倒掉牛奶、蔬菜烂在地里、水果留在树上的情况比比皆是；另一方面则是在城市食品过分浪费的消费主义盛行情况下，大部分规模化的农业产业化龙头企业仍然几无盈利，中小型企业甚至债台高筑，转化成银行坏账。

三是根据“市场失灵”+“政府失灵”的规律可知：追求资本收益的农业经营都会造成“双重负外部性”——不仅带来水土资源污染和环境破坏，在最难治理的面源污染中，农业的贡献早已超过工业和城市，成为第一大污染源，而且使食品质量安全进一步恶化。正由于“双重失灵”，愈益显著的“双重负外部性”不断演化为严峻的社会安全成本风险。

这些对中国农业做产业化改制陡然引起的变局，值得在国民经济从高涨期进入新常态之际认真总结。例如，现行体制下国家维护粮食安全的保护价和物流库存补贴等政策，客观上提升了库存占消费的比重，加剧了国内粮食综合成本高于国际市场价格的矛盾。由此看，需要结合三农综合发展推出制度创新。

三、缓解农业产业化困境的制度创新

农业“一产化”和“二产化”这两个产业化不同阶段的政策，集中体现的主要是20世纪工业文明的发展主义思想。21世纪的中国，在党的十七大和十八大不断强调建设生态文明发展战略的背景下，农业产业化正进入一个消费导向的、附加值更高的阶段，那就是农业“三产化”。

之所以叫“三产化”农业，是因为每一个产业层次都会带来要素的重新定价，体现所谓产业升级的内生增长机制。借用级差地租理论来分析，农业“一产化”只能增加绝对地租，“二产化”增加的是产业级差地租，而“三产化”因极大地拓展了被重新定价的要素范围，带来的级差地租增加将会数倍于“二产化”农业。

具体而言，“一产化”农业强调多种地、多投入劳动，获取的只是农业规模收益。“二产化”农业强调通过投资提高农业装备系数，根据工业要素的市场价格来确定农业领域的要素价格，但是农产品却不可能参照工业产品来定价。这意味着，掌握农业投入要素购销渠道的外部资本，往往具有更大的农业剩余索取权，实际占有了“二产化”农业要素定价过程中所产生的大部分增值收益。而“三产化”农业强调农业的多功能性，在外部金融出现整体性、长期性过剩的条件下，所有在地化的生态资源环境、文化资源、社会资源等客观上都属于重新定价的范畴，潜在的增值空间巨大；而且绝大部分的增值收益有可能通过产业纵向整合，被在地化的小农村社制成员共同分享，成为农民增收的来源。

当前，中国制造业产能和粮食库存都是世界最高的，有条件进入衣食足而知荣辱、仓廪实而知礼节的生态文明阶段。乡土社会是生态文明的主要载体，其内生性具有的生态、环境多元化特色，与山水景致、风土人情相结合，农村中安全的水源、没被污染的土地、中老年劳动力等资源要素，就有被“三产化”重新定价的机会。

国家维护粮食安全尤其需要“三产化”的制度创新。从以往以实物形态生产和交易为主，改为与国家金融部门密切配合、尽可能介入价值形态的交易，要鼓励龙头企业在农业金融化竞争中重点突破，占有全球物流、批发、期货等三产市场的定价权，以及通过信息、创意和品牌等在高端市场占有收益，改变过去“二产化”农业内在的双重负外部性。

农业的一、二、三产业融合，需要转为消费导向、依据消费群体结构变化来制定的“三产化”农业政策。据中国社会科学院社会学研究所“当代中国社会结构变迁研究”课题分析，中国的中产阶层总数占总人口的 23%，并将在 2015 年后达到约 50%。他们对于农产品消费的第一要求是质量安全，“三产化”内涵性地发展生态化农业和原产地农业等非规模化和非车间化的农业，市场潜力巨大。中产阶层在乡村旅游中，也趋向于通过网络实现具有个性化定制的自由行。21 世纪中国大量崛起的中产阶层，为农业“三产化”发展提供了现实消费市场，成为中小资本分散化投资的重要领域。国家政策应该鼓励“农业进城、市民下乡”，使一、二、三产业有机结合，经三产对要素和产品实现重新定价，构建一个投入产出相对合理的多功能现代农业。

第四篇

粮　食：

金融化趋势下如何保障安全？

第十七章

粮食金融化与粮食安全[①]

粮食安全始终是关系国民经济发展、社会稳定和国家自立的全局性重大战略问题。保障中国粮食安全，对实现全面建设小康社会目标、构建社会主义和谐社会和推进社会主义新农村建设具有十分重要的意义。中华人民共和国成立60多年来，除个别年份之外，中国基本实现了粮食的自给，粮食安全形势总体稳定。按照农业部门公布的数据，2013年之前的10年里，中国粮食生产甚至超越历史上公认的“两丰一歉”粮食周期（也有“两平两丰一歉”5年一个周期之说），实现总产“十连增”。但是，也就在同期，中国粮食进口却在大幅度增加，粮食自给率却早已跌破官方确定的95%安全线。有研究表明粮食自给率已经低于88%。中央农村政策有关负责人指出，进口农业产品折抵耕地已经接近6亿亩，是国家设定18亿亩红线的1/3。若此说成立，则中国农业进口约占国内消费的1/4。

可见，粮食安全问题在新时期始终必须高度关注，在资源环境愈益紧张的压力下如何解决未来15亿人口的吃饭问题仍然是一个重大挑战。特别是在经济全球化背景下，世界各国的相互影响日益加深，继续在封闭状态下寻求国家发展与粮食安全越来越困难。

传统的对于粮食安全的研究多集中于对供求形势的分析判断上，供给需求形势的变化和相互作用，决定了粮食市场的价格及其走向。

---

① 本文作者为温铁军、计晗、高俊。本文原载于《理论探讨》，2014年第5期。

但近年来，随着国际金融市场的快速发展，粮食市场与货币市场、外汇市场、期货市场、衍生品市场的联动不断加深，流动性过剩带来的投机行为加速了粮食金融化进程，助长了粮价的剧烈波动。

在对国际粮食市场形势的基本判断基础上，本文以国际金融资本全球化为研究视角来看待 21 世纪的粮食安全问题。

一、国际粮食市场形势

（一）对国际粮食市场供需形势的总体判断

为了直观地描述世界粮食供需状况，用各年度小麦、玉米、稻谷、大豆等四大粮食的产量与消费量的差值占产量的比重来揭示近半个世纪以来全球四大粮食的生产、消费的不对称状况，如图 17-1 所示。从图中不难看出，近年来存在产需缺口的主要是大豆，而其他三大主粮则产高于需；而且 21 世纪以来，总体上四大粮食的供需不平衡形势从历史角度来看并不明显。2001—2009 年，小麦的产需差值占产量的比例在-6.56%到 6.71%的范围内波动；玉米的产需差值占产量的比例在-5.40%到 4.56%的范围内波动；稻谷的产需差值占产量的比例在-4.82%到 2.80%的范围内波动；大豆的产需差值占产量的比例在-5.10%到 2.64%的范围内波动。而且，最近几年，各大品种的粮食供需形势还愈加趋于平衡：2005—2009 年，小麦、玉米、稻谷和大豆的产需差值占产量的比例浮动范围分别为-2.35%～6.71%、-1.04%～2.17%、1.32%～2.80%和-5.10%～2.56%。

而且，据联合国粮农组织 FAO 公布，2011 年世界小麦、玉米和稻谷等三种主粮的总产量比 2010 年增长 3.6%，达到 23.37 亿吨，接近历史上最高水平，这还不包括薯类作物和豆类作物以及其他饲料类作物。

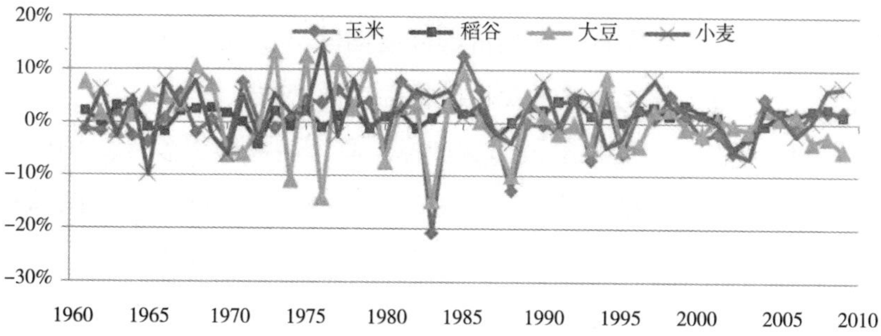

图 17-1　1961—2009 年世界四大粮食产需差值占产量的比例

数据来源：由联合国粮农组织网站数据计算整理得到。

因此可以认为，目前全球粮食供求处于基本平衡状态，没有明显的供需缺口。

（二）国际粮食市场价格波动分析

回顾 20 世纪后半叶的国际粮价波动历史，可以发现国际粮价出现过四次大的涨跌，这四次粮价高峰分别出现在 1973—1974 年、1980—1981 年、1989—1990 年和 1995—1996 年。纵观进入 21 世纪之前的这四次粮价的大起伏，不难发现国际粮价七八年发生一次大的变动，并带有周期性变化的性质。20 世纪粮食价格波动的主要原因也很“传统”：几乎每次主要粮食生产国粮食减产，都会导致本国粮食对世界粮食市场需求增加，从而使粮价猛涨。

然而，当人类进入 21 世纪，国际粮食市场的价格走势却出现新的阶段性变化，与 20 世纪的最大不同，就在于价格波动与基本供求面的联系日趋模糊。近年来，小麦、玉米、大米和大豆等粮食国际现货价格（选取具有代表性的价格）如图 17-2 所示，可以发现近年来国际主要粮食价格波动剧烈，大起大落的情况时有发生。

如果考察近年来四种主要粮食的国际价格走势与全球宏观经济背景的关联，不难发现国际粮价的潮起潮落与2008年金融海啸及美国连续三次推出量化宽松的货币政策存在紧密联系。

2008年9月雷曼兄弟银行破产标志着金融海啸爆发。美国政府紧急救市，推出了第一轮量化宽松政策，即QE1。QE1政策随即造成粮价上涨。以小麦价格为例，由于市场间的传导存在滞后，小麦价格在2008年年底开始上涨，并在不断波动调整中攀升至2009年6月2日的6.28美元/蒲式耳，回到金融危机之前的水平；之后伴随着世界经济陷入衰退和各国相继推出经济刺激计划，小麦价格在2009年下半年出现二次探底和相继的反弹。

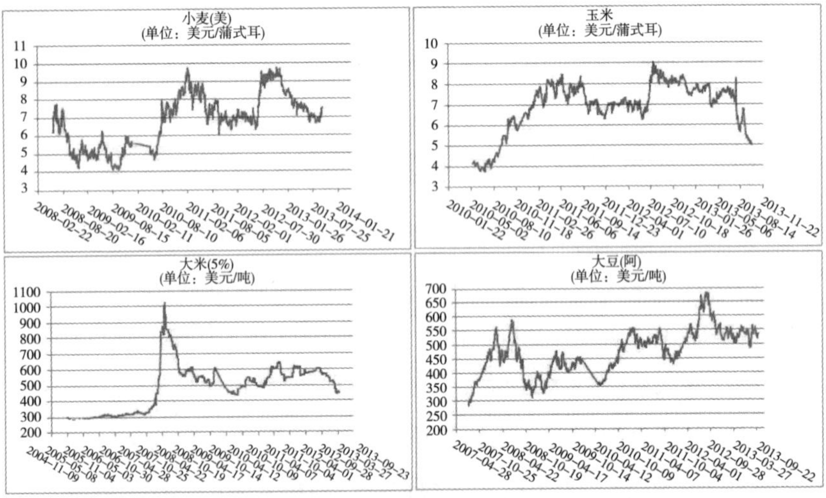

图17-2 近年来世界四大粮食国际现货日价格波动图

数据来源：Wind资讯。

美联储以提振本国经济、避免通货紧缩和降低失业率为名，于2010年11月开始推出6000亿美元的第二轮量化宽松政策，即QE2。大量制造流动性的QE2政策，对国际粮食市场的效应几乎是立竿见影的，小麦、玉米、大米和大豆价格纷纷止跌上扬。例如，国际小麦价格上涨至2011年2月10日的9.76美元/蒲式耳，接近近年小麦价格的最高点位。

尽管美联储是在2012年9月宣布第三轮量化宽松政策，即QE3，名义上是防止欧洲债务违约将美国经济拖入衰退的可能性和进一步刺激经济复苏和就业增长，但事实上，美联储主席伯南克在当年的3月份就已经表示失业率进一步明显好转可能需要更迅速地扩大生产和消费者与企业的需求，持续的宽松政策可以支持这一过程。由于市场上已经对美国推出QE3产生了预期，所以国际粮食市场也在市场预期的作用下应声而动。尤其是小麦、玉米、大豆的价格均攀升至近年来的最高峰。其中，小麦价格从2012年6月6日的6.34美元/蒲式耳开始上涨，很快在9月17日达到9.69美元/蒲式耳；在QE3政策正式出台之后，又于11月9日蹿至9.78美元/蒲式耳的近年小麦价格的最高点位。

综合以上分析，我们发现金融危机以来的流动性扩张对粮食市场影响的一个递增作用：QE1政策对国际粮食市场价格还存在滞后影响，那么QE2政策对国际粮食市场价格则发挥了即期作用，进而市场对QE3政策的预期或者说是美联储对外发布的信息就能够对国际粮食市场产生效应。

可见，在2008年以来的后金融危机时代，国际粮食市场对美联储政策调控的反应日益灵敏，其中的作用机制，正是与供需关系无关的“粮食美元化”或者说是“粮食的金融化”。

二、粮食金融化与国际粮食安全

（一）粮食金融化的内涵

实体经济的“金融化”现象，本质上是社会经济体系中实际发行和流通的货币及其衍生品的总量显著超过实体经济发展所需要的流动性的正常数量，因此使得本来取决于产品供需基本面情况的价格体系中的关键价格环节，受到货币及其衍生品也就是金融产品的供需情况变化的直接影响，并且这种影响甚至超过了产品供需基本面情况对产品价格变化的作用；而价格是市场经济体系下实体经济的核心环节，于是最终出现了金融产品市场形成的虚拟经济（virtual economy）掌握了生产产品与服务的实体经济的定价权的现象。需要指出的是，“金融化”表面上看是超发货币及其衍生品导致的经济现象，但它绝不属于传统经济学意义上的通货膨胀的概念范畴。

粮食金融化，是全球化或者说金融资本全球化框架下的一个重要问题，它是发达资本主义国家实体经济高度金融化所衍生出的一个剖面，是在全球经济一体化进程中各国彼此联系越来越紧密的粮食产业被“金融化”的体现。粮食金融化，主要是指粮食的美元化，由于美元的大量增发，造成越来越多的过剩流动性冲击粮食市场，导致粮食价格出现剧烈波动；粮食市场同时成为过剩金融流动性的垃圾消纳场，粮价的一次大起大落就能替西方主导国家制造的过剩流动性做“消化”：这两方面都显示出粮食市场的运行脱离实体层面，而粮食被人为创造出“金融属性”。

（二）国际粮食市场金融化趋势及机理分析

1. 美国政府持续超发美元的量化宽松政策不断增强世界经济体系的流动性，世界经济的“金融化”将不断深化

粮食金融化的趋势与世界经济的金融化趋势是紧密相连的。中国香港金融管理局前总裁任志刚指出，金融资本应当落实在产业资本实体经济上，但现实非如此，是不正常的。

正如前文分析，金融危机爆发以来，美联储推出量化宽松的货

币政策与国际粮食价格走势存在密切联系。美联储实行的注水政策，从长期和历史经验来看必然导致美元走低，从而推高包括粮食在内的国际大宗商品价格。民进天津市经济委员会和民进安徽省委会曾指出，金融危机爆发以来，美国通过美元持续贬值成为最大的受益国。由于世界各国的粮食贸易主要使用美元结算，石油贸易和国际黄金市场的标价货币也主要是美元，美元的贬值直接导致石油价格和黄金价格上升，进而引发农资价格和国际粮食贸易运输成本上升，所有这些上涨因素都会最终被转嫁到粮食价格上，大量出口粮食的美国是粮食涨价中最大的受益国，而非洲一些欠发达国家则成为最大的受害国，粮食的金融属性越来越显化。

2. 国际粮食市场“金融化”向整个粮食产业体系延伸

据媒体报道，粮食生产的投入品市场也出现了金融化的趋势。化肥业界普遍认同，在 2010 年必和必拓对全球最大的钾盐生产商加拿大的 Potash. Corp 发动收购以后，表现出金融资本触手伸向钾盐行业的态势，以此为标志，钾盐业也出现了金融化趋势。即钾盐业除了已有供应集中垄断态势以外，金融化也开始显现。

3. 种类更多和风险更大的新型金融衍生品将越来越多地进入国际粮食市场

近年来，随着国际农产品期货市场价格不断走高，越来越多的新型金融衍生品如农产品指数期货和对冲基金等进入国际粮食市场，大大增加了国际粮食市场价格的波动性和风险性。

投机者不仅可以通过商品交易所，还可以通过场外衍生品市场（OTC）实现期货掉期及期权掉换等交易，通过各种手段去规避投机衍生工具之间的投机风险，而原来的对冲者也开始利用现有信息去投机。同时大量投机者买进商品去对冲他们的衍生合同，甚至企图控制即期市场价格。由于套期保值变得更加复杂，期货市场交易者更倾向于降低套期保值与套利的业务活动，或者套期保值期限日益短期化。指数基金成为投资于农产品的主要工具，指数基金是一种以拟合目标指数、跟踪目标指数变化为原则，实现与市场同步成长的基金品。当市场指数价格上升时，购买或持有指数基金将会获得收益，这意味着该种投资在期货市场上只做多头。与套期保值者和传统投机者不同，指数基金投资者对价格不敏感，是纯投机行为，或者说是一种被动式投资，常常集中交易。

近年来指数基金相对发展迅猛，在个别市场上头寸最高时可占据 60%以上。

2002 年指数基金额仅 500 亿美元，2006 年增至 1000 亿美元，2008 年高达 3000 亿美元，占到农产品市场份额的 40%。商品指数基金数量庞大，如指数基金对于小麦的持有量几乎可以满足美国对小麦两年的需求量。自 2004 年至 2008 年，农产品指数基金合约交易量在主要农产品中几乎都呈现明显增长趋势，泰森食品数据则显示玉米、大豆和小麦商品指数基金长期合约达到了 33%～65%。

4. 美国发展以玉米和大豆等粮食作物为主要投入物的生物燃料产业政策保持不变，将继续增加国际粮食市场供给的紧张程度和不确定性

美国总统奥巴马于 2013 年 3 月 16 日的电视讲话中提出，要建立能源安全信托基金，推动继续发展生物燃料产业，直至生物燃料等新型能源全部替代石油能源，同时新能源产业将为美国创造更多的就业岗位。据统计，美国生物柴油行业几乎在每个州都有工厂，全国的就业超过 64000 个岗位，与美国生物乙醇产业直接和间接相关的就业人员达 40.16 万人。因此，美国推动以玉米和大豆为主要投入物的生物燃料产业发展政策是坚定不移的。

将主粮大规模地用作生物燃料产业的工业原料，一方面会对国际粮食市场供给造成持续压力，使供应长期偏紧；另一方面，也使美国作为最大的粮食生产国和出口国，在掌控影响粮食产量预测的

天气信息以外，增加了对国际粮食市场粮食供应数量的控制力，从而在更大程度上控制了国际粮食市场对价格波动的预期走向，从而使得国际粮食市场价格波动的不确定性增加。

（三）国际粮食市场金融化的主导力量分析

1. “币缘”战略条件下美国过量增发美元是国际粮食市场“金融化”的根源

当代金融资本运作和竞争所奉行的已不再是传统的地缘战略，而是以货币权为核心的“币缘”战略。自 20 世纪 70 年代以来，金融资本愈益成为世界分工和分配的核心，遂使货币权力超越地缘实力，成为金融资本主义时代国家间关系的新枢纽。苏联解体后，美国“单极”霸权赋权于美元，使其无约束地增发并顺势主导了金融资本全球化，这决定了美元霸权成为币缘政治时代国际关系的实质，并衍生出强化美国的全球币缘战略体系，即以美元资本、能源（石油）、食物（粮食）三大霸权为核心的新霸权体系。

在此背景下“币权”的时代特征，则演化为以地缘关系为保障、以决定产业链安全的资源定价权为基础、以当代国家政治主权派生的信用体系以及自主的财政货币政策为核心，美元可以在全球经济金融化竞争的资本扩张中获取利益并转嫁成本。

华尔街风暴以来，美国通过量化宽松政策缓解自身债务危机，其发行的美元作为世界货币，与石油战略、粮食战略密切配合，造成美元币权对下形成“三角结构”，后两者像垃圾消纳场一样吸收美元的过量增发，并没有导致美国本土通货膨胀。这正是当前美国延续“单极”世界霸权的机制，即凭借军事优势构造政治强权，政治强权赋权于美元货币体系成为全球货币，三角“币缘”战略使全球成为美元过度增发的消纳场，并承担金融全球化下美国所转嫁的制度代价。

2. 农产品期货市场成为大型金融资本和产业资本实施粮食“金融化”以牟取暴利的主战场

美国农产品期货市场对世界粮食市场价格走向有决定性的影响，期货市场上交易规模、资金规模及结构能够反映大型金融资本和产业资本在其中的介入程度和影响力。近年来国际粮食市场价格飙升主要是大规模投机资本在国际粮食市场上进行投机炒作的结果。

国际投资基金大量转向粮食产品期货市场，基金公司已经成为粮食市场的重要参与者和定价者。据美国农业部分析，在2007年下半年至2008年国际粮价大幅飙升中，来源于对冲基金等国际资本大肆炒作的因素占70%。资料显示，2002年全球商品指数基金的规模不到5亿美元，到2012年2月总规模已经达到约2400亿美元。许多投资大宗商品的对冲基金增加了对粮食产品期货的持仓，有的甚至达到投资组合的60%~70%。据报道，2012年粮价飙升，全球最大投行高盛投资于小麦、玉米、糖和咖啡等大宗商品，从中获利4亿美元。另据报道，至2012年8月，美国对冲基金对于大宗商品的多头仓位增幅创下两年以来新高。巴克莱银行用于农产品期货投资的金额就已经达到了5亿英镑，远远高于2011年全年的3.4亿英镑和2010年的1.89亿英镑。而巴克莱在农产品上的投入与其华尔街同行们相比并不显眼，高盛和花旗在这方面的投入甚至翻番。

3. 美国农业部的“权威”信息发布是形成“金融化”的粮食市场预期的重要因素

在金融产品市场上投资，是着眼于对未来收益可能性和可能水平进行预测的基础上进行决策。因此，预期是金融市场上对投资者的投资决策影响最重要的因素，而有影响力的投资者的预期判断，会在市场上带动中小投资者跟进投资，短时间内推高某种金融产品价格。反之，有影响力的投资者放弃或者减持某种金融产品投资规模，也会带动中小投资者跟进后在短时期内使某种金融产品价格迅速下降。理性的预期是基于市场供需基本面变化趋势的判断进而得出对未来收益的理性判断，而在金融投机过程中，非理性预期是定价的主导性因素。这是因为投机者需要按照自己的获利意图操纵价格走势，这就要建立在夸大有利于自己希望的价格走势的趋势性因素之上，制造恐慌心理，通过短时间内制造暴涨暴跌从而产生巨额差价，并借此低买高卖以牟取暴利。

在农业行业，几乎每个环节都形成了了解分析美国农业部报告的习惯。美国农业部在市场中获得了绝对的话语权和决定权，毫无疑问，获得了间接的定价权或者关键性的主要的定价影响力。但美国农业部发布各项数据的主要目的是顺利以及高价销售国内的农产品。例如，中国国内期货从业者已经普遍达成共识，从美国大豆上市的季节性周期表现来看，美国新豆上市之后，价格冲高已经成为规律。按照惯例，美国农业部等部门发布的相关报告都会在北美大豆上市期间利多大豆价格。而期货市场上的投机者则把美国提供的信息作为炒作题材，因为对于投机资金来讲，希望市场出现起伏是其实现获利的先决条件。

而且，美国农业部的农产品供求报告一般要比 FAO 和其他国际机构提前发布一个月，这大大加强了其报告对世界市场的影响力。美国农业部在国际市场上具有强大的信息主导权。美国农业部每年调研费用高达 200 亿美元，其中单是农业数据方面就花费 15 亿美元，而 ABCD 四大粮商每年搜集整理农业数据的支出也在 30 亿～50 亿美元之间。有报道称，美国农业部发布的天气、产量和单产信息等一般都是由美国 ADM、嘉吉和邦基等巨型跨国农业企业提供，因此在影响国际粮食市场价格预期的源头信息上，就已经表现出了利益倾向。

（四）国际粮食市场金融化对国际社会造成的直接影响

1. 粮食金融化直接助推国际粮食价格剧烈波动和高价运行

近年来，国际粮食价格成为社会各界广泛关注的焦点。粮价波动剧烈，起伏不定，虽然偶尔也伴随着短暂的下降，也有平稳运行状态，但是这些价格再也跌不破2004年的价格水平。

从长期来看，国际粮价总体呈上升趋势，低粮价时代极有可能一去不复返了。

正如前文的分析，国际粮价的剧烈波动和高价运行很大程度上是粮食金融化的直接后果，国际资本的炒作以及投机商人的囤积居奇在其中起着主导作用。有报道称，截至2011年6月，联合国数据表明全球粮食价格此前10个月中有9个月上涨，并于当年2月创下纪录。同期CFTC数据显示，截至5月24日，美国商品期货期权净多持仓增至7.6%至117万手，而前3周则下降了27%。其中，对冲基金大举增持了小麦期货和期权净多头寸，增幅高达155%。

一般来说，市场投机行为对粮价波动的效果是十分显著的：世界粮食供应量每出现3%～5%的波动，国际市场上的投机活动就可能把粮食价格波动放大3倍，即粮价可能达到10%～15%的波动幅度。

2. 粮食金融化使“单一经济”国家陷入饥荒

“单一经济”是指那些曾经的殖民地国家，殖民者虽然表面上离开了，但留下的经济结构是单一的且高度货币化的，并不是出于本国国民基本生存的需要。比如“香蕉之国”厄瓜多尔，大部分地区只种香蕉，香蕉没成熟或者香蕉成熟了但没人买，人们就没有现金收入，也就没有基本生存条件，因为平时他们既不种粮食、蔬菜，也不养鸡、养猪，国家不进口食品就没法儿维持基本生存！

所以，在粮食金融化背景下，大多数殖民主义时期留下的“单一经济”结构的前殖民地国家，遭遇核心国家扩张信用推动全球通胀、转嫁危机的时候，将首当其冲承担制度代价。

国际组织 2008 年确定 38 国发生粮荒，主要原因是过剩金融资本冲击粮食市场，导致粮食价格大幅度上涨。根据世界银行数据，2010 年到 2011 年这短短一个年度内，大多数按照西方生活方式获取食品的，比如以面包为主食，遭遇的最大的问题是小麦、玉米价格的大幅度上涨，因此直接影响 6800 万日均收入在贫困线附近的贫困人口，其中 4400 多万贫困人口将降到赤贫水平。世界银行特别指出，东亚社会因以稻米为主，这次受粮食价格上涨的打击不如其他地区严重。事实上，当粮食的金融属性大于商品属性，其结果不是没有粮食，而是买不起粮食。据统计，在近两年来粮食产量水平并未下降的情况下，全球仍然有 4000 多万人处于饥饿状态。自然灾害导致的减产不具有持续性，但发达国家主导的农产品金融交易却会成为其转嫁金融风险的利器。

3. 粮食金融化引发北非、中东街头动乱和政权危机

在 2008 年美国华尔街金融海啸爆发之后的一年时间里，美国量化宽松政策造成 2009—2010 年全球粮食价格大幅度提升，特别是北非地区紧缺品种的小麦、面粉，价格上涨超过 100%，玉米价格上涨超过 70%，由此引发北非、中东街头动乱和政权危机。

北非和中东地区国家粮食自给率普遍很低，食品进口依存度过高。正是出于这个原因，在 2010—2011 年粮食价格陡涨期间，小麦进口超过 50%的埃及等北非国家，相继遭遇城市贫民不能承受粮食价格越涨越高的危机走上街头导致突发性政治运动。尽管埃及这样的北非国家在非洲饥饿状况并非特别糟糕，但城市贫民饥饿叠加、青年学生超过 50%的高失业率，是街头运动长期化的基本条件，虽然埃及在西方意识形态的政治化作用下演变为政权更迭，但这确实没有对解决既往难题造成积极影响。

值得注意的是，埃及曾经是一个经济指标比中国还要好的国家，

人均 GDP 早已超过 5000 美元，经济增长率也比一般发达国家要高得多，只不过在经济危机打击之下有所下降，但仍然有上升的空间；从国民经济结构看，服务业占比 50%，农业占比 13%～14%，已经是一个典型的“倒金字塔”的现代化经济结构，一般要求的经济结构调整已经实现；而且埃及还是美国中东战略的长期盟友，在国际政治、经济上长期受到美国庇护。由此可见，粮食金融化所产生的影响以及由此发展中国家所承担的危机代价是深层次的，甚至是灾难性的。

三、粮食金融化背景下保障中国粮食安全

（一）坚持深化与国家粮食安全战略相关的经济体制改革

2013 年 12 月召开的中央经济工作会议和中央农村工作会议将粮食安全上升到国家安全战略高度，均指出“必须实施以我为主、立足国内、确保产能、适度进口、科技支撑的国家粮食安全战略”，并强调“做到谷物基本自给、口粮绝对安全”。

在具体操作上，要通过深化农村改革来为“国家粮食安全”打基础。

第一步，在宏观政策上，要在专项转移支付向一般性转移支付调整的财政体制改革中，让粮食主产区的县市得到人均公共财政不低于全国平均水平的倾斜政策，这样才能使国家立足于自给保障粮食安全的战略方针，有条件落实到产区地方政府。

第二步，在微观制度上，只有坚定不移地加强农村综合性社区合作社建设，才能把集体所有和农户承包的基本经济制度落到实处；只有在合作社综合经营所有涉农经济领域获取足额剩余，并且主要用于内部分配的条件下，才能有效地复兴乡土社会的内部化机制；

借此系统化的优惠政策，国家得以向合作社下达粮食全产业链经营责任，把粮食优惠政策及其相应的责任义务落实到双层经营的两级经济主体。这样做，就足以促其分担国家粮食安全责任。

总之，在国家重新恢复以人为本和群众路线的思想前提下，在村集体和农民都得到充分发动的条件下，才可能改革农业经营体制，推行以综合性合作社为主导的适度规模化生产经营；才可能适时地全面改造中低产田，也才保得住18亿亩耕地红线。

（二）以综合性农民合作组织和城乡互助的参与式农业分散粮食金融化风险

粮食的问题往往与宏观经济形势高度相关。在国际金融资本低成本扩张的局面下，中国粮食安全面临双重“市场失灵+政府失灵”的困境，单一领域或单一手段的调控，往往会使自己陷入进退维谷的两难境地。因此，中国的粮食安全问题如果仅局限在农业生产销售或者粮食仓储物流等领域的讨论，将会陷入无解的境地；而唯有通过“大农业”和“大粮食”概念下的改革创新，方能实现国家粮食安全。

当前，顺势而为的做法即通过培育综合性农民合作组织，将一般的农业生产经营领域的合作扩展到二、三产业，尤其是构建食品安全必需的农业的“三产化+信息化”，只有让更多非一产领域的大农业收益反哺一产农业，才可能实现农业发展的“永续”。

同时，发展城乡互助的参与式农业也能够有效分散粮食金融化所造成的市场风险。因为，城乡互助的参与式农业还具有很强的正外部性，一方面可以发挥农业的生态、休闲、文化、教育等多功能性；另一方面能够通过多方参与式认证体系的建立起到发动中产阶级利益群体的作用，低成本地形成保障农产品质量和食品安全的开放式社会基础，这意味着粮食系统也可以充分利用这个社会基础。

（三）以农业生产和食物消费的多样化构建粮食金融化防御体系

中国正处于产业资本阶段，而西方主导国家已经步入金融资本阶段，对我国而言，金融资本的运作是我国的比较劣势，这也决定了在国际金融资本竞争中我国只能采取守势，因此应对粮食领域的金融化，我国主要战略不是要去争粮食霸权，而是构建好立足本土优势的粮食金融化防御体系。

事实上，以美元为工具进行金融化操作的产品，都是大宗化、同质化产品。粮食金融化也同样是针对大宗农产品进行操作的。而中国传统农业的生产和饮食消费文化本是以多样化为特征，而多样化又恰是生态文明内涵的要求。因此在生态文明理念指导下，我国应大力发展多样化农业生产，实现农产品的去大宗化和去同质化，进而规避粮食金融化的风险，走出一条立足本土优势的、有别于西方中心主义的中国特色生态农业道路。

第十八章

粮食金融化挑战①

金融资本主导全球化已经造成的“粮食金融化”，是导致2008年华尔街金融海啸后全球粮食安全形势严峻、粮食进口依存度高的低收入国家发生动乱的最重要因素。这个在金融资本全球化历史阶段所内生的灾难性后果，作为不断发生的教训，已经引发国际社会的警觉；同时，也对中国在20世纪适应产业资本向农业扩张阶段而建立的粮食安全战略及其相应的保障方式提出了新的挑战。

一、粮食金融化成为国际粮价剧烈波动的主要原因

粮食金融化，是全球化或者说金融资本全球化框架下的一个重要问题，它是发达资本主义国家实体经济高度金融化所衍生出的一个剖面。

所谓实体经济的“金融化”现象，本质上是社会经济体系中实际发行和流通的货币及其衍生品的总量显著超过实体经济发展所需要的流动性的正常数量，因此使得本来取决于产品供需基本面情况的价格体系中的关键价格环节，受到货币及其衍生品也就是金融产品的供需情况变化的直接影响，并且这种影响甚至超过了产品供需

① 本文作者为计晗、张兰英、温铁军，原文载于《中国投资》，2015年第2期。

基本面情况对产品价格变化的作用；而价格是市场经济体系下实体经济的核心环节，于是最终出现了金融产品市场形成的虚拟经济掌握了生产产品与服务的实体经济的定价权的现象。

需要指出的是，“金融化”表面上看是超发货币及其衍生品导致的经济现象，但它绝不属于传统经济学意义上的通货膨胀的概念范畴。通货膨胀实质上还是虚拟经济（金融经济）因为实体经济形势变化而被动地超发货币。“金融化”之最为本质性的不同，则是虚拟经济利用超发货币及其衍生品导致流动性过高而掌握实体经济定价权以控制实体经济，达到通过操纵价格短期变化而实现财富集聚为目的的有主动意识的经济行为。因此，“金融化”对产业发展和社会生产力进步具有严重的破坏作用。

实体经济金融化，是在近年来国际经济体系中流动性不断增强到严重泛滥的情况下普遍发生的新经济现象，这是资本主义经济体制发展深化的必然产物，即金融经济对国民经济投资和国际经济体系的主导作用超过实体经济，金融资本家对经济的控制力量超过产业资本家。在这种情况下，国民经济体系的各个产业都会发生金融资本控制产业经济发展的产业金融化现象，表现出产品价格越来越多地决定于相关金融产品市场定价，产品供需基本面情况对产品定价的影响越来越小。

粮食的金融化，在国际社会主要是指粮食的美元化，它是在全球经济一体化进程中各国彼此联系越来越紧密的粮食产业被金融化的体现。美元的大量增发，造成越来越多的过剩流动性冲击粮食市场，导致粮食价格出现剧烈波动；粮食市场同时成为过剩金融流动性的垃圾消纳场，粮价的一次大起大落就能替西方主导国家制造的过剩流动性做“消化”：这两方面都显示出粮食市场的运行脱离实体层面，而粮食则被人为创造出“金融属性”。国际市场粮食现货价格越来越多地决定于农产品期货市场以及流动性本身的影响，而国际市场粮食供需基本面情况对其影响作用相对下降。

事实上，根据测算，21 世纪以来，小麦、玉米、稻谷和大豆等四大粮食作物的供需不平衡形势从历史角度来看并不明显，产需差值占产量的比例浮动范围分别为 -6.56% ~ 6.71%、-5.40% ~ 4.56%、-4.82% ~ 2.80% 和 -5.10% ~ 2.64%，而且最近五年，各大品种的粮食供需形势还愈加趋于平衡。而正是在全球粮食供求处于基本平衡、没有明显的供需缺口的情况下，国际粮价出现剧烈波动。据世界银行统计，自 2010 年 10 月至 2011 年 1 月，国际粮价上涨 15%，与前一年相比飙升 29%，接近 2008 年的粮食危机时创下的历史最高水平；据联合国粮农组织的统计，2010 年部分粮食的价格已经破纪录，玉米的价格暴涨了 52%，小麦上涨了 49%，大豆上涨了 28%。可见，全球粮食供需基本面情况，不再是构成粮价剧烈波动的最主要原因。

而另一方面，如果考察近年来四种主要粮食的国际价格走势与全球宏观经济背景的关联，不难发现国际粮价的潮起潮落与 2008 年金融海啸及美国连续三次推出量化宽松的货币政策存在紧密联系，而且金融危机以来的流动性扩张对粮食市场的影响存在一个递增作用：QE1 政策对国际粮食市场价格还存在滞后影响，QE2 政策对国际粮食市场价格则发挥了即期作用，而市场对 QE3 政策的预期或者说是美联储对外发布的信息就能够对国际粮食市场产生效应。因此，可以认为，后金融危机时代，国际粮食市场的剧烈波动和近年来世界粮食安全面临的新挑战，根源都在于粮食金融化。

二、“币缘”战略条件下美国过量增发美元是国际粮食市场金融化的根源

长期以来，国际市场上小麦、玉米和大豆等主要粮食产品的价

格与原油价格变化趋势相同，呈现相当直观的正相关关系；而与美元价格变化趋势相反，呈现明显直观的负相关关系。原油价格与主要粮食产品价格呈现相同的变化趋势，说明导致其变化的因素有共同性，其共性因素就是美元价格。即：美元价格越贬值，国际经济体系中的流动性越强，则粮食价格和能源价格就会持续上涨。

美国长期超量发行美元以实行量化宽松政策，客观上造成美元长期贬值预期，制造了世界范围内的流动性泛滥。流动性泛滥已经成为一个长周期、全球性的经济现象。无处不在且不断增加的流动性，势必向世界经济体系的深度渗透和向广度扩张，如果不能采取制约和减少流动性的有效措施，国际粮食市场金融化趋势还将不断加强。正如美国《商业内幕》网站所言，粮食危机实际上是美元危机。

事实上，美元的过量增发是美国为占有金融资本全球化的制度收益并向全球转嫁制度成本的重要手段，这是当代金融资本运作和竞争所奉行的以货币权为核心的“币缘”战略的体现。自 20 世纪 70 年代以来，金融资本愈益成为世界分工和分配的核心，遂使货币权力超越地缘实力，成为金融资本主义时代国家间关系的新枢纽。苏联解体后，美国“单极”霸权赋权于美元，使其无约束地增发并顺势主导了金融资本全球化，这决定了美元霸权成为币缘政治时代国际关系的实质，并衍生出强化美国主导地位的全球币缘战略体系，即以美元资本、能源（石油）、食物（粮食）三大霸权为核心的新霸权体系。

华尔街风暴以来，美国通过量化宽松政策缓解自身债务危机，其发行的美元作为世界货币，与石油战略、粮食战略密切配合，造成美元币权对下形成“三角结构”，后两者像垃圾消纳场一样吸收过量增发的美元，并没有导致美国本土通货膨胀。这正是当前美国延续单极世界霸权的机制，即凭借军事优势构造政治强权，政治强权赋权于美元货币体系使其成为全球货币，三角币缘战略使全球成为美元过度增发的消纳场，并承担金融全球化下美国所转嫁的制度代价。

三、粮食金融化引起发展中国家陷入社会危机

正如前文的分析，国际粮价的剧烈波动和高价运行很大程度上是粮食金融化的直接后果。在粮食金融化背景下，大多数殖民主义时期留下的“单一经济”结构的发展中国家，因粮食的对外依存度高，而在核心国家扩张信用推动全球通胀、转嫁危机的时候，首当其冲地承担制度代价。

根据世界银行数据，2010 年到 2011 年这短短一个年度内，大多数按照西方生活方式获取食品的发展中国家，遭遇的最大的问题是小麦、玉米价格的大幅度上涨，因此直接导致 6800 万日均收入在贫困线附近的贫困人口中的 4400 多万降到赤贫水平。

很多粮食自给率低的国家在粮食金融化背景下都遭遇到一定程度的饥饿和营养不良。例如，非洲国家中粮食能够基本自给的是凤毛麟角，绝大多数粮食都依赖进口，自给率低，甚至一些国家自给率不足 50%，这导致国际粮价高位运行时期非洲大多数国家都面临重度饥饿或相对严重饥饿，同时非洲也成为世界上营养不足最严重的地区。

更为严重者，在 2008 年美国华尔街金融海啸爆发之后的一年时间里，美国量化宽松政策造成 2009—2010 年全球粮食价格大幅度提升，特别是北非地区紧缺品种的小麦、面粉，价格上涨超过 100%，玉米价格上涨超过 70%，由此引发小麦进口超过 50%的埃及等北非国家，相继遭遇城市贫民因不能承受粮食价格越涨越高的危机而走上街头形成突发性政治运动。尽管埃及这样的北非国家在非洲饥饿

状况并非特别糟糕，但城市贫民饥饿叠加青年学生超过 50% 的高失业率，是街头运动长期化的基本条件，虽然埃及在西方意识形态的政治化作用下演变为政权更迭，但并没有对解决既往难题造成积极影响。

值得注意的是，埃及曾经是一个经济指标比中国还要好的国家，人均 GDP 早已超过 5000 美元，经济增长率也比一般发达国家要高得多，只不过在经济危机打击之下有所下降，但仍然有上升的空间；从国民经济结构看，服务业占比 50%，农业占比 13% ~ 14%，已经是一个典型的“倒金字塔”的现代化经济结构，一般要求的经济结构调整已经实现；而且埃及还是美国中东战略的长期盟友，在国际政治、经济上长期受到美国庇护。由此可见，粮食金融化所产生的影响以及由此发展中国家所承担的危机代价是深层次的，甚至是灾难性的。

四、中国急需调整粮食安全保障政策

1997 年亚洲金融危机造成外需大幅度下降的背景下，我国在遭遇生产过剩的压力之下推出支持产业资本下乡为主的农业产业化战略。1998 年全面推行银行商业化改革以后，为顺应金融压减坏账而要求粮食改革实行“统一收购、顺价销售、资金封闭运行”。进入 21 世纪之后，这个在分散农户生产基础上的改革难以全面贯彻，但所遗留下来的、更为集中地依赖于国家储备体制之最大弊病就在于：与粮食安全实质性相关的农民生产者和种养殖企业、市民消费者和地方政府几乎完全不承担责任；偌大一个 13.6 亿人口的中国，实际上只有中央政府这一个主体承担着对保障粮食安全的无限责任！

因此，维护我国粮食安全的关键，恰在于事实上已经承担了无限责任的中央政府需要认识到“全球化是国家之间的资本竞争”的实质，不能再简单化地跟从已经愈益被投机资本深度操控的国际市场做顺向调节；而必须从安全理性出发，加强有利于国家调控粮食安全的综合性改革，以此弱化跨国金融资本的粮食投机对国内安全的负面作用。

首先，在宏观政策上，要在专项转移支付向一般性转移支付调整的财政体制改革中，让粮食主产区的县市得到人均公共财政不低于全国平均水平的倾斜政策，这样才能使国家立足于自给保障粮食安全的战略方针，有条件落实到产区地方政府。

其次，在微观制度上，只有坚定不移地加强农村综合性社区合作社建设，才能把集体所有和农户承包的基本经济制度落到实处；只有在合作社综合经营所有涉农领域获取足额剩余，并且主要用于内部分配的条件下，才能有效地复兴乡土社会的内部化机制；借此系统化的优惠政策，国家得以向合作社下达粮食全产业链经营责任，把粮食优惠政策及其相应的责任义务落实到双层经营的两级经济主体，方有可能促其分担国家粮食安全责任。

总之，在国家积极倡导以人为本和群众路线的思想前提下，在村集体和农民都得到充分发动的条件下，才可能改革农业经营体制，推行以综合性合作社为主导的适度规模化生产经营；才可能适时地全面改造中低产田，也才保得住 18 亿亩耕地红线。

第十九章

日本高米价背后的农协垄断及其政党联系①

一、引言：日本农协的垄断性与国家安全

在美国重返亚太和日本借此提升国际地位的软实力战略影响下，人们一般会认为日本是东亚经济体中的自由市场和民主政治典范。但若去除“冷战意识形态”的色彩做分析，则可理解本文通过对日本高米价政策及其政党政治背景研究而提出的观点：日本的城市经济主要是六大综合性财阀垄断控制，② 而日本的农村经济更是由唯一的、具有全面垄断地位的综合农协控制。亦即：日本城乡经济体制客观上都具有垄断性，并且因其与国家政治稳定直接相关而得以长期维持。③

在美国主导的 TPP 谈判中，因美国要求把大米配额纳入谈判框

---

① 本文是国家社会科学基金重大项目“作为国家综合安全基础的乡村治理结构与机制研究”（批准号 14ZDA064）、国家社科基金年度项目“粮食金融化与我国粮食安全战略研究”（批准号 14BGJ048）以及北京市社科基金重点项目“城乡二元结构下改善社会治理研究”（批准号 15FXA003）阶段性成果，作者为温铁军、侯宏伟、计晗。本文原载于《农业经济问题》，2016 年第 2 期。

② 此处指三菱财阀、三井财阀、住友财阀、富士财阀、三和财阀、劝银财阀等六个综合商社。

③ 关于日本现阶段形成的六大财阀的演变历史及所涉及的文献，可以参阅日本国内学者奥村宏：《日本の六大企業集団》（朝日新闻出版社，1993），菊地浩之：《日本の15 大財閥》（平凡社出版社，2009）等文献。关于农协垄断，可以参阅山田定市：《独占禁止法の適用除外と農協の協同性・公同性》、《開発論集》第 80 号（2007），山下仁一：《農協の陰謀》（宝岛社出版社，2011）。

架而使垄断控制日本农村经济的综合农协（JA 系统）的多种问题陡然暴露出来，相应地促使所谓“安倍经济学”不得不把日本综合农协改革纳入“顶层设计”……但，实际上却仍因农协之垄断地位与国家安全高度相关而步履维艰。

在梳理农协历史中我们认识到，其演变为唯一垄断组织与国家安全战略高度相关。无论是明治时期明治政府为了顺利发展资本主义稳定社会，建立产业组合，还是战争时期为了对外扩张将产业组合与农会合并成立农业会，以及战后为了解决粮食危机和恢复经济发展成立综合农协，不同时期的农协组织演变都是符合国家战略需求的。相对于战后的综合农协，产业组合和农业会在配合国家政策，维护国家安全上起到的作用更大，任务更为艰巨。而现今的综合农协与国家安全之间的关系更多的是执政党（自民党）通过综合农协得到的农民选票维持了自身的执政基础，保持了政治上的相对稳定性。日本国内对战前合作组织进行研究的两位重要学者是近藤康男和井上晴丸。① 他们作为日本合作社研究的开创人，认为产业组合是明治政府为了防止因发展资本主义产生的经济波动对农民造成冲击，通过小生产者之间的互助合作以维持社会稳定的组织。特别是近藤康男的研究，是在明确垄断资本与合作组织关系的基础上开展的。战后的山田定市②则分析了不同时期的合作组织在配合国家政策的同时是如何发展壮大的。近藤康男在另一篇著作《从贫穷中解放》③ 中做出论断，认为农协是服务于垄断资本的国家机构。此外，从政治学角度研究的学者有西山久德的《日本农协的逻辑、课题和

---

① 这种观点在近藤康男：《協同組合原論》（高阳书院，1935）与井上晴丸：《日本産業組合論》（日本产业新报社，1937）的两本著作中涉及。

② 参见山田定市：“国家独占資本主義と農業協同組合”《北海道大学農経論叢》第 27 号（1970）。

③ 近藤康男：《貧しさからの解放》（中央公论社，1954）。

展望》,① 考察了不同农业政策时期日本政府与农协的关系。

在前人研究的基础上，本文以高米价难以见容于 TPP 的矛盾为切入点，作如下分析。

二、问题：日美 TPP 谈判进程中围绕大米进口的斗争

日本和美国关于跨太平洋伙伴关系协定（Trans-Pacific Partnership Agreement，简称 TPP）② 的谈判焦点，在于美国要求日本在现有已经进口国外大米 10 万吨的基础上再增加 17.5 万吨，而日本的主张是增加的进口额度只能限制在 5 万吨。在美国的强烈要求下，最终日本同意对 10 万吨的进口额度进行商讨。

日本政府于乌拉圭回合谈判之后的 1995 年开始，根据关贸总协定的要求开始进口国内大米消费量 4%的最小进入配额（进口大米被称为“Minimum Access Rice”，简称“MA 大米”）。③ 由于这些“MA 大米”是无关税大米，日本政府以进口大米可能对国产大米造成极大负面冲击为理由，规定这些大米进口不允许民营企业参与，而采取了 100%的国家贸易方式，在价格上以政府补贴的方式提高“MA 大米”的价格，以达到缩小与国内市场大米价格差距、削弱“MA

① 西山久德：《日本農協の論理と課題と展望》（文化书房博文社，1996）。

② 日本雅虎新闻网：コメ・自動車、解決目指す=甘利担当相“最大のヤマ場”日米閣僚協議 2 日目（2015-04-20）http://news.yahoo.co.jp/pickup/6157193，2015-05-01 引用。

③ 张云：《日本的农业保护与东亚地区主义》，天津人民出版社，2011 年版，第 131~132 页。

大米”魅力的目的；① 在销售渠道上日本将“MA 大米”主要用于加工食品、对外援助和家畜的饲料等用途上，减少对主食大米的影响，并且日本通过加强卫生检疫的方式打击向日本出口大米积极性高的国家。但由于对大米销售差价进行长期补贴以及大米的长期储备产生的财政负担，日本从 1995 年至 2013 年 19 年间已经累计损失 2723 亿日元的财政支出。②

三、政策：日本的大米保护方式与政策回顾

（一）日本保护大米的方式

日本一直对本国农业实行各方面的政策保护。日本对大米的保护主要采取两种方式：

1. 通过国境保护中间接保护方式对进口大米征收关税。比如大米的关税高达 490%，使得日本国内进口大米销售价格比进口平均价格高 4.9 倍，若按照世界贸易组织的关税计算方法，日本的大米关税高于 700%。

2. 大米价格补贴制度。日本政府对大米实行价格倒挂，亦即高价收购、低价销售的“双重价格”制度。③

---

① 因“MA 大米”进入日本的价格低廉，日本政府规定在出售前必须进行价格调整，最大可以进行高达每公斤 292 日元的价格上调，然后才允许在国内市场流通，这种价格上调在日本被称为“买卖差益”（Make up），虽然大多数“MA 大米”经过价格上调后销售价格仍然低于国产大米，但是与国产大米的价格差距已经被大大缩小。

② 日本经济新闻（电子版）：ミニマム・アクセス米、国の損失 2723 億円　19 年間累積（2015-02-20）http://www.nikkei.com/article/DGXLASFS20H41_ Q5A220C1 EE8000/，2015-05-01 引用。

③ 张云：《日本的农业保护与东亚地区主义》，天津人民出版社，2011 年版，第 24 页；日本财务省：《貿易統計—実行関税率表》（2015 年 4 月版）。

对此，一般西方人都习惯把日本抵制进口大米的高关税政策和对大米的价格高补贴的“双高制度”视为一种与自由市场经济相对立的保守和固执；还有学者指出，这不仅使得日本大米远远失去了国际竞争力，而且造成所谓“合作社陷阱”制约农业发展。然而，这些批评大致是出于西方经验和根据西方理论的误判。本文认为：即使在美国的强大压力下日本也要勉为其难地坚持高米价的动因，是日本农业保护政策的双重作用。

须知，以日本、韩国和中国台湾地区为代表的东亚农业制度体系在西方没有参照系。如果完全剥离意识形态，则日本以“综合农协 JA”作为组织基础的农业垄断经营体系，从来就是国家历经战乱和危机而保持基本稳定的基础，因而具有维护综合安全的战略意义：其一，日本作为岛屿国家农业资源高度稀缺，必须立足于基本国情矛盾及其对制度的客观约束，来维持大米作为传统主食的基本粮食安全，为此就需要借助“大和民族”历史悠久的稻米文化构建多元化“六次产业”①（包括历史、文化、教育、神道文明等能够提高基层民众凝聚力的社会建设），来维护本国不可或缺的农业基础。其二，日本政府无论怎样换届，都集中优惠政策全部用于发展比城市财阀制度还要全面垄断，并且是农村唯一垄断组织的综合农协，以此才能把在工业化和城市化期间不断涌来的外部性成本予以内部化

① 六次产业是日本学者今村奈良臣于 20 世纪 90 年代中期，在创建“农民塾”“造村塾”的活动中提出的，即“第一产业+第二产业+第三产业=六次产业”。但是在三年半后通过加深对理论和实践的考察，今村奈良臣又将这一概念改为“第一产业×第二产业×第三产业=六次产业”，其原因是突出农业的重要性。也就是说如果农业衰亡了，六次产业的构想也就消失了。今村奈良臣认为随着经济、产业的发展，第一产业不断向第二、第三产业过渡的过程中，农业在不断地衰亡。因此第一产业不能仅仅停留于农畜产品的生产，应该跨入第二产业（加工、食品制造等）和第三产业（流通、销售等），创造新的附加价值，盘活地域经济，他认为农村充满了智慧，六次产业的原点源于地域先祖如何生活的历史当中。

消纳。若没有农民和农村的高度组织化，历经多次危机并且深陷于20年衰退的日本根本不可能维护国内政治长期稳定。

（二）日本国内大米政策的相关回顾

基于日本人多地少的基本国情，日本政府通过各种农业保护政策保证本国主粮的自给，即使巨大的补贴造成财政预算大量支出，日本也一直不断加强农业保护。近年来日本在美国推进 TPP 派生的改制压力下提出农协改革措施。对此，应该联系日本大米政策调整的历史进程来深入理解（参照表 19-1）。

表 19-1　与大米相关的政策回顾

时期	政策内容
1961 年	以规模化为目标的《农业基本法》的实施。
1970 年	引入减反政策（休耕政策）。
1978 年（3）	引入转耕补助金（饲料用米、米粉用米补助 8 万日元；麦和大豆补助 3.5 万日元）。
1995 年	废止《粮食管理法》,《粮食法》施行。
2004 年（1）	修改《粮食法》。国家每年制定生产目标，向各都道府县进行分配。
2010 年（2）（民主党执政期间）	务农者户别收入补偿制度。
2013 年（自民党执政期间）	提出 2018 年废除“减反政策”。
2014 年	（1）的制度持续到 2017 年截止；（2）的制度截止到 2017 年减半；（3）的制度改为饲料用米和米粉用米最大补助 10.5 万日元。

来源：柿沼茂喜、福永宏：《減反廃止は名ばかり、迷走を続けるコメ農政——転作補助金を残したまま強いコメ農業は作れない》《周刊东洋经济》12 月 29 日号（2013）。

日本现行米价机制的形成要追溯到1942年。当时正处于战争年代，为了保障战争的顺利进行，制定了由政府统一管理粮食生产、流通、消费的《粮食管理法》。战争结束后，因粮食严重短缺，黑市猖獗，政府为了稳定大米价格继续沿用了该法来掌控大米市场，这一法案一直到1996年才被正式废除。在政府直接管理大米的制度框架下，生产者必须以政府规定的价格将大米全部出售给政府，政府根据非农业部门的劳动工资和平均利润率核算大米的收购价格。因此，工业部门的快速发展，使得大米收购价格急剧升高，水稻的种植面积和产量也逐年增加。①

日本政府虽然于1961年制定《农业基本法》，希望通过农业的规模化达到降低生产成本的目的，增加农业收入，缩短农业与工业之间的收入差距，但是与农业基本法相反，实际上的农业政策是通过上文提到的《粮食管理法》中“双重价格”政策以提高大米价格的方式来提高农户收入的，加上日本国内大米的生产成本很高（参照表19-2），使得日本大米价格形成了高关税、高成本、高价格的“三高”状态，确实没有国际竞争力，给国民带来了更大的食品消费支出。

表19-2　日本、美国的大米生产成本比较估算（单位：日元/公顷）

项目	日本（2006年）	美国加利福尼亚（2004年）	
	水稻耕作面积 5.8公顷	水稻经营面积 283公顷	与日本的比较 （%）
合计	579380	180816	31
种苗费	22280	7778	35
肥料费	72880	21899	30

① 高强、刘同山、孔祥智：《日本大生产的发展历程及大米政策改革探析》，《现代日本经济》，2014年第4期。

（续表）

项目	日本（2006 年）	美国加利福尼亚（2004 年）	
	水稻耕作面积 5.8 公顷	水稻经营面积 283 公顷	与日本的比较（%）
农业药剂费	66520	28122	42
燃料费	38320	14958	39
土地改良和水利费	65500	16035	24
生产管理费	3190	8496	266
其他材料费	18350	1316	7
借贷费	69810	39251	56
税金	18270	6941	38
建筑物费	27790	1556	6
汽车、农机具费	176470	34464	20

注：日美两国所取的水稻耕种面积为两国各自的平均值。

来源：根据日本农林水产省生产局：《米の生産コストの現状》《米の直接技術等の現状（2008）》数据整理得出。

随着经济增长带来的生产收入增加和饮食文化的变化，日本的大米消费量在经济进入高速发展期后逐渐减少，但是日本的大米生产量却因为政府的价格补贴而不断增加。其结果是大米生产量远远超过了消费量（参照图 19-1），而政府为了保证农民的收入和贮存大米则付出了大量的财政补贴，日本的粮食管理制度很难继续维持。从 20 世纪 70 年代开始，日本政府开始对大米政策进行调整，主要通过补助金的诱导让农户从种植大米转向种植其他农作物。

1970 年实施的“减反政策”（休耕政策）成为政府减少财政收入、保障农民收入，同时维持高米价的主要政策，并且日本于 1978 年引入“转耕补助金政策”来“吸引”农户减少耕种大米的面积，减少大米的生产量，以通过供给的减少来维持大米的高价格。民主党执政期间加入的“务农者户别收入补偿制度”① 进一步促进了小规模兼业农户继续进行高成本的大米及相关农产品的种植。

图 19–1 大米的生产量与消费量推移（单位：万吨）

来源：根据日本农林水产省：《食料需給表》（平成 25 年、平成 26 年）整理。

日本政府通过各种政策来维持大米价格，主要是为了国家粮食的自给、国家粮食的安全保障以及农户收入的不减少。但是在具有生产能力的情况下采取“休耕政策”、“转耕政策”及“务农者户别收入补偿”来维持高价格的做法是否真的正确，为什么日本的农业规模化不能实现？

按照市场经济的原理，在具有生产能力的情况下，通过贮存等手段完全可以用降低价格促进内需或进军国际市场。可是，日本政府的做法却相反，为了能在维持高米价的前提下削减政府储备米，

① “务农者户别收入补偿制度”主要是对生产费用和销售价格的差额通过补助金对农户收入进行补贴的方式。

日本实施了以上政策。人们一般都认同大米产销涉及农业、经济领域以及国家粮食安全的问题，而很少理解这在日本历来是一个极其敏感的政治问题。因为大米价格与自民党的选票密切相关。游国龙、尚会鹏（2004）的研究中将日本稻米生产地分为三个不同的区域，通过自民党得票的大量统计资料，得出自民党在稻米产量高的地区得票率也较高的结论。① 2009 年举行的众院大选中在野党民主党击败自民党而成为执政党，其中最重要的因素之一就是原本被称为“城市党”的民主党也认识到了农村的重要性，在竞选纲领中承诺直接将补偿金发放到每个农户手中，因而成功地拉到了大批的农村票。②

四、分析：日本政党政治中综合农协的地位

日本近乎固执地维持“高米价”的目的，在于维持大量的小规模的兼业农户继续停留在大米以及非主食用大米的耕作上。而大量农户作为日本农村最具影响力的组织——综合农协的组合员，对综合农协的发展以及对执政党都具有重要的意义。

（一）日本的选举制度

分析综合农协和政党的关系，首先需要从日本的选举制度开始。日本的选举制度在 1994 年选举制度改革以前采用的是介于大选区和小选区之间的中选区制。③ 随着日本经济发展和城市化的推进，农

① 游国龙、尚会鹏：《自民党得票率与日本的米价——对自民党统治与其农业政策关系的数量分析》，《日本学刊》，2004 年第 3 期。

② 徐家驹：《日本农业政策困境解读——从“第三次开国”说起》，《外交评论（外交学院学报）》，2001 年第 3 期。

③ 张云：《日本的农业保护与东亚地区主义》，天津人民出版社，2011 年版，第 47 页。

村向城市的人口流动，使得日本人口分布呈现大城市高度集中的特点，在中选区制下，城市与农村的选民人数相差很大，同样一张选票在不同选区所代表的价值也就不同，这就是所谓的“一票的格差”。简单说就是农村的选票能够选出较多的代表，农村的选票价值高于城市选票。在1994年选举法改革之前，农村的1张选票平均相当于城市的5张左右，农民选票的价值在选举中占据重要位置。为了解决“一票的格差”的问题，1994年日本进行了选举制度的改革，从原来的中选区制改为小选区和比例代表制相结合的混合选举制。① 但即使改革后的农民比例缩小，城市选票和农村选票的价值差依旧很明显，平均一张农村选票也仍然相当于城市的3张左右。选举制度仍然有利于农村选区。

因此，正是这个有利于农村选区的选举制度，使得无论哪个执政党都会把重心放在农村，而作为战后一党独大的自民党更是与农村保持着紧密的联系。

（二）综合农协的组织结构

综合农协的组织结构最大的特点在于其“金字塔式的三段制结构”。从图19-2可以看出综合农协三段制的系统组织纵向涵盖了几乎所有的农户，横向涵盖了农村生产生活的几乎各个方面。综合农协经营的事业范围极为广泛，“JA全中”是综合农协贯彻国家农业方针实施的决策机构，同时也是向国家表达农民诉求的机构。“JA全农”“农林中金”“JA共济连”“JA全厚连”等部门分别承担着经济业务、金融业务、保险业务以及卫生业务，使农民得以享受和城市居民同样的保障和福利。“JA全中”是日本综合农协当中的决策机

---

① 张云：《日本的农业保护与东亚地区主义》，天津人民出版社，2011年版，第50页。

构，农民利益诉求也是通过“JA 全中”进行表达的，可以说“JA 全中”可以代表整个农村。加上基层农协自下而上服从组织的指导和监督的原则，组织结构的完整性构成了日本农村高度的同一性。

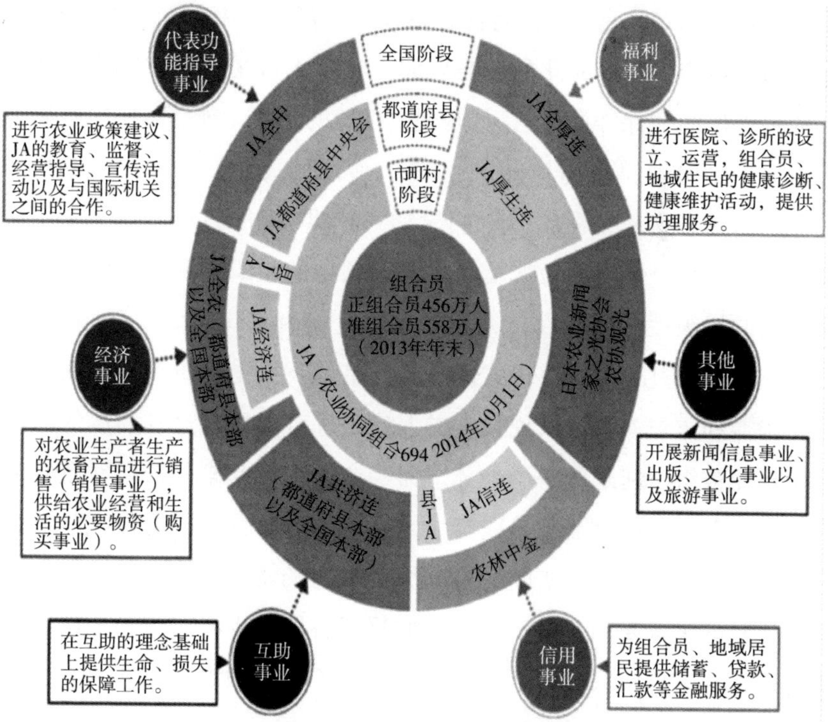

图 19-2 日本综合农协的组织结构

来源：JA 全中 http://www.zenchu-ja.or.jp/profile/x，2015-05-06 引用修改。

由于日本综合农协长期以来客观上形成了对农村经济、社会和政治的全面垄断控制，因此，一方面海内外至今没有任何私人企业能够进入日本农村开展任何领域的竞争，日本至今维持稻米这个主粮的产销自给率超过 100%；另一方面日本农村长期稳定，无论国内外发生什么剧变，农村都波澜不惊，无任何“群体性治安事件”，更无强力维稳……

(三)“一票的格差”与综合农协的“金字塔结构”——执政党的“集票机构”

城市选民身份各不相同，在一般情况下并没有共同的利益诉求，他们在选举时只是按本人意愿各自投票，甚至还有很多人放弃投票。相对于城市人口多元化的利益取向，农村人口是一个在经济上处于弱势地位的“保守群体”，越是规模细碎的小农，越是需要国家集中权力予以保护。① 并且，由于地缘、血缘的关系，农村人口在社区范围内具有紧密的联系，农村人口的利益取向相对单一。

日本综合农协作为涉及农村各个领域的组织，具有高度集中的全面的组织性，因而农村人口几乎百分之百是综合农协的组合员，综合农协通过其“金字塔式的三段制结构”自上而下对下层农协进行指导和监督。也可以说，农村人口是综合农协通过其高度的组织结构而被组织起来的一个群体。而一个被组织起来的群体对政党来说意味着较低的政治交易成本。因此，作为战后“一党独大”的自民党，与在农村形成垄断地位的综合农协的密切关系，是其一直能够执政的很重要的基础，而作为回报，自民党则将实施各种国家支付成本的支持和保护农业的政策作为“交易的手段”。②

---

① 参见韡驰：《论小农经济与君主专制的中央集权制》，《云南社会科学》，1985 年第 4 期；郑琼现：《马克思小农特点的宪政分析》，《中山大学学报（社会科学版）》，2007 年第 6 期；武建国：《小农与专政集权政府的作用力方向及其影响——兼论中国封建社会的长期延续》，《云南社会科学》，1987 年第 1 期。

② 可参见蔡亮：《试析农业利益集团对日本政治的影响——兼论“农协”在反对 TPP 活动中的政治影响力》，《日本学刊》，2012 年第 5 期；李勤昌、石雪：《日本强化农业保护的经济与政治原因》，《现代日本经济》，2014 年第 2 期；游国龙、尚会鹏：《自民党得票率与日本的米价——对自民党统治与其农业政策关系的数量分析》，《日本学刊》，2004 年第 3 期；张建：《日本农业结构改革中的农协问题分析》，《华东师范大学学报（哲学社会科学版）》，2015 年第 2 期；张云：《日本的农业保护与东亚地区主义》，天津人民出版社 2011 年版，第 59~62 页；于秋芳：《现代日本农协的发展变迁研究》，安徽师范大学出版社 2012 年版，第 141~142 页。

综合农协通过其在农村成为唯一垄断组织的高度的"统治性"，得以打着维护农民利益的"旗帜"获取政策优惠，使组合员普遍认为综合农协是在维护成员自身的权益，从而形成巨大的凝聚力，使得无论哪个政党要想在选举中获得胜利都必须在自己的政党宣言中将惠及农协的农业政策放在很高的位置，并且在执政的过程中制定和实施有利于农村的政策，以此来保证自身的选票数量和执政地位。而自民党长期的执政地位使得自民党与综合农协之间建立了密切的联系。

在政策制定过程中，综合农协与职业官僚及农林族议员三者在紧密联系的同时，也逐步形成了共同利益，并以此为基础形成了"铁三角结构"。综合农协也借此转化为日本利益集团中保守性和垄断性最强的团体之一，并频频以"代表农民利益的强大利益集团"的面貌示人。①

（四）政府维持高米价与保持综合农协组合员数量的紧密关联

战后日本在美国的"帮助"下通过对农地的改革，消灭了支配农村的地主阶层。综合农协在成立之初，形成了以生产米麦为中心，以自耕农层为核心的组织基础。但是随着日本经济的高度发展，第二、三产业的发展使得农业劳动力逐渐外流，依靠非农收入的兼业农户比例开始增加，综合农协的正组合员开始分化为专业农户、持有土地的工薪阶层农户（第二种兼业农户）、处在前两者之间的兼业农户（第一种兼业农户）。从图 19-3 可以看出与蔬菜、水果、奶酪畜产业等农户类型相比，种植大米的专业农户只占到约 38%，约

① 蔡亮：《试析农业利益集团对日本政治的影响——兼论"农协"在反 TPP 活动中的政治影响力》，《日本学刊》，2012 年第 5 期。

62%的农户多是以非农收入为主的兼业农户，并且这些农户的种植面积分散、规模较小。

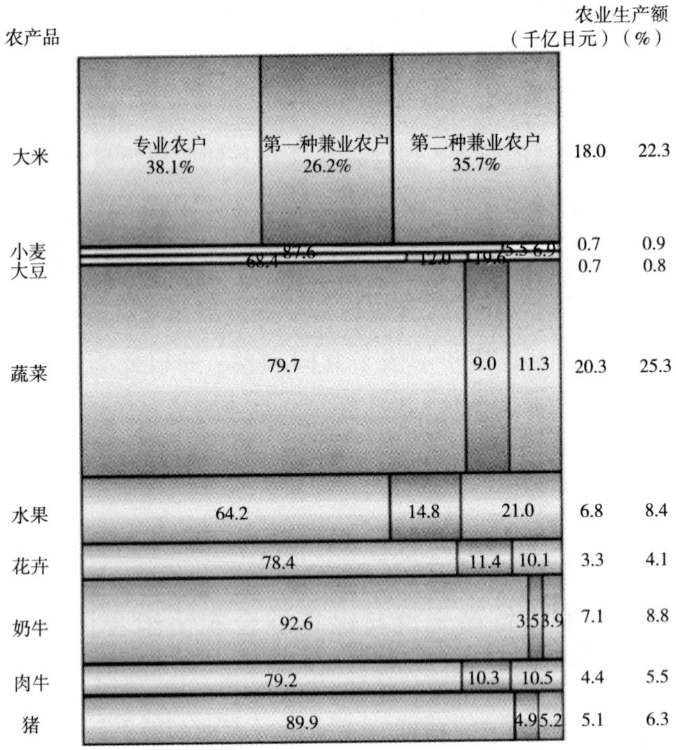

图 19-3 2011 年主要农产品的农户类型占比

来源：农林水产省：《平成 22 年度食料 · 農業 · 農村白書》（2011）。

正常情况下，生产成本的增加必然会使兼业农户放弃大米种植，但是高价格的大米使得兼业农户即使在高生产成本的情况下仍然继续种植大米，一方面用于自家消费，另一方面国家财政还有补贴。于是分散的兼业农户进行分散的种植导致了农地无法向少数专业农户集中，无法规模化地进行生产种植，因此也无法降低生产成本。而这种经济上丧失竞争力的现状的形成，不得不说是综合农协所

“期待”的。因为一方面如果土地规模化向少数农户集中，则会造成综合农协收入的降低，也会形成随着专业农户的成长，专业农户脱离综合农协自主经营的情况（通过图 19-3 可以看出在蔬菜、水果以及奶酪畜牧业等领域的农户多为专业农户），这样一来会降低农户在综合农协的利用率，另一方面随着农户的减少，综合农协其他方面的事业项目收益同时会受到损害。

图 19-4 显示了生产不同农产品农户的收入来源构成，相比于其他农产品，生产大米的农户的收入主要来源于非农收入和养老金收入。也就是综合农协的组合员当中，以非农收入和养老金收入为主的生产大米的小规模兼业农户数量占据了主要地位。

由于政治上综合农协的优势地位，日本政府一直以来重视农业政策，采用高关税和不惜支出大量的财政对农业进行补贴。对于政党来说，无疑是想在选举中能够更多地得到农村的选票，而如果想得到农村的选票就必须使得综合农协具备更多的组合员数量。而对于综合农协来说，组合员数量越多则越有利于自身获取更多的收益和巩固自身的垄断地位。因此保证组合员数量的不减少是综合农协和政党共同的需求。而通过各种政策维持高米价则成为稳定组合员数量不减少，特别是维持种植水稻的小规模兼业农户数量不减少的重要手段。

上文已经提到，从图 19-4 中已经看出种植大米的农户更多的是以非农收入和养老金收入为主的兼业农户，这些农户大多是平口正常上班、周末进行务农的工薪阶层以及年龄在 60 岁以上的靠领取养老金生活的人。而水稻种植相对于其他农产品种植来说比较简单，适合于平日忙于工作的工薪阶层以及年龄较大的人。同时，高米价的政策对于购买大米来说自己种植更划算，加上各种政策补贴“吸引着”大量的小规模兼业农户停留在水稻种植上。

为了维持小规模兼业农户数量的不减少以达到在政治和经济上

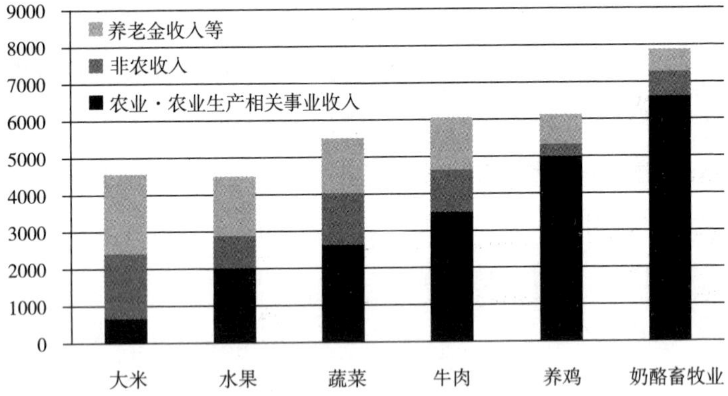

图 19-4　2012 年生产不同农产品农户的收入来源构成（单位：千日元）

来源：农林水产省：《農業経営統計調查——営農類型別経営統計（個別経営）総合編》(2012)。

的需要，也正是由于面对分散的兼业农户而造成了综合农协在农业方面收支上的亏损，但因综合农协的综合事业兼营，使其能够通过金融和保险事业进行获利，又可以保证在政治上的优势地位，即使是需要极少的生产资料的农户或者是其他服务项目综合农协也必须进行服务，综合农协的“综合性”在这里发挥了重要的作用，其内部的循环机制维持着综合农协的经营。

本文在此以农林水产省 2013 年的统计为中心，对综合农协各事业部门进行一个概括性的分析。从表 19-3 可以看出，在各项事业收支中，除了信用和保险事业（5）外，涉及农业生产和生活的事业利益均为赤字，总计达到了 165414581000 日元，① 而信用和保险两项的收益为 370846267000 日元，于是，信用和保险的收益填补了其他各项事业的亏损，使得综合农协整体处于获利状态，2013 年的事业利益达到了 205431482000 日元。

① 按照中国银行外汇比率折算：100 日元 = 5.2 元人民币（2015 年 5 月 14 日）。

表 19-3　2013 年度综合农协各事业部门损益收支表（单位：千日元）

项目	合计	信用事业	保险事业	农业相关事业	营农指导事业	生活以及其他事业
事业收益（1）	5648515901	974292081	511847363	2721739758	29182918	1411454989
事业费用（2）	3772490092	192600968	39694647	2294158620	45372420	1200664587
事业总利益（3）（1）-（2）	1876025612	781690874	472152443	427580975	-16189372	210790202
事业管理费（4）	1670593878	542579051	340417740	451551207	96483913	239561264
事业利益（5）（3）-（4）	205431482	239111684	131734583	-23970163	-112673435	-28770983

来源：农林水产省：《総合農協統計表——部門損益計算書（総括版）》(2013)。

五、改革：TPP 谈判引发的日本农协改革及日本农业政策

（一）TPP 与综合农协

文章一开始已经讲述了 TPP 中日本和美国之间关于大米的谈判，知道维持国内高米价是日本政府抵制增加进口额度的重要原因，其背后涉及政府的执政地位以及综合农协的利益。据日本《朝日新闻》2015 年 4 月 17 日的报道，在 2009—2013 年的 5 年间，政府的储备米每向市场销售 1 万吨就会损失接近 25 亿日元，假设日本同意接受增加 10 万吨的进口大米，也就意味着日本将损失 250 亿日元的财政支出（参见表 19-4）。

表 19-4　日本政府储备米销售收支表

年度	储备米销售量	储备米销售收支
2009	4 万吨	▼224 亿日元
2010	19 万吨	▼614 亿日元
2011	9 万吨	▼327 亿日元
2012	12 万吨	▼124 亿日元
2013	18 万吨	▼232 亿日元
5 年累计	62 万吨	▼1521 亿日元

注：▼为损失。

来源：《朝日新闻》：米価維持へ年 100 億円超の国民負担も　対米輸入枠(2015-04-17) http://www.asahi.com/articles/ASH4J4G73H4JULZU004.html?iref=reca，2015-05-01引用。

而上表数据还不包括政府储备大米所产生的管理费用，这无疑给政府财政以及日本国民造成了严重的税费负担。但是，综合农协与日本政府之间的相互依赖性，使得日本政府在面对 TPP 谈判时显得极为矛盾。为了在美国服务于金融全球化的自由贸易战略推进中继续占有“搭便车”的国家利益，日本大米市场一般会有两种选择：要么大幅度削减关税，要么扩大“MA 大米”的进口数量。诚然，前者需要从根本上改革日本的农业政策，导致执政党失去老“票仓”，后者则意味着国家财政要拿出更多的补贴。① 与大多数西方国家对外政策往往被内因决定一样，日本在财政赤字与政权稳定两者之间，当然会倾向于后者。

① 张云：《日本的农业保护与东亚地区主义》，天津人民出版社，2011 年版，第 133~134 页。

(二)“安倍经济学”中的农协改革

从 2014 年 5 月 22 日，日本在“规制改革会议”① 中做出的关于对农协的改革意见中可以看出，安倍政权做出了削弱农协势力的改革方案，对于农协的改革主要有 4 方面比较关键的内容：

1. 中央会制度的废止。所谓中央会制度其实就是废除“JA 全中”对下层农协的指导、监督权力，以达到各基层农协能够结合地域优势形成具有独立性的组织，能够自主地发展地域农业。这意味着安倍政权有意地在对综合农协进行“去中央化”，从而加强地方农协的独立性。

2. “全农”的股份公司化。“JA 全农”作为农村领域涉及农业生产的全国组织，对农产品的销售以及对生产资料、生活资料的购买具有垄断性的地位，面对今后更加开放的国际市场，试图通过对“JA 全农”的股份公司化改革加大其在国际市场中的竞争力。

3. 基层农协的专门化。当提及日本农协时，更多的是说综合农协，而日本综合农协与专业农协最直接的区别就在于综合农协可以经营信用事业，专业农协禁止经营信用事业。而这次的改革意见中，建议将基层农协的信用事业全部移交到“农林中金”，基层农协只作为“农林中金”的代理窗口存在。同样，保险事业也提出了和信用事业一样的改革意见。

4. 准组合员业务。如果从日本综合农协作为农业合作组织的角度出发，组合员当中非农住民的准组合员数量远超农民的组合员数量这一现象显得很异常，但是大量的准组合员的存在是综合农协金融与保险事业得以更加壮大的基础。因此，改革意见中指出建议准

---

① 内阁府：規制改革会議議事次第（2014 年 5 月 22 日）http://www8.cao.go.jp/kisei-kaikaku/kaigi/meeting/2013/committee2/140522/agenda.html，2015-05-15 引用。

组合员的事业利用不允许超过正组合员的 1/2。

以上改革意见的关键是在政府惠农政策力度不减、基本上维护 JA 垄断地位的条件下，做了组织关系的结构性调整。形式上与 1993—2003 年中国的供销社组织结构调整类似。从中还可以看出，日本政府其实无法摆脱东方原住民农业的约束条件而进退维谷。一方面在面对美国规模化的殖民地农业配合其全球战略的压力下必须做出让步；另一方面，亚洲原住民被资源约束而长期形成的兼业化小农经济无论怎样调整，都不可能全面纳入美国实际掌控的国际农产品贸易市场。

总之，日本如果不对农协的垄断控制进行改革，会影响整个国家搭上 TPP 便车的好处，但如果真要放弃农协对农村经济的垄断控制，则会威胁自民党的执政地位。

本文认为：从以上 4 项涉及“关键部位”的改革意见可以看出，日本的农业以及农协已经走到了一个新的十字路口，在面对美国、澳大利亚等殖民地才有的规模化大农业国家的竞争下，日本在 TPP 进程中提出的“安倍经济学”指导下的农业改革是否能打破长期以来的农业界“铁三角结构”，将是解决这一问题的关键所在。

六、结语：农协垄断与国家综合安全直接相关

本文通过高米价对日本综合农协的分析，提出日本的综合农协是农村中具有经济、社会和政治多重功能的垄断性组织的观点。若超脱国内那些把日本农协仅作为合作社来研究的理论局限来进一步分析，则可知：这种综合性全方位的垄断组织不仅在其他国家很难看到，而且也比日本城市经济和政治中举足轻重的六大财阀具有更高的、唯一性的垄断地位。客观地看，其针对农业这个弱势产业和针对农村弱势群体的普惠作用，与维护国家安全及自民党长期执政

的基础性作用，确实是相辅相成的。

这种相辅相成，表现在维护国家综合安全方面，已经达到唇齿相依的地步：一方面综合农协通过高米价维持组合员数量的不减少，使得综合农协具有了很强的“集票能力”，由此影响着执政党的选票，进而使政府通过高关税以及各种农业政策维持着高米价，以达到小规模兼业农户作为综合农协的组合员停留在种植大米以及相关具有“吸引力”的农业生产上；另一方面，因种植大米的农户多为工薪阶层的兼业农户与领取养老金的高龄者，这些人群因不具有专业农户那样的购买和销售渠道，所以只有依存于综合农协，失去综合农协的“服务”农业将无法进行，这反过来又使农协在维护国家农业安全和基层政治稳定方面的作用不可或缺。

综上所述，被称为“安倍经济学”重要内容的日本农协改革，因涉及执政党自身的政治利益，只能舍本逐末。没有这种组织结构和制度基础的国内政策界，需要对此做认真观察。

第五篇

生态文明：

发展中国家的希望

第二十章

理性看待全球危机，自觉转向生态文明[①]

被西方意识形态化地命名的所谓“新兴市场经济国家”的几大经济体，并未能在2008年金融危机中全身而退，几乎都出现工业化衰落的困境（除了没有被承认为“完全市场经济”的中国），甚至退回到以资源出口为主的“前现代化”阶段。

大多数发展中国家追求西方式的现代化，并接受了西方制度形式推进“发展主义”，却普遍陷入发展陷阱无法自拔。原因即在于发展中国家无法复制西方发展所内在地延续着的本质特征——殖民化——既是前提条件又是“路径依赖”(起点决定路径)。

中国作为世界最大的原住民人口聚居地和“超大型大陆经济体”，根本无条件照搬殖民化，由此却走出了与西方工业化不同的路径。虽然客观上靠从“三农”提取剩余这种特殊的“比较优势”内向型地完成了工业化必需的资本原始积累[②]和后续的外向型的结构性产业扩张，但若要在金融资本主导全球“竞劣机制”、向全球转嫁代价的格局下维持发展，则更需要转向生态文明导向下的“包容性

---

① 本文系国家社科基金重大项目（批准号14ZDA064）、国家社科基金年度项目（批准号14BGJ048）、北京市社科基金重点项目（批准号15FXA003）成果。本文作者为温铁军、邱建生、张俊娜。本文原载于《福建农林大学学报(哲学社会科学版)》，2015年第4期。

② 温铁军：《中国农村基本经济制度研究》，中国经济出版社，2000年，第11页。

增长”①。

一、西方现代化的不可复制和不可持续

二战以后，落后国家纷纷将发展作为第一要务，西方式的现代化成为绝大多数后发国家竞相追求的目标。由此，发展主义成为战后的世界主流。我们通过梳理发现，西方发展路径因其特殊性和劣根性，不可能为其他“后发”国家所复制，并且这种现代化自身也因无法负载内在的高制度成本而越来越捉襟见肘。

因此，非西方的民众如果愿意把西方宣传的普世价值作为一种信仰，则无可厚非，因为相信各种美好说法中的一种或者几种，乃是个人的精神偏好。但切不可把那些宣传当作科学真理去忘我追求，甚至迫使他人牺牲一切为之奋斗。因为，唯一应该作为常识记住的检验科学与否的标准，是可以“在同样的条件下重复得出的结果”。当代实践中，还未能找到如同西方那样对外殖民化扩张的条件。若没有如西方数百年对美洲、大洋洲、非洲的原住民采用“血与火”去杀戮掳掠的条件，也就更没有可能形成西方制度路径可被重复验证的典型。

西方资本主义现代化，始于以国家推进反人类犯罪形式向海外进行的大规模殖民扩张。与古希腊、古罗马奴隶制文明在全球复兴同时发生的是，亚洲、美洲和非洲原住人口的大量死亡，以及资源环境的掠夺性破坏。正是依靠大量掳掠来的海外财富，以及欧洲“贫弱”和犯罪人口大量向殖民地移出，西方才得以完成资本原始积累。也只有在以此类殖民化增量收益的经济基础之上构建上层建筑，

① 杨帅、温铁军：《什么才是体现中国“比较优势”的现代化》，《中国社会科学报》，2013-7-26，第480期，A07。

那些为后人乐道的技术革新和“政治文明”——资产阶级新贵与原封建贵族在海外增量收益条件下达成政治妥协——才成为可能。

西方进入工业化中期，必然地发生了产业资本结构性扩张需求，从而开始了占领世界市场的步伐。这期间，欧洲各中心国之间不断爆发争夺海上霸权、贸易权利、殖民地的战争。这些矛盾延宕到20世纪初叶，麇集在那个狭窄半岛型次大陆的欧洲列强，也在产业同构和几乎同步扩张背景下形成生产过剩和竞争恶化。

也是在这个时期，宗主国的产业资本向原殖民地国家大规模扩张引起要素配置发生结构性社会变化——产业工人相对于产业资本成为愈益稀缺要素，才使劳工逐步具有了起码的谈判地位——使得所谓阶级对立矛盾及其政治制度在近代西方有了落地的基本条件。

但无论海外殖民地争夺是否继续，也无论国内的无产阶级革命是否兴起，都并没有解决欧洲在产业资本扩张阶段的内在矛盾造成的生产过剩大危机。最终的结局，仍然是诉诸战争，并因所属殖民地的被迫卷入而演变为以法西斯为形式的、反人类的两次世界大战。

当然，西方在这一产业资本阶段经济社会结构内含的资本与劳动之间的对抗性矛盾因素并没有随战争结束而马上消除。20世纪50—70年代，劳工运动、学生运动、黑人民权运动、妇女解放运动和反战运动等，此起彼伏，大规模发生。直到20世纪70年代冷战竞争处于胶着状态，西方遂全面实行福利制度与收入分配倾向于中下层的分配模式，虽然缩小了贫富差距，但社会成本迅速上升，西方才不得不从80年代开始对外产业转移，其经济结构才升级为以金融资本为主导。

西方产业转移到发展中国家的同时，内生性的劳资矛盾、外生性的环境问题等本来只属于西方世界的问题，也随之不可避免地移出到发展中国家，西方遂转型为以在金融、法律、医疗、教育、影视、出版印刷、旅游和技术领域等三产就业的白领为主，从而在 20 世纪 80—90 年代逐渐形成了橄榄形的、中产阶级引领的公民社会，以及以此为基础的所谓政治现代化。可见，西方产业结构演化状况，对于扩大中产阶层具有决定性的影响。

不可忽视的是，实体产业移出西方的同期是金融资本扩张，20 世纪 80 年代以来的两个十年里美国在资本市场上创造出了数千种金融衍生品，促推其加快经济泡沫化进程。由此造成的这种以寄生性的金融服务业作为支撑的上层建筑演变进程，发育出的是内在本质上具有寄生性的政治现代化，主要依靠产业资本在海外的汇回收益维持。20 世纪 90 年代以来，任何一次从海外回流资本带动的华尔街股市冲高，都造成资金流出地的金融危机；并且，逐渐从外围向中心蔓延，金融危机最终符合规律地在中心引爆。

人们都应该知道：1997 年亚洲金融危机在一定程度上就是海外资金回流美国 IT 产业造成的。但 2001 年 IT 产业代表的新经济泡沫崩溃，资金又避险逃离 IT 转投房地产，于是又形成房地产过度投资引发的 2007 年次贷危机。最后，随着华尔街金融海啸 2008 年爆发、演变为 2009 年全球危机，接着就暴露出 2010 年以来的西方国家全局性的债务危机，越来越显示出这种高成本西方现代化模式的不可持续。

政党意识形态界分性渐趋模糊，竞选时无不在提高福利上夸大其词以吸引中产阶级选民，并陷入不断推高福利成本的政治现代化“棘轮”中。任何政治家都只能继续深化这种金融资本的寄生性，即政府直接出手，通过货币扩张和债务扩张来满足西方社会的大多数中产阶级群体的福利主义需求。

显而易见的常识是，大多数发展中国家根本不具备向外转移制度成本来化解国内矛盾的条件，那也就既不可能建立西方式现代化的经济基础，更不可能支付建基于其上的现代上层建筑的巨大成本。

据此可知，任何发展中国家追求“全盘西化”的激进努力无论多么呕心沥血、艰苦卓绝，都无异于“拔着头发离开地球”。而无论是在拉美的墨西哥城，巴西的里约、圣保罗，还是在亚洲的孟买、德里等大城市，大型发展中国家都有占人口半数以上贫民居住的大面积的贫民窟。私有化的制度使得农村无地者涌入贫民窟成为城市赤贫者，城市化不过是“空间平移、集中贫困”。黄赌毒泛滥成灾，黑社会控制严重，正规的政府治理则很难实现。于是，巴西要举办世界杯足球赛，政府不得不违反宪法地动用国防军上街“打黑除恶”；而没有世界杯为借口、不能动用军队、只能“合法打黑”的墨西哥，就打不掉黑社会和毒品泛滥……

类似的例子不胜枚举。

就大多数激进主流所追求的西方制度——市场化、自由化、民主化、全球化而言，其他大型发展中国家都比中国走得远。但却没有哪个能够相对地消除收入、城乡、区域等三大差别，少数主流利益集团进入西方式的现代化以大多数人的贫困和痛苦为代价，社会矛盾由此更加尖锐。

二、中国后发内向型工业化积累的制度经验

在不可能有西方通过海外殖民掠夺财富、转嫁矛盾的条件下，中国这样一个超大型大陆国家的工业化，主要靠内向型原始积累：（1）通过高度组织化（农村集体化和城市单位化）来占有全体劳动者的劳动剩余价值，同时通过工农产品剪刀差提取农业剩余；（2）通过劳动力资源资本化来大规模地集中使用劳动力投入国家基本建设，以此替代稀缺程度趋零的资本。正是通过这种对社会经济全面覆盖的“举国体制”，才创造了对产业资本的国家需求，也才在维护了独立国家主权的条件下完成工业化原始积累这个“惊险”的

跨越。只是，这种“非典型”发展主义增长中的巨大制度成本，主要由举国民众承担①。

中国工业化原始积累过程中形成的这种中国特色的“政府公司主义”经济基础，也构成了后来制度变迁中的“路径依赖”。于是，在改革之中就派生出以“政府公司化”为特色的政府市场经济——无论社会如何批判这种国有部门占较大份额造成的垄断和集中体制，人们都得正视这个基本事实：“中国经验”的本质是在“政府公司化”条件下维持了产业结构的相对完整②。

如果进一步从制度文化层次看，中国在近现代国家政治建设（state building）中，得以在维护自身几千年传统灌溉农业形成的群体文明的同时，形成了东方特色的集中体制内部两个能够整合社会资源的有效机制：（1）借助漫长历史遗产中的核心——群体文化，来“内部化处理市场经济严重的外部性问题”；（2）借助几千年农户经济内在具有的“不计代价的劳动力组合投入”的机制来缓解资本极度稀缺问题③。在这两个机制的作用下，中国就有了比“完全实现了西方人殖民化占领的、即使获得独立也仍然传承了西方人构建的上层建筑的一般第三世界国家”更易于，也更快地进入工业化的条件。

三、生态文明理念与可持续的包容性增长

乡土社会作为中国历次经济危机软着陆的载体，其内部社会经

① 温铁军：《八次危机：中国的真实经验（1949—2009）》，东方出版社，2013 年，第 214 页。

② 温铁军：《解读苏南》，苏州大学出版社，2011 年，第 13 页。

③ 温铁军：《中国农村发展的另类解读——“中国经验”、“比较优势”与乡建试验》，《理论前沿》，2008 年第 13 期，第 13~16 页。

济结构和外部宏观环境都发生着根本变化：

在农村内部，青壮年劳动力向非农领域大规模、长期净流出，致使农村人口老龄化和女性化的趋势严重，而农村劳动力的资本化收益，却大都被内、外资本和发达地区占有。这不仅使得产生“群体文化”的乡土社会基础正面临瓦解的危险，也使得维持农户理性——依靠家庭人力与资源的自我资本化收益以维持“风险内部化”机制——的主要条件正在衰减趋零。

在外部宏观环境上，一方面，中央层面在“资本过剩”条件下有条件向“亲民生”的政策作积极转变：2003 年提出“民生新政”思想，2005 年推行“新农村建设”国家战略，2007 年强调生态文明，2008 年明确提出“资源节约型环境友好型”的“两型农业”可持续发展目标等；并在 2005 年确立新农村建设战略以来连续近十年的时间里对农村投资总规模接近 8 万亿元人民币（约合 1.2 万亿美元）（本文选取国家财政的农林水事务支出作为衡量国家财政对“三农”投入的指标，数据来源为各年度《中国统计年鉴》）。

中国在广大农村地区大规模投入基本建设的这个不可能计较投入产出效率的政策安排，在包括发达国家在内的世界经济领域属于绝无仅有的举措。其宏观效果非常显著：由于大部分县市的农村实现了道路、供水、电力、通信、宽带等“五通”进村，使得农村中小企业创办成本大幅度减低，遂有农村多元化非农经济自主发展的局面，甚至带动了外出劳动力的回流，加剧了沿海的“用工难”……

但另一方面，延续着“政府公司主义”路径依赖的地方政府却由于仍然面临资本短缺压力，而不得不在“发展主义”导向下延续着“高投资=高负债=高增长”发展模式，并面临着资源流出严重、生态环境难以持续的困境。

因此，若问中国到底需要什么样的现代化，无非是在这种中央与地方复杂关系的背景下能否形成贯彻中央做出的战略调整的体制条件；舍此，不可能维系中国所谓的“比较优势”。

四、结语

长期来看：(1) 必须贯彻“生态文明”理念，摈弃 GDP 至上的发展观，使经济回嵌社会，缓解环境和社会“双透支”遗留的种种矛盾。(2) 要强化“构建和谐社会”的政治路线，政府的国债投入和国家金融部门的投资都需要体现普惠制原则。(3) 要依托传统村社内部化节约交易成本的机制，弱化增加基本建设投资带来的农村社会的资源和生态环境冲突。

而近期的政策重点：(1) 以中央政府掌握的垄断金融为基础，自上而下地组建能够统筹县以下新农村建设和城镇化的基本建设投资机制，赋予其承担维护乡村稳定、更多地创造就业机会和拉动内需的政策职能；(2) 进一步深化以“组织创新、制度创新”为内涵的农村综合体制改革。

唯其如此，中国才能在全球竞劣造成的危机之中达到“危中有机”，实现适合中国自身特点的可持续的包容性发展。

第二十一章

以生态文明为导向的高等教育理念转型及其试验①

高等教育的本质属性是应对国家宏观发展战略的上层建筑范畴。高等教育形态，是具有一定历史使命的教育方式，体现了一个文明时代作为主要矛盾的经济基础和政治需求。

本文在阐述中国以工业文明为导向的高等教育形态的历史使命及其弊病基础上，认为时代到了新的关口——由工业资本文明转型到生态文明；而生态文明时代的到来需要高等教育形态的转型，以与之相匹配，并成为它的助产婆。文章列举了当前与生态文明相呼应的几种新型教育形态的雏形，并呼唤完善对这种新型教育形态的制度设置，从而在培养生态型人才的使命中发扬光大。

一、生态文明为主导的教育形态是时代发展的必然趋势

近现代出现的大学教育，作为国家工业化宏观战略的产物，对我们这个传统农业文明历史悠久的发展中的人口众多、资源紧缺的国家百年的工业化而言，确实履行了其历史使命。由于近代中国面临内忧外患的生存环境和救亡图存的现实压力，从政府到社会对刚

---

① 本文系国家社会科学基金重大项目（批准号 14ZDA064）成果，作者为何慧丽、胡方萌、符彬、潘国亮。本文原载于《福建农林大学学报（哲学社会科学版）》，2015 年第 4 期。

刚起步的大学教育均抱有一种强烈的国家功利主义态度。“政治事业之推动与支持，则首赖于人才。人才之培养，系唯大学教育之责。”① 天津大学的前身——中日甲午海战后 1895 年成立的天津北洋西学学堂，作为近现代以来我国的第一所现代大学，其创办宗旨为“兴学救国”，重点培养理工科人才，为重工业优先发展的战略任务服务。伴随着中国 20 世纪百年来的四波工业化浪潮，中国高等教育的发展，经历了师从欧美，到照搬苏联，再到师从欧美的历程，虽然每个时期的政治形态不同，但都显示出了教育本质是因应着中华民族百年来共同的政治战略目标——为救亡图存、改革开放的产业化发展目标培养主体力量——人才的。因为高等教育要面向以工业化为核心的现代化需求，其任务和内容则以社会科学和自然科学的分科知识为重点，其典型特征是作为大型集中化综合性学校，教育过程为适应工业社会的需要而设计，致力于培养有一技之长的专门化人才。因此，专业教育、知识技能教育，其教学内容趋向于实用主义的专业化，教学组织趋向于形式主义的程式化，教学方法趋向于教条主义的传授式，这些现代化教育的变迁特点，为国家战略的指挥棒所指引，是工业文明在中国发展的内在要求使然。

时代到了 21 世纪初期，百年来中华民族的赶超战略终于使整个社会经济发展到了工业化的中期阶段。世易时移，变法宜矣。以工业文明为导向的高等教育形态，也逐渐表现出了其弊病的一面。其重视知识技能型、分科之学的专业化，以及产业化发展到了极致，形成了大学生人文素质缺失，科学教育与人文教育的失衡等严重事实。专业化的人才（包括专家教授等知识分子）形成了对现实世界的分裂或者抽离式的认知图式和生活样式，在对世界的真实认知上，“我们的专家们好似成千上万个盲人。他们用拐杖在大象的各部位乱

---

① 钱穆：《文化与教育》，广西师范大学出版社，2004 年，第 45 页。

捅乱戳。大象是什么，各人自有主张”①，而综合人才或者全人教育却丢失了。如此，学生素质无法全面发展；学生自由研究空间大大缩小；学生创新思维难以养成。而且，产业化的教育发展，是适应非再生能源基础的需要而出现的，其世界观和方法论均是基于培根、笛卡尔和牛顿等知识大家所奠定的机械论世界观。众所周知，工业化国家的经济都依赖于非再生能源基础，“当非再生能源贮存告罄，以其为基础的全部经济上层结构便将开始分崩瓦解。上层结构的各处正在出现裂痕。但是，无论我们如何努力，所剩的非再生能源仍然难以胜任修补工作”②。高等教育今日之问题正是“上层结构的各处正在出现裂痕”的表现。

执政党因应社会发展机遇和困境，于 2007 年提出了生态文明战略，于党的十八大提出了大力推进生态文明建设的重要精神，认为：面对资源约束趋紧、环境污染严重、生态系统退化的严峻形势，必须树立尊重自然、顺应自然、保护自然的生态文明理念，把生态文明建设放在突出地位，融入经济建设、政治建设、文化建设、社会建设各方面和全过程，努力建设美丽中国，实现中华民族永续发展。总之，践行生态文明建设的伟大战略，大力推进生态文明建设，这是工业资本文明发展到后期的危机以及转机使然。“生态文明的发展有赖于两大因素的实现：第一，生态环境的支撑作用，即地球上的生态环境状况从最终意义上决定了社会文明的发展存亡；第二，生态文明时代的经济社会活动、人的文化心理变迁，需要以遵循自然规律、以‘资源节约型、环境友好型’为基础性目标，以敬畏天地和自然为终极目标。它要求生态文明理念与道德准则在经济、社会、

① ［美］杰里米·里夫金、特德·霍华德：《熵：一种新的世界观》，吕明、袁舟译，上海译文出版社，1987 年。

② 同上。

人文、民生和资源、环境等各个领域发挥导向、驱动作用”①，从而使人与自然、人与社会、人与人、人的心灵与身体、各文明之间等都逐渐“生态化”“和合化”，以此体现新的文明时代特点。可见，所谓“环保”，已不只是一个技术方面的问题，而是全面的生产方式、生活方式、行动指南的综合性理念层次的问题了。

既然教育形态随着文明时代的不同而不同、随着文明时代变迁而变迁，那么既有的教育形态如何适应执政党倡导的新文明形态而发生改变，并顺之者昌，这是一个不得不面对的改革使命。新的生态文明的时代秩序应是以教育为开端的，至少当前及今后的大学教育，其方式、内容、方法论和宗旨，均是要围绕着这一战略性目标来的。社会政治战略目标的转型从根本上必然决定了高等教育的转型方向，而高等教育的形态转变，因为培养、造就了推动社会发展和进步的历史主体力量——人才，也反作用于社会政治经济的转型。新的人类文明到来急需大量的基于生态文明教育原则而培养出来的“生态型”人才。它需要汲取古典的自由教育、自然教育及现代生命教育、非理性主义教育思潮的合理成分，服务于生态文明战略践行的现实和长远需要，并在现实可能性的探索中得到经验性的建构。

所以，从这个意义上说，高等教育形态的变革，不仅是生态文明到来的重要体现，而且推动着生态文明的转型，是其发生、发展的基础工程。那么，什么样的教育形态和教育目标符合生态文明的需求呢？以下谨从三个与生态文明相符的教育目标和原则上进行阐述，分别称为转型之一、之二、之三。

① 何慧丽、吕迅、王瀛昊：《作为生态文明形态的有机农业之道——以北京市天福园有机农庄的经验为例》，《中国农业大学学报（社会科学版）》，2012年第1期，第116~123页。

二、转型之一：应培养具有整体世界观和方法论的人才

这条教育原则是从世界观和方法论的角度而言的。

这一理念，汲取了古典自由教育的合理内涵，即推崇通识教育，主张个体身体、道德和智慧的和谐发展，其中包含了对自然科学和人文社会科学的整体性把握，理论认识和实践能力的统一性把握，等等。而以前为适应工业社会需要和非再生能源基础的需要设计的专业型分科教育过程将越来越过时。对生态型人才的教育过程，将围绕着对待知识的整体论方法而展开。如教育将强调过程而不是测量法；人们将找寻彼此联系的现象流动，而不是收集彼此隔离的事实贮存；考试将更着眼于非系统化的经验主义能力，而不只是自觉的有方向性的理性能力；论文、口头表述和实践经验很重要；学习不再意味着灌输性的知识积累和进步，而是脑力和体力的结合，体验性知识将成为必需；等等。

当前高校体制内通识教育的改革，正是从世界观和方法论层次培养具有综合性、整体性视野的人才探索和尝试。国内通识教育基本上是在 1999 年教育部建立一些素质教育基地后得到发展，近些年来较有影响的还有北京大学的“元培计划”、复旦大学的“核心课程”、浙江大学的“大类招生”，等等。通识教育是针对教育现代性的问题——大众化、技术专业化的缺陷而来的，它不只是一般教育的课程或知识，而是一种顺应未来社会变迁需求、培养中华文明传人的教育形态。它借鉴了古典自由教育的原理性思想，但有时代、民族和国情的新的内涵。通识教育的宗旨和目标，可以哈佛大学为借鉴：“为学生将来参与公共事务做好准备；教育学生能够理解自身既是艺术、理念与价值传统的产物，又是这些传统的参与者；使学生能够对社会变化做出批判性和建设性的回应；使学生更好地理解

自己言行的道德伦理意义。”① 具体来说，通识教育核心内容为提供完整的教育，致力于学生的全面发展，从而奠定其广博的知识结构基础，训练和影响学生的心灵。其设置课程的特点和教学方式注重全面性、互补性、实践性和博雅性，可以“从教学内容体现融合性、教学过程增强互动性、考核方式注重实践性这三个方面进行教学改革”②。值得强调的是，博雅教育是通识教育实践发展到新阶段的一种教育形态，“它突出以人为本，关注人的发展，培养具有广博知识和优雅气质的人，注重提升人的生命价值和生活品质。它不仅鼓励开展多学科多领域的探索，更强调跨学科的整合，并能引导学生学会生活、学会学习、学会做事、学会发展”③。

以中山大学通识教育试验为例。2009 年，中山大学率先在全国成立首个博雅学院，首任院长甘阳认为博雅学院只是整个通识教改试验的一个环节，其目的是给通识教育的模式提供一个理想化的试验环境。博雅学院作为中山大学专门设置的学院，每年从各录取院系和专业的入校新生中精选 30 名学生集中住宿和学习。其教育方案是本科学制四年不分专业，贯彻跨学科跨领域的教学方式，目标是培养今后有能力从事高深学术研究的大思想家和大学问家。课程设置贯彻“少而精”原则，学生四年本科期间将广泛深入地研修中西方文明传统及其经典著作，包括中国文明史、中国人文经典、西方文明史、西方人文经典，等等，每门核心骨干课将有大量阅读、讨论与合作任务。教学方式还采用了研究生助教制度、小班讨论制度

① 王蕙：《哈佛大学通识教育对中国高校的借鉴意义》，《中国青年社会科学》，2015 年第 3 期，第 83~87 页。

② 杨展怡：《通识教育理念下非社会学专业社会学概论课程教学改革——以 F 大学经济管理学院为例》，《科教导刊（下旬）》，2015 年第 4 期，第 137~138 页。

③ 冯向阳：《我国通识教育的发展应当更加重视博雅性》，《高教研究》，2010 年第 7 期，第 105~108 页。

等。经过几年不易之实践，甘阳认为当前要推进中国大学的通识教育，就要对现在的各种极端不利的条件（不利的社会氛围和大学内各种不利因素等）有充分的认识，目标一定要非常实际，要量力而行和逐渐积累。

由于通识教育试验有助于培养个体自身全面发展的素质与正确的情感态度价值观，其内含了生态文明时代所要求的对学生人生观、世界观和方法论等的整体性、综合性的培养价值取向，可谓以生态文明为导向的高等教育理念转变的重大探索。

三、转型之二：对大自然物质和生命运动的认知与敬畏

对大自然物质运动和生命运动的体验和认知，是大学生把握的一大类系统知识。从对大自然物质运动的认知上而言，敬畏生命是一条根本原则。

具有对生命和灵魂的敬畏之心，是生态型人才核心宗旨之一。生命是物质运动的最高形式。敬畏生命是人类文化的开端，也是文明和文化的伦理内核。在开启人类文明之初，敬畏生命就包含了对各种生命——人类、动物和植物等生命的敬畏。“敬畏生命是一条上抵天、下抵地、中涉人的绝对性、普遍性和深刻性的伦理原则，它直接针对当今无法无天的人类，要求唤醒他们的生命意识和伦理良知”①，让每个人都在用信念和行动回应它，承担起敬畏生命的神圣职责，包括热爱生命、尊重生命和保护生命的职责。量子物理学证明，粒子能记忆身边环境的变化，会记忆外界的想法、语言、音乐

---

①　王俊：《作为生态文明形态的敬畏生命伦理》，《学习与探索》，2010 年第 5 期，第 25~28 页。

和图像，并通过自身变化反映出来。敬畏生命，赞美生命，对大自然物质运动的生命形态持积极认知和友善态度，才能走上一条人与自然和谐相处的共生共荣之路。

自从 20 世纪末、21 世纪初，地方工业化和城市化加剧而导致中国“三农”问题严重化、出现生态环境危机以来，在以温铁军为首的知识分子倡导下，全国高校大学生“三农”社团蓬勃兴起，有持续作为的约有 100 多家，遍布全国各大专院校。大学生“三农”社团作为以关注农民、农业和农村为出发点，对包括农业在内的乡村生命和乡土建设进行参与性认知的自发组织，是对产业化、学科化发展的大学教育进行补位的产物，它不同于高校体制内的院、系、班的规范化组织设置，具有志愿性、开放性和创造性等特点。“三农”社团以“关注‘三农’、成长自我”为使命，或利用校园条件进行相关理论学习和行为体验来了解“三农”，或利用节假日奔赴乡村进行乡村建设的参与式体验。以北京林业大学翱翔支农与实践社等高校社团为主的“校园农耕”试验、以河南大学“三农”发展研究会等高校社团为主的“乡村情景朝话”行动，均是以敬畏生命为核心的、对大自然物质运动认识的行之有效的经验性探索。

关于“校园农耕”试验，北京林业大学翱翔支农与实践社是一个以践行“环保、爱心、支农”为特色的志愿服务类学生社团，从 2005 年成立起至今，已有会员累计近千人。翱翔社于 2008 年始连续 5 年来在全国首创“校园农耕”行动，开展景观农业、生态农业的试验，在社会上引起一定反响。社团“校园农耕”的试验过程，不但是一种全人教育方式的体验式教育过程，在自然科学和社会科学领域得到了整体性认知和运用，更重要的是，学生们从中受到了敬畏生命和灵魂的体验性教育。农耕是一项技术性很强的活儿，整个过程中有堆肥、选种、育苗、耕作、除虫等多种农业技术的运用。在农耕初期的育苗大赛环节，学生们感受到了是生命就需要一定的温度、湿度、阳光等条件限定；在接触、感受、呵护生命的过程中，他们体验到了生命的脆弱、神奇、条件、生长、成熟，等等。这是一门关于尊重生命的体验性的综合性学科，而非知识灌输型的专业化学科。此外，在农耕过程中学生们培养了一定的情与志，即灵魂的塑造。当该社团在农耕中把握了一些规律之后，便激发起了大家追求生态、健康生活方式、生产方式的热情、志向和理想。他们主动地以校园农耕推广交流会的方式，进行示范、推广、宣传，并以极大的热情带动了北京农学院、天津科技大学、井冈山大学、河南农业大学、内蒙古农业大学、重庆大学等院校“三农”社团的校园农耕实践。

关于“乡村情景朝话”的体验，河南大学“三农”发展研究会是一个成立于 2003 年的社团组织，在当代知识分子参与的新乡村建设运动中，它一直以结合农村社会和大学生自身发展状况探索有效的乡建方法而凸显于高校社团之林。自从 2011 年至今，该社团就提出“向社会学知识，到田野做学问”的目标①，以“乡村情景朝话”的方式去发现乡土性，去体验那以土为本的百谷草木与人类生命之间的生生不息关系，其中包括自己和别人之间的友善关系。培养发现乡土性的能力和功夫，其方法就是悟道与尚清。所谓悟道，即经历“接触事物→找出规律→反复验证→完善浓缩、穷究其理→旁及其他、一通百通”这样一个过程②；所谓尚清，即敏其感清其心，就是在解放身心开发五官潜能，对真善美、知情意的呼唤中，恢复相对于人为雕琢而言的“天然”和“自然”，触及自然社会和历史传统的根本。该社团试图通过悟道与尚清的方法，对自身本能的直觉力尽情释放，也即“率性至道”，从而学会接近他人、他物和大自

① 何慧丽等：《当代新乡村建设运动的实践总结及反思——以开封 10 年经验为例》，《开放时代》，2014 年第 4 期，第 149~167 页。

② 刘益明：《中国式的“悟道”对大学通识教育的启示》，《教育与教学研究》，2015 年第 5 期，第 91~95 页。

然生命的本然机理，真正地分享感动、收获，使自己成长，大家共享成长，这种对另外一种可能性——不同于资本化的现代生产、生活方式和情景场域——多元生命共生的乡土性之寻找和体悟，就是乡村情景分享行动的主要功能。两年来，该社团在河南省兰考县的坝头村、贺村、南马庄村，杞县的于村，开封市祥符区的杨庄村、段木周村，通许县的岳寨村，灵宝市的罗家村等诸多村子，进行支农支教活动时，均于清晨时分，到村庄的田野里、树林里、高岗上、草丛中、祖茔旁、古树下，进行情景分享式的朝话活动，曾写出了《良辰美景润心田》《祖坟与古树》《老院落，新院落》《新乡村建设之黄河坝头篇》等文章。把“感觉、理解和欣赏乡土性”作为一大任务的下乡行动，这是一个新方向，意味着以大学生为主体的外发力量“走进乡村”理念的开拓，这种做法和理念曾影响到很多其他“三农”社团的下乡活动取向，即从以前以热情协助和推动农民合作的方式“求诸人”，到以感受天地生命和推己及人的方式而“求诸己”。2013 年 4 月，当代知识分子指导参与的河南省灵宝市弘农书院成立了，它以“人法地，地法天，天法道，道法自然”为宗旨，两年来开展的关于下乡大学生实践教学任务之一，就是“乡村情景朝话”。

四、转型之三：把握人类社会运动的自主合作之道

从对社会关系运动的认知上而言，把握自主性和合作之道是另一条根本原则。

自觉把握和处理社会关系中的自主性和合作之道，学会理解和尊重“差分”和合作之道，是生态型人才的社会关系处理时表现出来的特点。所谓差分，是指“性质各异、品位有差、充分分化的”多样化的存在，也是指各种物质元素、要素的“差异与分殊”的

"连续不断""不断生生"的过程①。所谓自主性，是在对人与人之间的差别的价值予以理解和尊重的前提下，在多样化的存相之中培养自己的差分并自觉对其存在的意义和价值进行认知。所谓合作素质的培养，是指在人与人之间的各种"融突"和合的动态过程中，把握住如何达到共生、共处、共立、共达及共爱的大道。所谓"共生、共处、共立、共达、共爱"等五大中心价值，是21世纪人类处理各种自然、社会、文化问题的基本原理之一。

如下谨以北京梁漱溟乡村建设中心所进行的乡村实践教学探索——"农村发展人才培养计划"为例。北京梁漱溟乡村建设中心作为一家民办社会性组织，成立于2004年，是以新乡村建设为核心目标，以推动农民合作与城乡和谐发展，进行大学生行动教育与新文化研究及推广工作为主要任务的民间组织。该中心曾与国家扶贫办、中国扶贫基金会、香港社区伙伴等组织合作，自2005年开始启动"农村发展人才培养计划"，迄今已有10届，培养人数已达几百。

"农村发展人才培养计划"，面向高校和社会，选择那些关心农村发展、对农民有感情、有服务农村热情、有奉献品格的大学生为培养对象；要求培养对象有意愿长期蹲在农村，全职一年进行相关的理论学习和实践工作；原则上要求培养对象为大专及以上学历的毕业生，或具有同等学力的社会青年（有丰富农村工作经验的人员可适当放宽）；必要时也可以持有所在高校书面推荐或同意的在校休学证明而休学一年。学员实践领域多种多样，主要是关于合作互助的农村社区发展尝试，关于绿色联盟的农村可持续发展尝试，关于生态农业种植的联合尝试；关于新青年绿色公社的尝试，即青年人自身的可持续生活的探索；等等。

把青年学生迈向具有生态文明导向性的实践作为一种重要教育

---

①　张立文：《和合学》，中国人民大学出版社，2006年，第107页。

手段，权且称之为生态文明的实践教育模式。这个实践教育模式，具有教育学层次上的方式之综合性和目标之彻底性。相对于“理论已死？理论何为？”的高校教育之反思，梁漱溟乡村建设中心直接践行了“实践即教育”的命题。在具有生成性、综合性和多样化的乡村社会生态实践之中，年轻人通过参与农民合作的方式学会不同群体之间的合作之道；在自觉把握和处理各种乡村社会关系之中，体验到了农民合作事业和生态文明事业的需求而滋生的知识分子自主性价值，在接近自然的有机耕作体验中，在对乡村四时风物的感受中，年轻人真正理解和明白了尊重天地万物生命间“差分”的多样性共生价值。通过“农村发展人才培养计划”项目的推动，一批优秀的青年人脱颖而出。他们不仅摆脱了旧有的教育和思想羁绊，推动了以乡村实践教育为模式的变革和教育理想的实现，而且也开始通过自身行动的合作式参与，推动了农村的可持续发展，这就将个人的成长和中国农村社会的变革结合起来。

乡村实践教育，作为有生命力的新生事物，多年来在社会上产生一定影响，其开创性经验已经为相关组织所重视和采用。到目前为止，约有十家机构采用类似的方式培养青年人才。如行动援助中国办公室组织实施的“青年人才培养计划”，友成基金会组织实施的“小鹰计划”，等等。

综上所述，从工业文明主导的教育形态向以生态文明为主导的教育形态转型，作为一个时代性的宏大战略课题，本身充满了错综复杂的此消彼长，它是在高校体制内、外或者两者之间的条件允许下，以生态文明为导向的高等教育理念转变及其试验为体现方式的，一点一滴的量变积累过程。值此新文明与旧文明交替之际，唯愿适应生态文明需求的新型教育形态，能够从先行者们在一定条件下自觉试验的萌芽、开创阶段，发展到引起国家相关部门的重视，进行相关制度化的保障阶段，以及在高校和全社会的成熟推广阶段。

第六篇

探　索：

本土经验与地方创新

第二十二章

地方政府制度创新与产业转型升级

——苏州工业园区结构升级案例研究[1]

政府作为制度创新中的重要主体，在市场化的改革发展进程中发挥着重要的作用。相对于诸多发展中国家无法摆脱“低水平陷阱”的教训，中国的苏南经验，特别是苏州工业园区（以下简称园区）发展经验值得借鉴。本文通过对园区的深入调研，系统分析了地方政府制度创新影响经济发展方式转变的内在机理，并且提出了政府创新与区域产业转型升级相关性理论思考[2]。

一、制度创新：“低制度”向“高制度”转换的动力

所谓的制度变迁是指制度的替代、转换与交易过程。美国新制度经济学的代表人物、诺贝尔经济学奖获得者道格拉斯·诺

---

① 本文系国家社会科学基金重大项目“作为国家综合安全基础的乡村治理结构与机制研究”（批准号 14ZDA064）、国家社科基金年度项目“粮食金融化与我国粮食安全战略研究”（批准号 14BGJ048）和北京市社科基金重点项目“城乡二元结构下改善社会治理研究”（批准号 15FXA003）的阶段性研究成果，作者为温铁军、谢欣、高俊、董筱丹。本文原载于《学术研究》，2016 年第 2 期。

② 本文主要观点和资料来自苏州大学出版社 2011 年出版的《解读苏南》（先后获得 2013 年北京哲学社科二等奖、2015 年教育部人文社科二等奖）和苏州大学出版社 2015 年出版的《再读苏南：苏州工业园区 20 年发展述要》。

斯①②认为："制度提供了人类相互影响的框架，它们建立了构成一个社会，或更确切地说一种经济秩序的合作与竞争关系。"作为最主要制度供给主体的政府，因同时承担着提供公共物品的职责，而相对于其他行为主体（个人和组织）在制度变迁中更体现公平性。所谓制度创新，可理解为制度的诱致性变迁过程，应该是制度创新主体为获得潜在收益而配合政府进行的有正外部性③的制度安排。

根据演化博弈论的一般原理，由于社会的和历史的初期条件局限，经济社会的制度进化往往表现出极强的路径依赖性。因此，一般的社会经济演化过程不一定带来最佳制度，可称之为"低制度"，并派生出许多与"低制度"概念有关的现象。例如，国际社会关于"拉美化"④ 的讨论、关于发展中国家"城市化陷阱"的讨论以及"低收入陷阱"和"中等收入陷阱"⑤ 等现象。

美国经济学家钱纳里⑥认为："发展就是经济结构的成功转变。"动态地看，只有实现经济结构"一次又一次"的成功转变，才叫发展。据此，通过高技术或高投资而实现了经济升级到"高结构"的发展经验，也具有相应形成"高制度"的条件。

---

① ［美］道格拉斯 · C. 诺斯著，陈郁、罗华平等译：《经济史中的结构与变迁》，上海三联书店、上海人民出版社，1994 年新 1 版，第 225~226 页。

② ［美］道格拉斯 · C. 诺斯著，杭行译：《制度、制度变迁与经济绩效》，上海三联书店，2008 年，第 29~67 页。

③ 正外部性是指经济主体的经济活动导致其他经济主体获得额外的经济利益，而受益者无须付出相关代价。

④ "拉美化"是指这些国家在进行经济改革以确保经济增长的同时，社会形势不断恶化，最终导致改革与预期相去甚远的矛盾现象。拉美化陷阱是在各国讨论和评价 20 世纪 80 年代和 90 年代拉美国家经济改革成效时提出来的。

⑤ 是指当一个国家的人均收入达到中等水平后，由于不能顺利实现经济发展方式的转变，导致新的增长动力不足，最终出现经济停滞的一种状态。

⑥ ［美］霍利斯 · B. 钱纳里著，吴奇译：《工业化和经济增长的比较研究》，上海三联书店、上海人民出版社，1995 年，第 52~60 页。

相对而言，当西方主导国家经历了“一次又一次”的成功转变，进入金融资本全球扩张的时期，一般发展中经济体如果只看国内条件的话，往往因没有信用基础而无法获得金融授信，遂只能从低端产业起步进行“内向型积累”，形成低端产业为主导的经济基础和与之配合的符合“低制度”内涵的上层建筑。二者的内在利益分配及其结构性组合，对后续的产业结构向高端升级形成难以突破的“路径依赖”约束，使得经济体的产业层次只能在“低水平”上徘徊。

并且，更为深刻的问题是：大多数发展中经济体不具备复制发达国家通过向外转嫁制度成本而成功转变经济结构的客观条件，有些甚至都没完成过一次像样的民族民主革命。由此而一般都处于低经济结构羁绊之中的“低制度”，于是遭遇到各种“发展陷阱”也就成为一种老常态。

这种低水平陷阱之普遍意义，一方面是与要素重新定价后自身产业结构转型升级遇到瓶颈有关，更重要的是社会经济发展中的惯性已经形成了一种路径依赖性较强的“低制度”。在这种普遍性的局限下，当下的中国经济发展也正面临着产业转型升级的困局，甚至出现去工业化的趋势：2009 年全球危机爆发以来外需下降，作为世界工厂的外向型经济过去依赖“环境租”和外来劳动力“福利租”①，长期处于收益率过低的“微笑曲线”底端②，没有形成产业

---

① 此概念由盛洪等在工作论文《论产品内国际分工下的中国贸易》中提出，盛洪等人认为沿海加工贸易的主要收益来源于环境租和劳动力租。

② “微笑曲线”理论是 20 世纪 90 年代初有中国台湾“IT 教父”之称的宏碁（ACER）总裁施振荣先生，根据波特理论和他多年从事 IT 产业的丰富经验提出的。他用一个开口向上的抛物线来描述个人电脑制造流程中各个环节的附加值，由于曲线类似微笑的嘴型，所以被形象地称为“微笑曲线”，后来加以修整成为“产业微笑曲线”。一般来说，资金和技术密集度越高的产业，其曲线的位置越高，曲线的弯曲度也越大。“微笑曲线”以附加价值的高低，来看待地区、企业和产业的国际竞争力。地区、产业和企业，只有不断往“微笑曲线”的高附加值区块移动和定位，才能赢得良好的经营效益，实现可持续发展。

升级必需的资本积累①，表现出相关数据连年下降而负债率不断上升的趋势。且这种“吃租经济”强化了外来资本和外来劳动力在本地的固化，形成了“吃租”的路径依赖。

有鉴于此，如何才能在困境中突破“低制度”，形成向“高制度”转换的动能，完成技术增密和资本增密的过程，从而解决产业转型升级带动产业利润率上移？对园区产业升级成功经验的研究尤为重要。

我们在园区②起步的筹融资过程研究中认识到，西方“制裁”下的中国全面转向市场经济体制之初即于 1993 年遭遇财政、外汇、金融三大赤字同步爆发，致使园区起步时的中方投资为 0！中国正是依托以“举国体制”构建的“政府信用替代资本信用”，加之搭上了新加坡这种“强政府”在国际资本市场上的优良信用的便车，才得以超越了一般发展经验的“低水平均衡陷阱”，构成了制度起点较高的“高制度”③。

我们此前对苏南发展实践④的研究证明，早期的资本原始积累决定了其以后发展靠自身的制度结构和路径依赖。而近年来对园区的研究则进一步表明：从正式进入制度化的建设运营阶段开始前的资本原始积累过程中，经济基础层面进行区域综合开发的本地“强资本”与寻求产业全球扩张的跨国公司“强资本”的所谓“强强联合”建立了产业资本阶段的“高制度”起点，从而凭借国家信用、海外资本和政府公司化运作这“三驾马车”，实现园区发展规模快速

---

① 温铁军等主编：《解读珠三角：广东发展模式和经济结构调整战略研究》，中国农业科学技术出版社，2011 年，第 148~152 页。

② 据 2015 年 8 月 28 日凤凰卫视的报道，苏州工业园区在台商评价中位列第一。

③ 董筱丹著：《再读苏南：苏州工业园区 20 年发展述要》，苏州大学出版社，2015 年，第 10~27 页、第 50~52 页、第 260~272 页。

④ 温铁军等著：《解读苏南》，苏州大学出版社，2011 年，第 30~37 页。

扩张。也正是得益于此，园区才能在形成产业结构之后，进一步通过政府公共服务创新和金融创新，将结构调整带来的制度成本内部化，助推区内企业技术创新，实现技术增密与资本增密，上推园区整体产业收益率，带动完成了产业升级转型①。

二、地方政府：转型中制度创新的重要主体

改革开放以后，随着中央政府财权和事权的下放，地方政府更多演变为具有独立财政及经济利益目标的经济组织，实际上成为地区经济的主导力量。

1983 年，美国经济学家劳埃德·雷诺兹②分析 41 个发展中国家 100 多年的发展历史后得出了这样的结论："我的假设是，在经济发展中一个最为重要的解释性变量是政治组织和政府的施政能力。"在中国经济学家中，杨瑞龙根据我国地方政府在改革的一定阶段扮演着重要角色的事实，提出"中间扩散型制度变迁方式"的理论假说，把地方政府作为转型中的一个非常重要的变迁主体来研究③。李义平认为一直以来地方政府主要负责人的任命制和以 GDP 的增长为主要内容的考核标准，导致地方政府行为与经济发展方式转型的要求不一致④。周黎安等运用中国改革以来的省级水平数据系统地验证了地方官员晋升与地方经济绩效的显著关联，为地方官员晋升激励

---

① 董筱丹著：《再读苏南：苏州工业园区 20 年发展述要》，苏州大学出版社，2015 年，第 10~27 页、第 50~52 页、第 260~272 页。

② ［美］劳埃德·G. 雷诺兹著，马宾译：《微观经济学——分析和政策》，商务印书馆，1982 年，第 236~245 页。

③ 杨瑞龙：《我国制度变迁方式转换的三阶段论——兼论地方政府的制度创新行为》，《经济研究》，1998 年第 1 期。

④ 李义平：《地方政府行为与转变经济发展方式》，《天津社会科学》，2011 年第 3 期。

的存在提供了重要的经验证据①。

尤其是自 1994 年中央政府应对赤字危机而采取的带有加强中央财税集权性质的分税制改革起，中央与地方政府的角色发生了巨大变化。众所周知，支撑政府运转的核心动力是财政收入，从 1958 年中央第一次向地方分权起，中央财政收入比重从 1958 年的 80.4%骤然降至 1959 年的 24.4%，并在到 1994 年分税制改革之前的很长时间内保持在较低的水平②，直接导致中央财政连维持基本开支都很困难。相对而言，改革开放以来依靠中央政府所赋予的财权和外贸外资等自主权，地方政府发生性质变化，逐渐形成相对独立的利益主体，并采取公司化的运作方式——通过汲取本地资源尤其是土地资源，实现“营业额”（GDP）和“利润”（财政收入）的增长。

人们都应该知道收益与风险对等的道理。由此说，地方政府的这种公司化“府际竞争”体制，既对过去 30 余年的经济高速增长起到了推进作用，又造成巨大风险，表现为银行坏账和财政赤字，这些代价则只能由中央承担。由此，凭借国家政治强权维护核心经济主权所派生的财政和金融这两个方面的国家信用扩张，是中央政府承担地方竞争风险的主要手段，也由此形成对中央严格掌控信用扩张的内因——这是中国区别于其他发展中国家的制度基础。

同理，若某个地方政府得到中央的信用赋权，则该地方需要承担中央的战略责任，例如主动调整产业结构。我们对园区 20 年发展经验中有效利用国家信用的调研中重点讨论的问题之一，就是地方政府制度创新如何降低产业结构调整带来的制度成本，实现“外部

① 周黎安：《晋升博弈中政府官员的激励与合作：兼论我国地方保护主义和重复建设长期存在的原因》，《经济研究》，2004 年第 6 期。

② 数据来源于《中国财政年鉴 1995》。

性成本的内部化"①，并推动产研融结合带来产业结构升级和利润率上移，从而有效地解决了"低制度"陷阱下无法自主迁移到"高制度"的路径依赖。

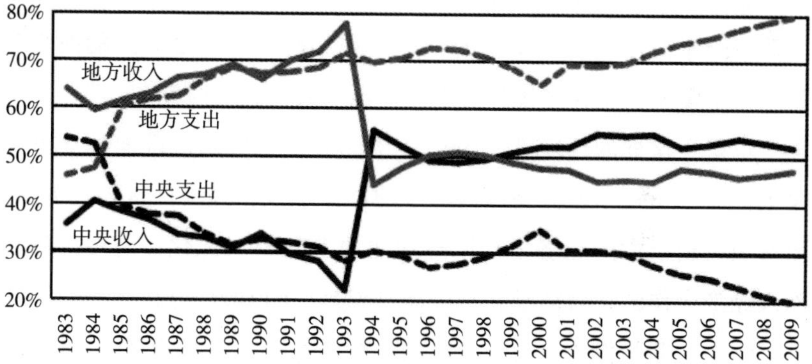

图 22-1　1983—2009 年中央和地方财政收支占比②

三、案例研究：园区发展中的地方政府创新

（一）危机下的原始资本积累

1988 年中国爆发了改革开放以来第一次"通货膨胀+生产停滞"这种典型的滞胀危机。从宏观经济指标来看，1988 年通货膨胀率高达 18. 5%，随即，1989 年经济增长速度陡然下降到 4. 1%，1990 年则进一步下降到 3. 8%③，沉入典型的萧条阶段，直到 1992 年发表强

① 是指将经济行为带来的外部成本变为内部成本的过程，从而消除外部成本，使得经济运行处于帕累托最优状态。一般来说，外部经济会引起私人成本低于社会成本。

② 图表转自温铁军：《八次危机：中国的真实经验（1949—2009）》，东方出版社，2013 年。数据来源于中国国家统计局网站：http://www. stats. gov. cn。

③ 数据来源于《中国统计年鉴 1989》、《中国统计年鉴 1990》和《中国统计年鉴 1991》。

国“逆周期”调节作用的邓小平南方谈话，才出现复苏和1993年高涨及其伴生的1994年CPI超过24%的高通胀再次爆发。据此看，1988—1994年的周期性波动，就是苏州工业园区创建时的宏观背景。与1988—1989年经济危机同时爆发的是政治危机，则与冷战中的大多数不同于西方制度的国家的遭遇几乎相同。但随之而来的西方制裁恶化了萧条，也让中国经历了改革以来最艰难的时期。

正是在这样的环境下，1990年中国和新加坡两国政府建立外交关系，对于正处于西方制裁困境中的中国来说，是一件重要的大事。而新加坡出于本国经济结构调整和地理空间布局优化而与中国进行深入经济合作的客观需求，与中国打破封锁的努力一拍即合①。

于是，苏州作为一个区域经济体，客观上就具有了“双重角色”，第一重角色是20世纪80年代在中国开启“地方工业化”② 的进程中，地方政府普遍具有的以地方利益为本位的“地方政府公司化”；第二重角色是苏州市因承接国家重大战略性任务而特有的“地方政府代行国家体制”，并由此得到中央政府资源的在地化配给，以及国家信用的背书。这“双重角色”强调了垄断性的“代行国家战略”，从而进一步上升为“代行国家体制”，客观上极大地提升了所在地政府的竞争力。

历史上任何国家，无论何种体制、何种意识形态，其工业化都

---

① 就具体地缘政治来讲，在整个东盟中间，新加坡和中国关系比较稳定，渊源较深，和这样一个属于西方阵营的华人国家建立战略合作关系，既是为了完成突破西方封锁的政治任务，亦可借机向国际社会展示与中国的合作空间和前景，增加中国作为合作者和投资东道国的吸引力。

② 温铁军把中国自洋务运动以来百年工业化历史划分为四个进程。其中第三个是改革之前中央政府为主导的“国家工业化原始积累”；第四个则是以改革开放为名的“产业资本扩张”，且以“地方政府”为主导，由此可以称之为“地方工业化”。参见温铁军：《百年中国，一波四折》，《读书》，2001年第3期；收入作者文集《我们到底要什么》，华夏出版社，2004年。

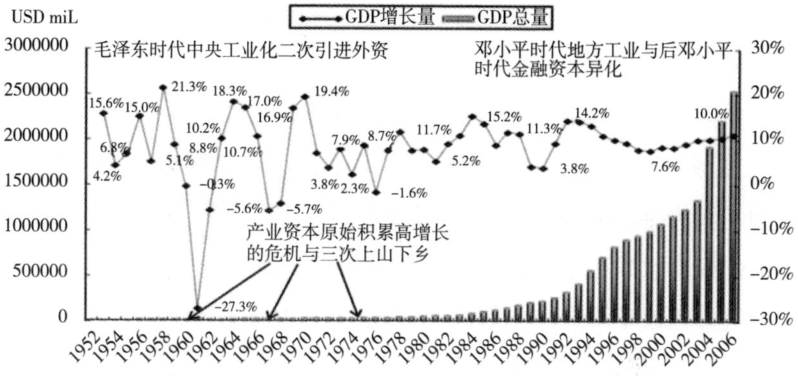

图 22-2　1952—2006 年中国宏观经济增长与波动①

不可逾越资本原始积累这一阶段，且资本积累过程决定了制度结构及后续制度变迁的路径依赖②。亦即，所谓的制度，并非主要取决于具有特殊性的条件下的主观人为因素，而是派生于工业化原始积累初期的一定资源禀赋约束条件下的不同要素根据稀缺程度的客观结构变化③。得到中央政府赋权并承担中央的战略责任的园区，受

---

① 本图来自温铁军著：《八次危机：中国的真实经验（1949—2009）》，东方出版社，2013 年。该书是多个国家级课题的研究成果，第一版一年之内 6 次印刷，联合国系统驻华协调员及开发计划署驻华代表罗黛琳不仅为本书作序，还资助本书翻译和用于发展中国家分享中国经验的培训和交流。本书被《经济参考报》评为"流过我的思想的你的智慧——2012 年最值得阅读的 10 本财经图书"，被经济参考网评为"2012 最有影响力的 10 本书"，被中国书刊发行业协会评为"2012—2013 年度全行业优秀畅销书"，2014 年 5 月，在中国最大财经门户网站和讯网主办的"和讯华文财经图书大奖"活动中通过网络投票被评选为 2013"年度十大财经图书"。本书繁体版已经由香港中华书局出版，韩文版也已经出版，英文版即将问世，以此书为题的英文讲座录像已列入英国普利茅斯大学舒马赫学院研究生课程。

② 温铁军等著：《八次危机：中国的真实经验（1949—2009）》，东方出版社，2013 年。

③ 温铁军著：《"三农"问题与制度变迁》，中国经济出版社，2009 年第二版。

命于危难之际，因此也被赋予了非比寻常的资本积累方式，并深深地影响了其后的制度变迁。

1994 年，中国和新加坡成立了“中新苏州工业园区开发有限公司”，首期开发 70 平方公里土地。但是，这一年国内财政、外汇、金融三大赤字同步爆发，通货膨胀率高达 24.1%①，处于改革开放以来的最高水平，中央政府将本币的币值一次性下降 50%以上，大力推进外汇改革②和财税改革③。在这样的大背景下，园区起步自然绕不开原始积累，而当时的中国政府投资能力捉襟见肘，园区手中唯一的筹码就是政府的“强信用”背书。

而此时的新加坡，因推行出口导向战略，发展劳动密集型加工业，在短时间内实现了经济快速腾飞，同时也吸引了大量的资金和技术，被称为“东亚模式”④ 的典范。由此，按照事前约定协商，5000 万美元注册资本的原始资本积累由新加坡政府先行承担 65%⑤，这种初始资本的投入方式所形成的制度路径，由是而不同于珠三角

---

① 数据来源于《中国统计年鉴 1995》。

② 1994 年开始，国家对外汇管理体制进行重大改革，取消外汇留成制度，实行银行结售汇制度，并一次性实现汇率并轨。

③ 1994 年开始，中央开始实行以分税制为核心的财税体制改革，这也是中华人民共和国成立以来涉及范围最大、调整力度最强的一次财税改革。在这之前，实行的是“统收统支”的管理体制，由于管得太死，抑制了经济发展活力。

④ 是指出口导向型的工业化战略或外向型的经济发展战略。面对日本、韩国、东南亚国家及地区在战后取得的巨大成功，人们将东亚现代化进程总结为“东亚模式”。

⑤ 注册资金是困扰园区开发初期的一个大问题。在商务谈判时，我方表态，双方投资将同时到位，第一期双方共注册资金 5000 万美元。按中方 35%计算，中方应投入 1750 万美元。根据 1994 年对外经济合作部下发的《关于设立中外合资苏州工业园区开发有限公司的批复》，双方均以现汇出资，第一期至少为各自认缴出资额的 30%，须在合资公司营业执照签发 3 个月内出足；1 个月内缴清出资额的 10%，其余 1 年内出足。合资公司可在园区内进行成片土地开发与经营，合营期限为 30 年。

发展模式①。

同时，中方非比寻常的政府信用替代资本方式集中体现在了园区最有竞争力的软件环境上，即“九号文件”②。不仅给予了园区参照享受沿海开放城市经济技术开发区的各项政策③，还给予了园区上不封顶的自行审批特权、财税优惠政策以及灵活方便的外事管理权，充分体现了国家权力在地方层面的延伸和直接行使，并由此形成了中央向一个地方“强政府”赋权替代资本的案例，为举国体制下海内外两个强政府的紧密结合打下了制度基础。

（二）“强政府”与“强资本”结合下的“高制度”起点

很多研究发展问题的学者均指出，强有力而高效的政府是后发国家经济、社会发展的关键，因此，“强政府”与后发展国家的现代化之间有一种内在的必然联系④。新加坡就是典型的“强政府”国家。“强政府”特征作为稀缺资源，助力其短时间内实现了经济的腾飞，而新加坡“区域工业计划”之所以选择苏州，恰是苏州这种苏南“强政府”模式能够成功地嫁接其优良商业信用的隐含逻辑。

作为承接国家间合作使命的园区，既有举国体制下的制度优势，

---

① 改革开放初期，广东利用良好的区位条件和政策优势，承接了当时新兴工业化国家和地区的低端制造产业转移，初步完成了资本的原始积累，并形成了外源型经济模式，强化了“境外前店+境内后厂”的加工型贸易产业结构在本地的低端配置。

② 1994 年 2 月 11 日，国务院下发《国务院关于开发建设苏州工业园区有关问题的批复》，俗称“九号文件”。

③ 它所得到的政策优惠高于一般的省一级的政策优惠，这是苏州工业园区第一步发展的特殊条件。它可以自由地使用资本，地权审批权力、项目审批权力和税收权力大大超过省级。

④ 温铁军等著：《八次危机：中国的真实经验（1949—2009）》，东方出版社，2013 年。

又有新加坡依托“强政府”信用背书提供的外资，使园区脱离了地方资本原始积累内在形成制度的路径依赖，在“高制度”起点上客观形成了“强政府”和“强资本”合作的发展路径，较快地直接进入法制化、有序健全的市场经济高级阶段；使园区产业的发展跨越劳动密集型为主的低级阶段，一开始就进入以技术密集型、资金密集型为主的阶段，从而避免出现珠三角发展面临的“腾笼换鸟”[①]制度性困境[②]。从累计总投资看，在起步阶段的1994—2000年，园区就吸引了大量来自欧美国家和新加坡的产业资本，累计总投资合计占比达到60%。到2014年，累计进驻企业已经超过5000家[③]，发展的产业也从电子信息产业和精密器械，开始向软件、动漫游戏、纳米光电新能源、生物医药、生态环保、融合通信等新兴产业迅速扩充，客观上实现了技术增密，形成了产业高地，实现了内生性的产业转型升级。

因此，我们或可形成如下比较有一般意义的经验归纳：世界上任何处于工业化过程中的发展中国家的政府在资本要素极度稀缺（而非一般经济学作为立论前提的要素相对稀缺性）条件下，都是“亲资本”的。区别仅在于各国政府由于自己的基础和能力不同，能与之结合的资本类型也不同，遂使各国的工业化道路形成了不同的路径和结果。

园区经验表明：得到中央信用赋权的本土“强政府”和外来

---

① 是经济发展过程中的一种战略举措，就是把传统制造业从目前的产业基地“转移出去”，再把“先进生产力”转移出来，以达到经济转型、产业升级。广东地区的腾笼换鸟可称为“双转移”政策，即产业转移和劳动力转移。具体是珠三角劳动密集型产业向东西两翼、粤北山区转移，而东西两翼、粤北山区的劳动力一方面向当地二、三产转移，另一方面向珠三角发达地区转移。

② 温铁军等主编：《解读珠三角：广东发展模式和经济结构调整战略研究》，中国农业科学技术出版社，2011年，第148~152页。

③ 数据来源于苏州市工业园区“一站式”服务中心。

"强资本"的两强结合，客观上形成了一种产业筛选机制，易于吸引处于行业中较优秀、附加值较高位置的企业入驻落户，最终聚集较高产业利润率的企业形成产业高地，从而带动产业链扩张，实现产业利润率的上移。

（三）制度创新与产业转型升级再平衡

1998 年，东亚经济体遭遇了金融风暴，发展外向型经济的中国很快就遭遇外需持续下滑的局面，对外依存度过高、缺乏自主创新的核心技术等结构性问题不断凸显，这次"输入型危机"让中央政府深刻地意识到产业转型升级的战略意义。

人类进入工业文明以来的历史经验，一再表明如下基本事实：居于任何类型的政府治理下，只要推进经济结构调整，都会有结构调整带来的制度成本。为了将制度成本最小化，政府可以通过制度创新来实现外部成本内部化，进而降低交易成本，而制度创新则与政府市场经济①派生而来地方政府的公司化"府际竞争"体制有较大关系。

代行国家体制、承担中央调整产业结构战略责任的园区，则依托"强政府"信用背书，通过产业公共服务创新引领技术创新和产业结构调整升级，其核心经验则是：生产性服务业呈现出典型的资本和规模报酬递增优势，对于产业转型升级具有明显的推动作用，但是需要较高的财政投资能力，因此，政府须充分发挥在

① 中国政府在完成了内向型的国家工业化资本原始积累之后，符合产业资本扩张规律地推行了市场取向的经济体制改革。由于后任政府继承的是直接获取农村剩余的政治经济制度，必然出现内含于后来制度改革之中的"路径依赖"，于是派生出以政府公司化为特色的政府市场经济。

资源配置上的引导作用，以金融平台和生产性服务业①作为政策传导中介，有效引导了园区技术创新和产品研发，进而促进产业转型发展。

于是乎，政府一方面投资于产业公共服务，建设产业共性技术平台，帮助中小企业降低技术创新外部成本。同时，政府还建立了综合服务平台，对接有需求的中小型科技企业，提供认定咨询、财税服务、投融资服务、上市服务、培训服务等专业公共服务，降低初创型企业经营成本，帮助企业专注于核心技术创新。另一方面，政府通过金融创新，解决了初创型中小企业缺乏抵押担保等信用供给不足问题，促进金融资本回流实体经济，实现产业结构调整与升级。而以上这些也只有与“强政府”下的“强资本”结合才具备财政投资能力，且技术创新本身的“准公共物品”特性和外部性使得政府介入尤为必要。

其中，就金融创新来说，由于不同于传统产业的信贷支持模式，高附加值类科技型中小企业处于微笑曲线的两端，具有轻资产性，因抵押担保不足往往面临期初融资困境，虽然技术创新本身具有正外部性，但也具有高度不确定性的风险，容易导致技术创新投资不足②。因此，作为技术创新重要支撑的投融资机制创新在产业结构调整中发挥了重要作用。这也是一般的风险投资③得以存在和发展的客观条件。基于这种风险投资理念，园区成立了创业投资引导基金，依托公共服务平台创新使得外部成本内部化，通过一系列的政

① 生产性服务业具有资本和规模报酬递增的优势，因轻资产性为破解制造业陷入“低水平陷阱”提供了新的方向。

② 高俊:《政府的平台创新对新兴产业发展的诱导机制研究——基于协同理论的视角》，中国人民大学硕士学位论文，2013 年。

③ 其宗旨就是通过不断筛选优质投资项目来增加投资项目的成功率，从而获取必要的风险收益。

策倾斜来培育和引导重点行业发展，形成相关创新企业聚集的条件，通过制度创新和金融创新来夯实技术创新基础。

这个过程可理解为政府信用赋权给引导行业的新兴中小企业信用，依靠政府背书减少信息不对称下的交易成本过高问题，从而“筑巢引凤”，吸引后续社会基金跟投，对接创新型中小企业，并逐步形成股权融资、债权融资等全方位金融服务平台①。2010 年，第一支“国创母基金”② 落户苏州，作为投资基金中的基金，其不直接参与项目投资，而是筛选合适的创业投资基金来投资，发挥杠杆撬动作用，实现资本增密。通过母基金引导投资，园区在推动股权投资行业发展的同时，进一步带动了园区创新型企业的集聚。

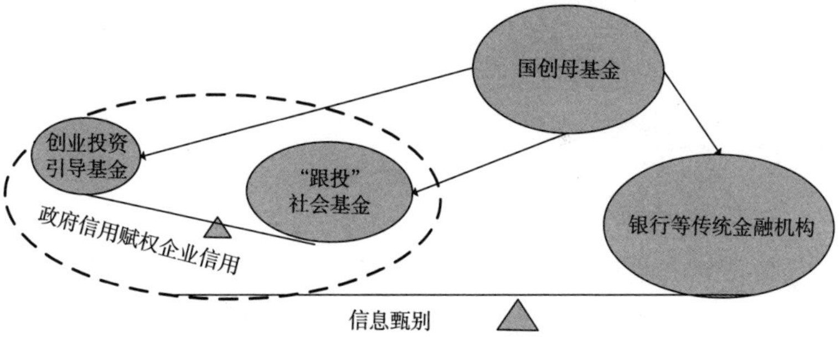

图 22-3　投融资机制创新模式③

---

① 高俊：《政府的平台创新对新兴产业发展的诱导机制研究——基于协同理论的视角》，中国人民大学硕士学位论文，2013 年。

② 该母基金由国家开发银行的全资子公司国开金融有限责任公司和苏州创业投资集团共同发起设立，总规模 600 亿元，首期资金规模 150 亿元，分为 PE（私募股权投资）母基金和 VC（风险投资）母基金两个板块。其中，PE 板块主要投资于专注产业整合、并购重组的股权投资基金；VC 板块主要投资于专注早期和成长期投资的创投基金。

③ 本图来自高俊：《政府的平台创新对新兴产业发展的诱导机制研究——基于协同理论的视角》，中国人民大学硕士学位论文，2013 年，第 37 页。

通过上述分析，我们可以归纳如下：在引导新兴产业集聚形成产业高地的过程中，由于期初的研发、融资成本过高，导致完全市场化竞争条件下很难自发形成产业转型和升级。因此，依托中央政府的赋权和“强政府”政府特征，先行投资建设综合的产业共性技术服务平台体系，可以克服各种交易费用过高并将一些外部性问题内部化，易于解决市场失灵和组织失灵问题，降低技术创新的制度成本，有助于带动和哺育新兴产业发展。在平台服务创新的基础上推进企业投融资模式创新，不仅有助于解决高附加值型技术创新企业的期初融资瓶颈和技术创新投资不足的问题，还有利于弥补交易成本过高和企业债信用不足的短板，更易于实现新兴产业集聚，破解“低水平陷阱”，形成服务创新、技术创新与投融资机制创新的相互促进与良性循环，推动产业转型升级再平衡实现。

四、结语

通过园区产业升级的发展经验研究，可以得出以下结论：

一是不能指望资本自发推动产业转移和结构升级，在外向型经济路径依赖较强的前提下，尤其需要政府通过制度创新推动区域经济发展的内生性结构升级。

二是政府的制度创新也很难自发形成，与地方政府的公司化竞争能力和发展自主权有较大关系。制度的创新应该是综合性的，不仅包括金融服务创新，还包括公共服务创新、技术服务平台创新。

三是园区创造的辉煌不仅与坐拥区位优势的苏南地区、借势国家对外开放战略之天时地利有关，最重要的是与资本原始积累方式和地方政府因地制宜的本土制度创新紧密相关。

园区经验通俗地概括起来就是1232：“一大优势、两强结合、三驾马车、两大创新”。

“一”大优势：依靠中国的“举国体制”与国外投资方谈判，得以“零成本”逆势起步。

“两”强结合：园区的地方政府“强信用”与发达国家的“强资本”相结合，为园区打下高起点基础。

“三”驾马车：凭借国家信用、海外资本和政府公司化这“三驾马车”，实现园区发展规模快速扩张。

“两”大创新：通过金融服务创新和政府公共服务创新，助推区内企业技术创新，上推园区整体产业收益率，带动产业升级转型。

20 世纪 90 年代以来，中国加快了融入全球化的步伐，外向型经济的程度日益加深。基于要素禀赋的比较优势以及相关的政策导向，西方大都将本国过剩的生产能力转移到市场需求旺盛的新兴国家，以服从这些跨国企业控制和扩大市场份额的全球战略。中国沿海地区率先成为外资青睐的投资标的。

但是，长期的外向型经济发展客观上形成沿海地方政府对“三来一补”型外资的依赖，甚至在遭遇全球危机导致外需下降、很多企业破产之际仍呈现出路径依赖的特征。因此，实现内源性经济的转变首先要求地方政府发展理念上的转变，通过制度创新，从热衷于融入全球价值链转变为立足本国市场需求培育本土企业引领技术研发创新的成长环境。尤其是在当前经济高速发展面临严峻挑战和产业结构转型路径依赖较强的背景下，唯有在政府主导下，利用各种资源和主体的复合制度创新才有可能实现区域经济发展的内生性结构升级，从而向价值链两端延伸，实现产业利润率上移，摆脱低水平陷阱。随着中央政府对地方政府放权及赋权力度的持续加大，经济的产业结构转型升级迎来了新的机遇期，地方政府应充分发挥公司化“府际竞争”优势，积极转变发展理念与导向，做好地方政府制度创新这篇大文章，尤其是要发挥好地方政府在公共服务创新、技术服务平台创新、金融服务创新方面的高效动员能力和资源整合能力及平台再组织建设，打造好制度建设高地，为实现资本增密创造基础条件，并促进其与技术增密的相互补充，最终助力产业结构转型突破“路径依赖”约束，实现产业结构及产业利润率上移的再平衡，彻底摆脱产业转型的“低水平”陷阱。

第二十三章

逆周期调节与“政府信用替代资本信用”

——苏州工业园区三次遭遇危机条件下的政府行为案例分析①

一、引言

逆周期调节是政府宏观调控的重要政策，旨在熨平经济运行中的周期性波动，并降低由此积累的系统性风险。2008 年美国爆发华尔街金融海啸旋即演化成全球经济危机，不论是西方发达国家，还是发展中国家，大多采取了类似的政府干预行动，主要有两种观点和做法：其一是以凯恩斯主义为理论依据、以政府主管部门为调控主体的宏观经济政策，包括国家增发货币向市场注入流动性和政府财政增发国债拉动投资，以及资本监管、产业政策等其他工具的综合协调运用；② 其二是以国内陈元为代表的观点为经验依据、以国家信用为基础的开发性金融机构按照政府宏观调控的需要，选择政

---

① 本文是国家社会科学基金重大项目“作为国家综合安全基础的乡村治理结构与机制研究”（批准号 14ZDA064）、国家社科基金年度项目“粮食金融化与我国粮食安全战略研究”（批准号 14BGJ048）、北京市社科基金重点项目“城乡二元结构下改善社会治理研究”（批准号 15FXA003）的阶段性研究成果之一，作者为温铁军、高俊、董筱丹。本文原载于《中共中央党校学报》，2016 年第 1 期。

② 杨春学、谢志刚：《国际金融危机与凯恩斯主义》，《经济研究》，2009 年第 11 期；乔海曙：《为什么要逆周期调节?》，《求是》，2014 年第 6 期。

府急需支持的企业和领域予以信贷支持，缓解企业的市场融资约束。①

上述两者都能在一定程度上发挥逆周期的宏观调节作用，而且各有侧重。但它们也有各自的局限性：前者的政府宏观调控覆盖面广，却因信息不对称问题而存在明显的滞后性；后者的开发性金融的市场化运作具有直接、针对性强的特点，也因此缺乏综合性。本文从政府信用的角度对这两种看似不同、实则相同的逆周期调节逻辑予以抽象归纳，认为：在危机条件下，各国政府所普遍采行的逆周期干预措施，不管是财政、金融、货币等宏观调控政策，还是国家开发性金融机构的市场化运作，其实质都是政府信用的具体表达，基本方式都是政府信用对资本信用的替代。

从经济发展的周期性过程分析，当宏观经济处于上行区间时，私人资本在自由逐利的市场上乘势而上，容易形成经济泡沫；当宏观经济处于下行区间时，个人信用、企业信用等资本信用加速避险下行，起到恶化经济环境的作用，最终造成系统性的全局风险。②因此，在全球金融市场和实体经济出现系统性风险之后，政府信用替代资本信用的逆周期调节，对于市场恢复稳定能够发挥至关重要的积极作用。

我们对苏州工业园区（以下简称“园区”）20 年发展经验的研究表明，不仅在国内外的宏观经济层面，存在危机条件下政府信用替代资本信用的客观经验，而且在国内区域经济发展的中观层面，政府信用和资本信用在不同条件下也可以相互转化和替代。其不同之处在于：前者主要是指中央政府信用或国家信用；后者既包括中

① 陈元：《开发性金融与逆经济周期调节》，《财贸经济》，2010 年第 12 期。

② 陈元：《开发性金融与中国经济社会发展》，《经济科学》，2009 年第 4 期。

央政府信用，又包括地方政府信用。对此，本文将在第二部分中阐明有关政府信用的基本观点；第三部分以政府信用替代资本信用的基本框架对园区三次遭遇危机条件下的政府行为进行案例分析；第四部分归纳总结逆周期调节中中央和地方政府信用的转化及其替代逻辑。

二、观点提出：改革以来形成的中央与地方政府信用的内在差别

迄今为止，关于政府信用，大多侧重于从政治学视角进行研究，比如强调政府作为信用主体履行职责和承诺的意愿及能力的能动观、从公众和社会组织等客体出发界定政府信用的认知观以及两者兼顾的能动—认知综合观等。① 这些研究思路遵循一般的两分法给定政府和社会对立的关系，认为政府权力的合法性来源是社会成员让渡的个人权利，目的在于维护社会成员的生命、自由和财产，一旦政府不能履行承诺，人们就有权废除并建立新的政府。从这个指导思想出发，政府信用是政府维护公共权力合法性的派生价值，强调的是政府信任和承诺的抽象内涵。② 这一判断也许适用于西方国家，但并不适用于中国。

本文认为：中国作为一个后发工业化国家，在资源环境禀赋极差的条件下，客观上只能由政府主导来推进国家的工业化进程——先是新中国成立后中央政府主导的国家工业化，其后是改革 30 多年

① 范柏乃、张鸣：《国内外政府信用研究述评与展望》，《软科学》，2011 年第 3 期。

② 孙亚忠、葛笑如：《政府信用的渊源和理论分析》，《生产力研究》，2004 年第 2 期。

地方政府主导的地方工业化。[①] 也就是说，政府作为事实上的经济主体参与了国家工业化建设的全过程。同期，政府发展成为垄断国家财政金融权力、控制大量国有资产[②]以及拥有土地等关键要素资源的所有权主体，本质上不同于“物业公司”性质的西方国家政府。[③] 因此，若从中国工业化进程中政府自身的特性出发，则政府信用是政府权力直接派生的国家信用工具，在资本稀缺条件下政府信用直接对私人资本起到信用替代作用，主要服务于国家的整体经济社会发展大局。这导致中国人民银行管控国家赋权形成的主权货币信用与美国金融资本之间的性质不同，也在于美元是由美联储这个私人银行组成的机构发行和掌控、主要服务于私人资本运作需要的信用工具。

新中国成立初期，与国家优先发展重工业的战略相配套，财政管理制度总体呈现“全国财政一本账、统收统支”的状态。在财政和金融的关系上是“财政金融不分家”，中央政府控制社会经济活动，高度垄断财政金融权力；地方政府则在中央政府计划下行事，自主活动空间相对狭小。[④] 因而，在当时的社会生活中，只有国家信用和以工分为形式的农村集体信用，中央与地方政府在信用上具

---

① 温铁军等：《八次危机：中国的真实经验（1949—2009）》，东方出版社，2013 年。

② 以金融资产为例，根据中央汇金公司公布的信息，当前国有金融资本为 4 万亿~5 万亿元，包括银行、保险、证券等机构，占全部金融资本的比重为 60%~70%，如果包括非金融国有企业入股国有金融企业的国有股本，金融行业国有资本占比则在 80%左右。周星旺：《国有金融资本经营面临结构调整》，《中国金融》，2013 年第 14 期。

③ 杨斌：《论中国政府特性和非对称型分税制加分益制财政体制》，《税务研究》，2014 年第 1 期。

④ 胡书东：《经济发展中的中央与地方关系：中国财政制度变迁研究》，上海人民出版社，2001 年。

有内在的一致性，不存在私人信用和企业信用等商业信用。[①] 在这种非货币化时期，政府及其部门信用可以直接用“白条”表达。

中央和地方的政府信用分化始于 1984 年的“财政分级承包”，以及 1994 年的分税制改革。这两次财税体制改革中，地方政府获得相对独立的财政利益和土地等资源配置主导权，也就有了更鲜明的垄断经营性特征，由此派生出地方政府公司化的行为路径。[②] 而且，公司化的地方政府因占有以财政权和土地产权为主的公共产权而派生出地方政府信用，主要包括财政信用和可变现资产信用。其中，财政信用是由税收、预算等法律规定所产生的信用关系，来源于地方经济发展和税收增加，与地方政府的财政收入水平相关联；[③] 可变现资产信用直接依托于地方政府拥有的土地、自然资源以及固定资产等可变现资产的存量。一般而言，地方政府信用的强弱取决于其社会动员能力、经济实力、财政实力以及金融实力等经济社会条件。[④]

中央政府信用直接与国家信用或主权信用相关联，主要包括国家货币信用和国债等政府性债务信用。其中，政府性债务信用是中

---

① 陈珠明：《从政府信用到企业信用——粤海债务重组案例解读》，《中国制度变迁的案例研究》，2008 年。

② Jean C. Oi：*The Role of the Local State in China's Transitional Economy*，*The China Quarterly*，Vol. 144，(1995)(pp. 1132－1149)；Andrew G. Walder：*Local Governments as Industrial Firms*：*An Organizational Analysis of China's Transitional Economy*，*American Journal of Sociology*，Vol. 101，(1995)(pp. 263－301)；陈家建：《法团主义与当代中国社会》，《社会学研究》，2010 年第 2 期；宫希魁：《地方政府公司化倾向及其治理》，《财经问题研究》，2011 年第 4 期；赵树凯：《地方政府公司化：体制优势还是劣势?》，《文化纵横》，2012 年第 2 期；折晓叶：《县域政府治理模式的新变化》，《中国社会科学》，2014 年第 1 期。

③ 陈元：《开发性金融与中国经济社会发展》，《经济科学》，2009 年第 4 期。

④ 饶云清、张海波：《地方政府信用风险管理与外部监督》，《银行家》，2014 年第 8 期。

央政府以国家财政做担保发行国债，为了实现一定的经济社会发展目标，通过向全社会筹集资金所产生的信用关系。由此体现的国债信用是一种主权信用或国家信用。国家货币信用是由国家发行法定货币所产生的信用关系，中央政府直接通过中国人民银行掌握货币发行权，也属于典型的国家信用。此外，国家法定的金融机构属于中央政府信用派生的国有金融工具，享有“准主权级”的政府信用。① 据此看，不论是国债信用、货币信用还是国家法定的金融机构信用，客观上都是承担国家政治经济综合安全责任的中央政府在维护国家整体经济平稳较快发展过程中扩张市场信用的基本手段，其实质都是中央政府因垄断国家层面的宏观金融和财政权力而派生的信用工具。

因此，一方面，中央政府信用和地方政府信用具有体制上的同构关系——只能由政府权力所派生；但另一方面，两种信用之间的内在差别也是客观存在的。

尤其是 2002 年国有银行商业化改制完成以后，中央政府在 21 世纪进入了以获取垄断性金融收益为主的“白领政府”阶段；仍然停留在产业资本“蓝领”阶段的地方政府，则由于金融部门在利益导向的市场化改革中异化于产业经济的普遍规律，而陷入资本短缺。②

因此，以金融资本为主的中央白领政府和以产业资本为主的地方蓝领政府各自遵循着不同的行为取向，彼此呈现出一种很强的竞合关系。

中央政府因掌握财税、金融、土地指标等关键宏观制度权力，

---

① 比如，国家拨付 3000 亿元作为国家开发银行的资本金，并赋予其在市场上发行金融债券的特许权，债券信用享有“准主权级”的政府信用。陈元：《开发性金融与中国经济社会发展》，《经济科学》，2009 年第 4 期。

② 温铁军等：《八次危机：中国的真实经验（1949—2009）》，东方出版社，2013 年。

尤其是掌握国家政治信用赋权的货币信用，而对全民承担无限责任，需要维护国家安全稳定，因此才有中央在宏观领域的区域差别、城乡差别、贫富差别再平衡以及“亲民生”的“中央下乡”。亦即，承担国家综合安全责任的中央政府采用国家信用配合政策手段下乡，以集中制国家的强大主权信用所派生的国家财政和金融作为乡村基本建设和社会政策的主要资金来源，目的在于构建“民生新政”之下的和谐社会。

然而，大多数不可能升级到金融资本阶段而只能“以地套现”的地方政府①，只能与被优惠政策吸引来的外部投资结合在一起搞“地方下乡”：处于资本短缺条件下的地方政府将中央各部委带有“普惠”性质的财政转移支付项目整合打包，集中投资地方规划中的园区基础建设，目的在于吸引外部资本的大型项目投入。在这个意义上，财政转移支付项目被用来作为招商引资的资本项目的通道和平台，而资本项目的引入才是拉动地方经济的关键。② 其实质还是以资源和土地的资本化开发来实现产业化经营。

此外，杨斌认为中国政府是一个全体人民共有的特大型无限责任“资产公司”，拥有大量的土地资产、金融资产以及企业资产。由于大多数的生产资料全民共有，政府需要对全体人民承担无限责任，因此不存在破产问题。而且，政府公司下辖两类子公司，包括省、市、县等各级政府体系和国有资产体系。虽然这些分公司都是独立法人，但实际上责任是连带的，下级公司若出现资不抵债即由它们依附的上级政府或部门解决，或者由上级单位动员兄弟地区或部门

---

① 杨帅、温铁军：《经济波动、财税体制变迁与土地资源资本化——对中国改革开放以来“三次圈地”相关问题的实证分析》，《管理世界》，2010 年第 4 期。

② 折晓叶、陈婴婴：《项目制的分级运作机制和治理逻辑——对“项目进村”案例的社会学分析》，《中国社会科学》，2011 年第 4 期。

援助解决，或最终由中央政府买单。①

本文指出：实际上，只有中央政府承担最终的无限责任，公司化的地方政府因风险上解而只承担有限责任②，由此导致中央政府信用和地方政府信用的内在差别。

不过，本文分析的园区经验是一个特例——园区能够在一片经济危机之中逆势而起，并且多次对接国家战略投资，是因其承接国家重大战略任务而特有的“地方政府代行国家体制”形成的“集中力量办大事”特征，园区“政企合一”的地方政府信用很大程度上带有无限责任的特点，与无限责任的中央政府信用具有同构性。

三、案例介绍：园区 20 年中政府信用三次替代资本信用的经验过程

本文以园区 20 年发展经验为案例论述“信用替代”。先看园区的“高调”起步。③

（一）1988—1994 年宏观滞胀型经济危机之中逆势而起

中国 1988—1989 年滞胀形态的经济危机爆发之后是 1990—1991 年的萧条阶段，接着在 1992 年“南方谈话”作用下出现全国大办开发区招商引资，进一步演化为 1993—1994 年的经济过热造成的“三

① 杨斌：《论中国政府特性和非对称型分税制加分益制财政体制》，《税务研究》，2014 年第 1 期。

② 比如，当中央政府 1997 年在金融危机的巨大风险面前启动强制性制度变迁——银行商业化改制的时候，国家因承担的安全责任而必须化解巨额不良贷款，实际上是通过国有银行系统替公司化地方政府承担工业化的制度成本。

③ 本节引用的案例资料，主要来源于董筱丹：《再读苏南——苏州工业园区二十年发展述要》，苏州大学出版社，2015 年。

大赤字"[①]危机，1994年通货膨胀率高达24.1%，是为改革以来最高，迫使中央政府强力推出宏观调控（后来被媒体称为"三年软着陆成功"），提高利率、紧缩信贷，控制基本建设。[②]同时期，1989年后西方对中国封锁，以美国为首的20多个发达国家联合对中国实施制裁，世界银行与其他受美国影响的国际组织都停止了对中国任何用于发展和建设的贷款。[③]因此，中国当时不得不面对资本极度短缺的国际压力。

正是在这样不利的形势下，园区起步才是"高调"的。园区问世之初，因其有着突破西方封锁的任务而带有政治性，中央政府赋予它"举国体制"——在突破现行制度环境约束下更多的行动选择空间，包括打破部门条块分割的"中国新加坡双边协调理事会"制度设计、超过一般经济开发区数倍面积的国务院权限的土地开发规划、不设上限的国家计委权限的项目审批权、长达10年的财税政策优惠、独立海关等本来属于中央政府权力的特殊政策。[④]

据此可知，园区正是凭借中央赋予它的"举国体制"形成了可供地方政府运用的国家权力转化而成的信用资源，才得以逆势而上——作为典型的投资型经济开发区，园区却是近乎"零成本"起步。

---

① 所谓"三大赤字"，除外汇赤字外，还包括1993年中央政府直接承担责任的"财政赤字"和金融严重贷差压力下，国有金融部门全部资本金为负值的"银行赤字"。

② 温铁军等：《八次危机：中国的真实经验（1949—2009）》，东方出版社，2013年。

③ 中国在世界市场上获得中长期贷款的渠道被关闭，来华外国投资减少75%。对外经济贸易部1989年10月公布的数据显示，自经济制裁以来，约有100亿美元的贷款被搁置。资金的不足，导致相关建设项目进展受阻。阮建平：《战后美国对外经济制裁》，武汉大学出版社，2009年。

④ 来源：国函（1994）9号《国务院关于开发建设苏州工业园区有关问题的批复》。

1994 年中国和新加坡共同成立中新苏州工业园区开发有限公司（简称中新合资公司），注册资本 5000 万美元，中方占比 35%，新方占比 65%。根据 1994 年对外经济合作部下发的《关于设立中外合资苏州工业园区开发有限公司的批复》，双方均以现汇出资，第一期至少为各自认缴出资额的 30%，须在合资公司营业执照签发 3 个月内出足；1 个月内缴清出资额的 10%，其余 1 年内出足。合资公司可在园区内进行成片土地开发与经营，合营期限为 30 年。

而那时的中国政府对外负债远比 2010 年爆发的“欧债危机”严重得多，若按照西方财务标准则属于已经“破产”：1994 年中央加地方的政府财政收入占 GDP 的比重约 12%，而当年外债余额占 GDP 的比重达到 14%。[①] 可用之财捉襟见肘，在中央财政这一层表现得尤其明显。而且，当时全国范围内的资本极度稀缺，无法通过正规的金融渠道筹集中新合资公司中方占股 35%所需的资本金。

对此，园区代表中方采取的解决办法就是“政府信用替代资本信用”：在银行设立了一个临时账户，让新方财团把注册资金打过来，再作为土地补偿款转到中方账户；由于 20 世纪 80—90 年代苏南在农村集体经济条件下的工业化高速发展进程中，地方政府在土地开发方面有相对较高的政府信用足以替代资本信用，因而并不需要立即向动迁农民发放补偿款和安置费等费用。于是，园区就利用这个政府对资本信用的替代作用打了时间差，把新方这笔钱作为中方财团的出资又打回临时账户，这样中方财团的出资也到位了。由此，现象上看解决了园区的第一笔出资问题，实质却是仅凭政府信用就完成了园区的零资本启动。

1995 年，随着园区开发进程加快，中新合资公司的投资总额由

① 温铁军等：《八次危机：中国的真实经验（1949—2009）》，东方出版社，2013 年。

1 亿美元增加到 3 亿美元，注册资本相应地从 5000 万美元增加到 1 亿美元。而园区后续的资本金以及相应的投资责任并非源于地方政府，是由国家出面安排了 11 个国家级单位参股来筹措完成的①。

客观来看，园区这个“化危为机”的具体过程里面，固然包含着新方基于国家合作而形成的“国家信用”提前给中方打入开工款，而且，园区在需要增资之际得到的投入也绝大部分来源于中央政府的外汇资产，遂使园区脱离了地方资本原始积累内在形成的制度路径依赖。但除此之外，还有一层信用关系也需要析分出来，苏南地方政府因其对辖域内各种资源的较强动员能力，在 20 世纪 80 年代曾经被称为“强政府”，其不同于“弱政府”的最大优势，就在于“强政府”大都能够派生出对基层社会的“强信用”。

总之，在起步阶段，园区第一次依靠中央政府赋予的“举国体制”和地方政府强信用完成对一般金融信用的替代。②

也就是说，与新加坡合作的园区能够在一片经济危机的逆境之中突起，必有前提，亦即：因承接国家重大战略任务而特有的“地方政府代行国家体制”。在代行国家战略的过程中，地方政府可以得到中央政府资源的在地化配给，以及国家信用的背书，因此，垄断性地“代行国家战略”从而“代行国家体制”，客观上能极大提升该地方政府相对于其他地方政府的竞争力。这也是园区在后来的发

① 1996 年 1 月 21—22 日，苏州工业园区投资实业有限公司先后与中国粮油进出口总公司等 9 家央企签署《关于共同组建中国苏州工业园区股份有限公司的原则协议书》。至此，中方财团正式成立，更名为“中国 · 苏州工业园区股份有限公司”，共计 7200 万股，每股面值 1 美元，总股本规模为 7200 万美元。其中，苏州工业园区经济发展有限公司 2672 万股，占 37. 11%；江苏省投资公司 1000 万股，占 13. 89%；其余 9 家央企共计 3528 万股，占 49%。

② 园区刚成立时，在从事基本建设开发的中新集团（CSSD）里中方占 35%股份，那也是中央直接安排 11 个国家级单位参股才出齐了资本金，全部资本金（连新方的资本金算在一起）占 CSSD 前后投资总额的 1/3 左右。若然，则中方的资本金占 CSSD 投资总额的比重只有 1/10 左右。

展过程中，能够多次对接“无限责任”的中央政府所派生的国家金融信用的内在原因。

（二）1998—2001 年宏观经济紧缩期间获得国家战略投资

园区第二次面对危机发生政府信用替代作用，是 1997 年亚洲金融危机爆发。受其影响，新加坡国内的经济遭受严重打击，出现经济不景气、前景不明朗、房地产市场低迷、价格疲软以及利率趋升等一系列问题。加之，园区周边地方政府公司化竞争致使其竞争力不断下降。因而，在多种因素的共同作用下，新加坡决定从园区撤资。中新双方在 1999 年达成股本转让协议并于 2001 年正式实施，中方占股从 35%增加至 65%，新方相应地减少 30%的持股比例。同时，根据资本结构改变治理结构，中方承担起公司的主要管理职能和全部的投资责任，将全面负责园区的环境改造、基础设施建设、地面设施建设、招商引资等职责，新方则转向提供人员培训等辅助职能。

据此来看园区的 2001 年，当新加坡方面随着股权结构的调整，撤出了对园区高标准基本建设的投资责任之际，中方除了增资扩股所带来的资金压力外，更大的资金需求则是后续的园区基础设施投资。

然而，此时的中国，一方面正处于 1998—2001 年宏观经济下行期间的通货紧缩时期，金融资本严重短缺；另一方面国有银行因不良率过高正在进行商业化改制，银行风险意识加强，惜贷现象严重。因此，当新加坡停止投资时，园区遭遇到了第二次经济危机带给它的又一次劫波，用媒体的话说是遇到了“资金瓶颈”，其实是遇到了资本断流的严冬。

对任何主体来说，无论宏观还是微观层面，资本断流都必是一场危机。

在这个阶段上，承担无限责任的中央政府所派生的主权信用发挥了逆周期调节作用，通过国开行这种国家信用工具直接介入园区开发，先是投资园区环金鸡湖的环境治理工程，然后贷款园区做二三区的基础设施建设以及配套功能建设。2000—2006 年，国开行先后向园区承诺了四期贷款，累计承诺额 194.11 亿元，累计发放额 134.5 亿元，占此期间园区基础设施建设累计投资的 1/3。①

国家信用替代私人资本的逆周期作用在园区表现为引入国开行投入于基本建设，极大增加了以土地为中心的政府总资产规模。至 2005 年年底，园区国有资产总规模 506.08 亿元，净资产 170.46 亿元；固定资产总额 115.08 亿元，占全社会固定资产投资比重 32.27%（最高时占比将近一半）；产业分布于基础设施开发、房地产、公用事业、投资管理、电子与信息、风险投资、教育文化科研、仓储物流、商业旅游、人力资源管理等行业。②

其实，国开行代表的国家信用和园区的结合有着很强的必然性：园区项目启动时，就是依托“举国体制”进行股份筹资；当后续基础建设融资的重任再次落到中方肩上时，由国开行这样为国家战略性投资提供融资支持的政策性银行给园区以信贷支持，也是势所必然。亦即，面对宏观经济进入通货紧缩时期和亚洲金融危机爆发后新加坡撤资的双重压力，也只有国家政策性金融机构以长周期的大额贷款投入于园区的基本建设来体现对国家信用对市场信用的替代作用，才能帮助园区熨平经济波动，维持园区初创时期以“举国体

---

① 国家开发银行：《苏州工业园区融资建设模式案例——评二局案例［2007］016 号》，内部报告。

② 李巨川：《苏州工业园区志 1994—2005》，江苏人民出版社，2012 年。

制”形成的“高制度”路径。①

国资确实起到了以国家信用维持投资拉动增长的逆周期作用。随之，是自 2002 年达到高位之后伴随经济复苏和 2003 年重新进入高涨阶段而连续下降——国资投入的逆周期调节作用是清楚的，至少在园区是这样表现的。随着宏观经济形势转好，园区的地价、房价等土地增值收益日益显现，国开行也从园区的开发建设过程中分享了园区地价上涨所带来的总地租②收益。

这就是园区第二次依靠中央政府所派生的国家金融信用对商业金融信用的替代。本文据此认为，危机时期应该强调政府信用替代资本有逆周期调节的宏观作用。

（三）2008 年全球经济下行之际推进结构调整

园区第三次发生政府信用替代是由于 2008—2009 年美国爆发“次贷危机”旋即演化为全球经济危机。受其影响，园区 2009 年的经济形势出现了 21 世纪以来的最严峻局面，多项重要经济指标——包括工业总产值、利税、利润、主营业务收入和成本等，都出现了程度较重的大幅下滑，亏损面比上年提高，出口则出现降幅为 20%多的深度跌落。最终，园区却能够相对平稳地渡过此次危机。

其原因在于：从 2005 年开始，园区就以电子信息和机械制造为

① 董筱丹：《再读苏南——苏州工业园区二十年发展述要》，苏州大学出版社，2015 年。

② “总地租”概念在马克思的《资本论》（第三卷）中就已经被详细讨论，将总地租与政府的公共政策相结合的思想火花，最早可见于美国学者亨利·乔治的“单一地价税”主张，并由 2001 年诺贝尔经济学奖获得者斯蒂格利茨在讨论城市公共品供给的文章中予以证明。在中国，总地租的政治经济思想在 100 多年的时间跨度里两度被热议：一是孙中山据此提出“土地涨价归公”作为其“民生主义”的重要支柱；二是 2010 年前后国内学者崔之元拿它来讨论重庆开发中的土地问题。

基础，着手向云计算、生物医药、纳米技术等新兴产业转型，并且日益呈现出以产业服务创新带动产业技术创新的发展态势。其中，核心经验是发挥政府在资源配置上的引导作用，以金融平台和生产性服务业作为政策传导中介，有效服务并引领了园区面向未来产业发展的技术创新和产品研发。

与此同时，国开行对园区的信贷业务也在“与时俱进”地不断创新。一方面，随着经济过热、商业金融投资增长速度加快，国开行逐步降低在园区总融资存量中的占比，但仍然占有重要的位置；另一方面，以设立“国创母基金”① 的方式对研发创新提供金融支持。

政府利用经济下行推进结构调整乃是更为积极的逆周期调节。其中，园区金融创新的关键是政府信用主导让金融信用“回嵌”②实体产业。这与同期一般金融资本追求流动性获利而加快脱离实体经济的趋势完全不同。

2010 年国开行与园区的中新创投合作运作中国第一支国家级股权投资复合基金——国创母基金。该基金的总规模为 600 亿元，分为 PE（私募股权投资）母基金和 VC（风险投资）母基金两个板块。苏州创投集团（由原先的中新创投转变而来）主要负责运作 VC

---

① “母基金”是指专门投资私募股权基金或者创业投资基金的基金，又被称为“基金中的基金”。20 世纪 70 年代起源于美国，是以股权投资基金作为投资对象的特殊基金。在欧美等发达经济体，股权投资基金早已超越股票二级市场，成为与银行、保险并列的三大金融业支柱之一，而股权投资基金的资金 20%以上来自“母基金”。

② “嵌入”和“脱嵌”概念首先是由卡尔·波兰尼在《大转变》中提出来的。他认为随着劳动、土地和货币作为虚拟商品纳入市场体系，后者成为独立于社会其他部分的自主系统，人们的经济活动不再嵌入于社会之中，而是脱嵌于社会之外。如今，在产业资本后期，金融资本日渐“脱嵌”于实体经济，成为独立的资本力量乃是一种常态。而在园区的经验中，金融资本与创新型产业发展呈现出一种紧密结合的状态，是为“回嵌”。

板块，主要投资于早期和成长期投资的创业投资基金。

截至2010年年末，入驻园区的股权投资机构将近100家，累计的注册资本规模超过180亿元，在苏州市备案的创业投资机构数量在全国地级市中排名第一，其中近一半是在园区办理备案登记手续。园区已经成为江苏省内创业投资资本集聚度最高的区域。股权投资产业的发展进一步带动园区创新型经济发展，仅2010年就有40多家创新型企业获得总额超过3亿元的创业投资。①

2011年，国创母基金首期运作顺利，新增股权投资机构150个，资金规模超过430亿元。

至2013年年初，园区已拥有297家股权投资机构、14家融资租赁公司、5家小贷公司、3家科技支行、1家科技金融超市，并设有统贷平台、引导基金等政策性融资服务平台，先后推出科技型中小企业集合信托、集合式贷款、知识产权质押贷款、股权质押贷款、投贷通等10多项金融创新产品。

总之，国创母基金的成功落户，对于园区目前组建具有引领和整合功能的区域金融综合体，进而扶持中小创新型企业的发展意义重大。这是园区第三次依靠无限责任的中央政府所派生的国家金融信用形成了对一般金融信用的替代。

四、经验归纳：无限责任的中央政府信用嫁接“公司化的地方政府”信用

一般来说，无限责任的中央政府所派生的国家金融信用和公司化的地方政府信用能够交易的前提在于金融短缺。当经济危机来临

---

① 尤志卉：《首支国家级母基金落户园区》，《苏州日报》，2010-12-29，(A01)。

时，一般都会出现金融机构惜贷以及短期的流动性短缺无法补救，只要熬过这个阶段的流动性短缺，长期增长内生的风险收益就是倍加的。而在危机发生时，只有在中央政府独立地通过国家政治强权创造国家资本信用的体制条件下，政府信用对一般金融信用的替代才是存在的，同时也是有效的。

第一种比较常见的方式是中央政府一手创造国家货币信用，一手发行国债等政府性债务信用，然后国家用增量货币直接购买增发国债，意味着用同属于国家创造的这两种信用做交易来演化为规模化的市场信用扩张。此时，对国家政治经济综合安全承担无限责任的中央政府信用派生的国家金融信用替代的是一般金融信用。

这在中国的特色实践中，体现为被大规模扩张出来的资本信用转化为面广量大的国债带动国有金融的基本建设投资，用于缓解区域、城乡和贫富这三大差别。

首先是缓解区域差别。在亚洲金融危机爆发的 1997 年，中国政府果断借鉴西方 1929—1933 年大危机中相对成功的美国“罗斯福新政”经验，在 1998—2002 年以国债投资手段将过剩产能转向国内基本建设，先后实施了一系列区域发展战略：1999 年实施“西部大开发”战略，到 2013 年年底总投资规模超过 4 万亿元，其中的 2 万多亿元是国债投资；2001 年开始“东北老工业基地振兴”战略，投资规模为 2 万多亿元，70%以上属于国债投资；2003 年提出“中部崛起”，投资规模又是 3 万亿元左右。总的来说，中央政府用了大约 8 万亿元的投资来解决改革开放“一部分地区先富”带来的区域不平衡发展，基本上缓解了中国经济增长“东高西低”的区域差别。全球大危机以来西部地区的 GDP 增长速度已经超过东部，区域差别平衡战略初步奏效，这在世界上是独一无二的。

紧接着是缓解城乡差别。中国 2003 年十六届三中全会把城乡统筹列为 21 世纪的五大统筹之首，2005 年又把新农村建设作为八大国家战略之首，持续到现在，“三农”投入成为中央财政最大项的开支，2013 年为 1.3 万多亿元，8 年的总投资规模 7 万多亿元。这个史无前例的、基本建设和社会建设双管齐下的大规模农村投资，客观上起到了缩小城乡差别的作用。

党的十八大以后需要通过“深改”予以缓解的，是这个大规模投资期间反而拉大的贫富差别。

第二种是公司化的地方政府可以在政府角色和企业角色之间相互转换，地方政府信用可以替代资本信用。

按照西方的二元对立思想，国家与社会、政府与企业是对立关系。但对园区来说，中方主导时期与新方主导时期相比的一个重要转变，是随着园区治理结构改变为“政府公司化（政企合一）”而来的：收益来源由单一的土地营利性出让转变为“土地出让金+园区财政税收”的总地租内涵——即使土地出让的价格低，但企业入驻后上缴的税收是增加的，这可以弥补土地的收支缺口。因此，园区管委会既是开发区的政府管理主体，也是开发公司，可以随时在政府信用和公司信用之间相互转换。

而且，这个转换是相对平滑的，因交易费用内部化而使制度成本近乎为零：既可以以公司形式要求国开行给它发放贷款，又可以以政府的身份，以本地掌控的可开发资源土地作为抵押来获得外部投资。最终，当公司型政府可以随时转换政府角色和公司角色时，所产生的制度收益也是倍加的。

第三种是不同的政府信用之间也可以相互交易，尤其是中央政府信用和地方政府信用，两者平滑交易的前提是要具有同构性。

中央政府因承担国家的无限责任而以无限责任的方式创造承担无限责任的国家金融信用。据此看，国开行就是最直接体现无限责任的国家信用工具。而且，只有中央政府能够用国家强权来创造货币信用。所以，现实生活中普遍发生的是，处于资本短缺状态的公司化地方政府将政府信用转化为公司信用，去对接中央政府赋予无限责任的国家金融信用。

此外，还需强调的是，国家金融信用所替代的不是一般性金融信用，而是长期的基础性投资。基于风险控制的需要，一般性金融的主要业务大多是短期贷款和设备贷款，固定资产贷款相对很少，即使有也是需要抵押品的。而区域性的基础设施建设这样的投资大、回报周期长的项目，属于商业金融难以涉足的长期投资领域。比如，国开行在园区的贷款就是基础设施建设投资，既然很大程度上能够提升园区的地产价值，那就会因符合周期性规律而在经济高涨期产生倍加收益，包括园区一期投资中的环金鸡湖治理等公益环保项目。因此，一般认为，金融信用用于环保方面的投资是没有回报的，国开行作为无限责任的中央政府所派生的国家信用工具，并不是单纯地介入环保投资，而是参与对园区的整套组合打包贷款——包括有升值潜力的基本建设在内。最后，作为土地所有权主体的园区政府则是用整个土地升值后的预期倍加收益来统一偿还。这就是两者成功合作的内在运作机制。

同时，这也解释了为何国开行自成立以来，一直支持并不能获得产业短期收益回报的国家“两基一支”工程（基础设施+基础产业+支柱产业），而仍能维持95%以上的贷款回收率。因为国开行选择与地方政府或者大型国有企业合作，而这两类机构，都是能够将投资收益所产生的总地租增量，再通过政府的强制性措施，如税收、财政预算外收入或者其他方式，相对集中地以现金方式收回，从而履行对国开行的还本付息责任。

当然，并不是所有的公司化地方政府信用都可以直接与中央政府信用平滑结合。园区能够对接国开行投资，客观上是因为园区管委会虽然作为地方政府却有着代行国家体制的条件——因其承接国家重大战略任务而特有的“举国体制”特征，而且其身份可以在政府角色和公司角色之间相互转换。也就是说，园区政府很大程度上具有无限责任特征，与无限责任的中央政府具有同构性。

综上所述，园区先后历经三次宏观经济大危机都可以“化危为机”，其得以逆周期发展的原因就在于地方政府可以占有实体资源，成为土地资产和其他实体资产所有权主体，中央政府又可以占有信用资源，创造债务信用和金融信用。客观上，处于产业资本阶段的园区政府主导着本地资源的资本化过程，保证长期并且可持续的资本化产生的所有权主体收益。21 世纪初的国有银行商业化改制完成之后，金融权力上收中央政府，中央政府则顺势进入金融资本阶段。本文的案例中，中央政府所创造的国家金融信用通过国开行这个工具去直接跟“政企合一”的园区结合。这表明，恰恰只有中国这样的无限责任政府，才有如此操作的条件和空间。

如果是西方模式的有限责任政府，那只能让有限责任公司通过自由市场去干，而后者因为投资人承担责任有限，不可能包下全部风险，而一定要求有向社会转嫁代价的制度，所以西方制度具有风险与收益不对等、势必对外转嫁成本的内在机制。

因此，中国得以“化危为机”的逆周期调节中的重要经验，是中央和地方政府信用的两种转化及其所派生的两种替代：中央政府的国家政治强权转化成国家货币信用，国家层面的金融信用所支撑的长期投资替代的是一般意义上较为注重短期流动性贷款的金融信用；地方政府的政府信用转化成公司信用，政府信用和公司信用之间可以相互替代。同理，中央政府信用和地方政府信用之间也可以进行交易，前提是两者应具有同构性。

第二十四章

通过国家赋权与地方创新破解“三元悖论”

——重庆发展经验解析①

从国家综合性安全角度看，重庆是长江上干流最西部的重要战略城市之一、“长江国防体系的三大支点”之一，重庆所在的西南地区也是明清以来国家安全的重要屏障。“重庆模式”这一概念最早是在2010年由七大部委联合推出，当时认为其优势在于通过系统工程解决重庆房地产问题，同时在促进社会公平、改善民生等方面取得良好效果，随即引起国内外学者的广泛关注。

对于重庆的发展经验，我们可以从更长的时间维度以及宏观层面进行剖析。本文认为，中国自清末进入近代社会以来一直没有破解的中央—地方—基层“三元悖论”，在重庆得到了相对有效缓解，是以其区域创新值得持续关注。

近代以来，如果以19世纪末为起点，则可大致将重庆的发展分为前工业化、工业化、金融化三个阶段。

1840年鸦片战争以后西方势力愈益侵入中国，在西方国家的压力下重庆于1891年开埠，由此拉开了这个内陆城市与全球政治经济接轨的序幕。

---

① 本文是国家社科基金重大项目课题组对区域中观治理创新的研究成果之一，主要观点系温铁军主持科研团队集体调研、讨论后形成，由中国人民大学农业与农村发展学院硕士生胡骏根据董筱丹副教授在中国人民大学2015—2016学年春季学期“区域经济学”课上讲授的内容整理，课题组首席专家温铁军与西南大学中国乡村建设学院执行副院长张兰英共同审阅定稿。

开埠以后，近代工业和外国资金，以及西方宗教开始涌入，重庆的政治、社会、经济面貌发生了深刻变化，各种利益集团的矛盾冲突加剧，20 年后辛亥革命的导火索也在这里埋下伏笔。从清朝末年和民国初年，重庆的工业有了一定程度的发展，主要是面向本地区民生消费的轻工业，兼有采矿等资源型产业和航运、金融等服务业。但是受资金和地域限制，这渐进而缓慢的资本主义发展期间的企业普遍规模小、资金力量弱，重庆并没有能力自主地形成完整的产业结构。这是重庆的前工业化阶段。

后来，重庆经济发展的阶段性变化特点明显，可称为“三次飞来的工业化”。

第一次真正意义上的工业化始于 1937 年抗战全面爆发带来的“突变”。1937 年冬，日本军队占领南京，民国中央政府被迫西迁至重庆。1940 年宜昌失守前，堆积在宜昌的申钢厂、渝钢厂、航空兵站，以及广东、陕西、南京、巩县等地的兵工厂的器材抢运入川，重庆一举成为各种工业和党政机关、大学等集中的地区，直接带动了重庆的第一次近代工业化和现代社会发展。由于“内迁各厂中，迁往重庆的占了半数，且这半数之厂均为兵工署所辖重点厂家，应该说是我国兵器工业的精华”，这为重庆的工业化打下了深刻的兵工特征的烙印。

第二次工业化同样出于战争威胁下地缘战略的考虑。1964 年，三面受敌、处于“新月形包围圈”下的中国启动“三线建设”，将沿海沿边工业基础迁往中西部的三线地区，重庆有了依托举国之力进入第二次工业化的机遇。到 20 世纪 70 年代新中国领导人对美欧开放之前，西部都是国家工业投资的重点；重庆兵工工业得到强化，成为重庆第一大支柱产业；重庆成为整个西南地区的军重工业高地。

20 世纪 80 年代初，中央政府在宏观经济危机压力下提出的应对性改革具有两面性：一方面中央决定大裁军的同时期，大幅度减少军工投入；另一方面地方政府在财政分级承包制下有了财政的自主性和积极性，部分兵工工业转向民用产业，重庆可以利用自己的发动机和钢铁产业基础生产摩托车等适合山地消费的产品，乡镇企业也乘势而上，成为支持农村公共事业、提高农民收入的重要途径。

但大部分过去由政府供养的兵工工业部门转到面向市场求生存以后，因本不具备面向市场的条件而遭遇重重尴尬乃是势所必然，就像苏联解体后集成了大量高科技的航母也只能切割了当废钢板来卖。

20 世纪 80 年代后期，中国在外汇短缺的背景下实施政策优惠向东部沿海地区倾斜的“对外开放”战略，沿海地区直接进口生产设备从事“三来一补”的加工贸易，内陆地区的第一部类的生产部门（生产工业设备的部门）不能与下游的生产终端消费品的第二部类生产部门形成产品交换和价值循环，发展空间被进一步挤占和压缩。重庆资金、技术、人才都“一江春水向东流”，麻雀、孔雀都往东南飞，在国企衰败、职工下岗这样的恶劣环境之内，依靠暴力抢地盘、抢生意成为最低成本的资本扩张手段，由于在山区维持正规治理的成本显著高于平原地区，重庆的经济和社会治理都如其“雾都”的天气一样呈现灰蒙蒙的色调。这种状态一直持续到 21 世纪初。

正如重庆国资委主任崔坚所说：“重庆的基础非常薄弱，是东北老工业基地和西部困难的双重叠加，而当年国企全面脱困目标，重庆差一点就拖了全国的后腿，实际上全国的国企全面扭亏为盈时，重庆还有 70%的大面积亏损。”

到了 2004 年，重庆的国有企业“小、碎、散”，历史包袱依然沉重，结构性矛盾突出，亏损面仍占 70%以上，超过 270 亿元不良债务难以处置。

重庆第三次“飞来工业化”，既是在上一轮工业化衰败的重要背景下，也是在中国在缩小区域差别的同时面临新的世纪挑战的重要背景下发生的。

1997 年亚洲金融危机和 1999 年中国驻南斯拉夫大使馆被炸，国家地缘安全的问题再度受到重视。同期，中央政府以国债投资为主启动“西部大开发”战略，至今已经实施了 15 年，极大地改善了西部地区的交通基础设施和经济发展环境。

2002 年，随着国有银行进入商业化改制的攻坚之年，金融资本出于规避风险的考虑而将授信对象的范围缩小，只有财务报表优良的国有企业，或是有土地作为抵押品的企业，才能容易地获得贷款，前者是有国家信用支撑，后者则是因土地广受投机资本青睐而比一般实体产业更具有升值潜力。在大多数地区，后者更具有普遍性。因此，金融资本因追求自身独立利益而转向与投机领域相结合这个趋势性转变，使得沉淀成本高的实体产业很难依靠自身的实体资本在市场化条件下生存。

金融资本异化与产业资本叠加国际资本大量涌入国内所带来的挑战是全国性的、结构性的。可以用“三条微笑曲线”来概括这一演变态势。

第一条是指一般意义的微笑曲线，主要是金融对产业的异化导致了产业链的分化而形成的。过剩资本首先对国内各种资源和要素进行再定价，导致资本过剩的发达国家将实体产业的生产制造环节向发展中国家转移，因此在产业链分工上，形成了发达国家占研发和营销两头高附加值，发展中国家只占据底端低附加值环节的格局。第二条微笑曲线，是指自美元与黄金脱钩而与石油、粮食等结合，国家收益分化形成了资源型国家、加工制造型国家和金融型国家这三大类群，拥有资源主权的资源型国家因可以搭金融资本主导型国家货币增发的便车而收益大增，加工制造型国家则因为资源与资金成本提升而收益下降，这个“两头高、中间低”的收益格局课题组归纳为“国家竞争的微笑曲线”。第三条微笑曲线指的是在发展中国家内部，一方面由于发达国家的投机金融资本涌入，另一方面由于在上两条微笑曲线的作用下国内实体产业收益低，资金剩余不再向实体产业回流，从而形成与第二条微笑曲线类型的垄断性资源领域和金融资本两头收益高、中间产业资本收益低的局面。

以上三条微笑曲线叠加之下，发展中国家普遍呈现经济泡沫化和产业低度化。

今天中国疲缓的经济形势以及居高不下的房价，某个角度上都是这一矛盾持续深化、积重难返的产物。迄今能够成功应对这一挑战的地方政府和企业屈指可数。

因此，最近十多年来重庆高潮迭起，并在中国经济整体进入增速放缓的“新常态”的情况下拔得经济增长头筹（2015 年重庆经济增长速度在全国各省份中名列第一），既离不开中国宏观经济背景的重大转变，也离不开重庆适应金融资本规律的系统性的发展创新。重庆的第三次工业化和金融化并驾齐驱，成为金融资本异化于产业资本这个普遍规律下为数不多的一个发展特例，个中经验值得认真研究。

以下为课题组提炼出来的几条关键经验。

第一，以土地作为杠杆，去撬动庞大的存量资产。

2002 年年末，重庆组建城投公司、地产集团、高发司、建投公司、开投公司、交旅集团、水投集团、水务集团等八大政府性投资集团。这“八大投”初期主要依靠土地储备为杠杆，用土地作为抵押来获得银行贷款和发行企业债券，进行城市基础设施建设。① 由于土地价值正处于上升期，以建设—移交（BT）模式开展基础设施

① 后来出台的地票制度设计，其主要功能并不是通过交易市场来发现土地的市场价值，而是在国家土地增减挂钩、占补平衡的政策要求下，通过农村社区建设用地整理源源不断地释放出建设用地指标。由于地票市场可以将土地指标攒零为整，因此避免了很多地区整村拆迁导致的矛盾激化等问题。

建设相当于资金套期，则既解决了项目启动时的资金稀缺难题，又使土地的增值收益牢牢把握在自己手里。

第二，地方政府利用隐性资源建立“价值化债务转换机制”，构成企业债务与固定资产和银行金融资产对接起来的通道。

这是通过著名的渝富公司完成的。渝富公司先以省级政府的经济辖权为支撑，获得国家开发银行17亿元贷款；其后以打包打折的方式以21.5亿元收购重庆工行157亿元（本息）不良贷款，再对这些不良资产进行解包出售。各债务企业可以用现金和土地抵押对资产同样打折赎回，如果没钱就实行债转股。渝富公司用所得收入来归还国开行贷款，并对持有股权的企业资产进行跨公司重组，将土地或现金资源注入公司，使其能符合银行的信贷条件而获得贷款。这样就把僵尸资产变成了正常资产乃至优质资产。由此，重庆不仅借国家金融力量消解了部分上一轮东部沿海开放导致西部被边缘化的过程中形成的债务负担，还形成了在新一轮宏观经济景气周期中借势而起的基础。

重庆位于西南山区，其土地资源开发本不具有区位优势，也因企业大面积亏损而不易受到资金眷顾，但在21世纪初全球产业向中国转移推动一个资产价格上涨的长波、城镇化进程在各地方兴未艾之际，用在地化的土地资源去与最具有流动性的资金要素结合，获得了重庆开展第三次工业化的第一桶金。有了对土地和资金这两大要素的配置主导权，如下创新便可以乘势推进。

第三，打造综合性的地方金融体系，和地方以基础设施建设和产业结构提升为主要内容的实体产业发展互为表里。

在金融放贷权上归中央的条件下，地方金融的作为空间被压缩。重庆统筹地方经济发展的核心经验有三条：一是打造地方综合金融体系，综合利用企业债、城投债、证券、信托、股票、银行贷款等多种金融工具，消解实体资产投资沉淀性的不利影响，实体资产信用化，信用收益内部化，包括机构投资者在内的大量民间资本源源不断流向重庆，补充重庆大规模开发的资本需求。二是在综合金融平台的基础上，将“全资产”作为金融信用来源，来代替传统的“现金流”金融（以收益率等流量型指标作为贷款依据），满足基本建设和产业结构提升中资金沉淀量大、回收期长的需求，推进实体资产与金融资产协调发展，互相借力，防止金融领域泡沫化。三是实体产业综合扩展，既加强道路、桥梁等城市基础设施建设，也引进惠普等高端外资制造业促进本地形成完整的产业链条，同时繁荣本地中小企业。通过全面涵盖各种投资层次和就业渠道，既巩固了地方金融生态环境的经济基础，也实现了发展收益面向全社会的分配，提高了发展的包容性和可持续性。

第四，畅通上述综合收益（课题组称为“总租”）的分配渠道。

与一般地区土地—资金的二元结构不同，重庆构建了土地—金融—实体产业的三角形资产结构，重庆在土地、劳动力和产业发展上的全面动员，客观上要求形成全民都有获得感的分配机制，才能维持这种动员机制的持续运作。

由此形成课题组对重庆“五大战略”之“民生重庆”和“平安重庆”的政治经济学解读：只有通过国家介入洗出灰色资本，才能重构如上综合收益对国资、外资、民资的顺畅的分配渠道。

第五，是地方政府代行国家体制产生了超额制度收益。

重庆市市长黄奇帆认为，一般地方只有一个税收财政，而重庆还有第二财政和第三财政。第二财政是基金财政，即国家基于专项目标而转移支付的各项基金，包括西部大开发等多项国家战略的生态补偿、移民安置、经济发展、交通运输等多个方面。①

除此之外，中央政府对重庆还有多项制度赋权，比如在金融结

① 第二财政是重庆国资企业资产增值所产生的收益。

算和海关通关上，使重庆拥有了获取超出一般地方的制度收益的机会，也可以一定程度上作为“区域次中心”对周边五省进行跨区域整合，重庆当然也会由此占有一份超额的制度收益。

综上，重庆地处内陆山区，能够形成资本积累的资源禀赋极差，因此“三次工业化”都是依靠国家投资而形成的，这种国家赋权服从的是国家整体安全。重庆当前正在进行的第三次工业化也是如此，虽然主观战略设计上似乎不那么清晰，但从国家经济布局的客观调整来看，国家财政资源、制度资源下沉西部，对于纠正中国长期偏重于东部沿海地区而使整体经济安全受到挑战具有重要的正外部性，因此，国家赋权与地方发展创新在重庆形成了双赢格局，对于破解20世纪80年代地方工业化以来形成的中央承担最终风险条件下的地方政府公司化竞争，从而导致中央风险与地方竞争双输困境，具有重要意义。

附　录

课题组已发表英文文章摘要

I

人—机—环境系统工程在金融创新及中央银行转型中的应用研究

黄胤英　胡志浩

本文运用人—机—环境系统工程研究框架解析金融创新及中央银行转型。主要研究目标和结论是：中央银行（“人”）需要顺应金融市场化（“环境”）的长远发展趋势，改变原有的临时、被动应对危机的事后机制，应持续、主动进行货币政策工具（“机”）创新，疏通政策传导机制（“机—环境关系”），积极打破传统职能范围，创建新型“人—机—环境系统”关系，才能达到有效控制金融风险，实现“安全、高效、经济”的目标。

人—机—环境系统工程是运用系统科学理论和系统工程方法，正确处理人、机、环境三大要素的关系，深入研究人—机—环境系统最优组合的一门科学。通常，人—机—环境系统可分为三大类：简单人—机—环境系统、复杂人—机—环境系统和广义人—机—环境系统。人—机—环境系统工程不仅在自然科学领域有广泛应用，在社会科学领域亦有很强的理论与实践指导意义。本文将货币市场定义为一个广义的人—机—环境系统，并试图以人—机—环境系统工程的研究方法对现代金融创新及中央银行货币政策体系转型进行论述，探讨人—机—环境系统工程在中央银行货币政策研究中的应用。

2008 年国际金融危机以来，美联储创建的各类新型操作工具，已经远远超越了中央银行只能向商业银行提供资金支持的传统职能。美联储开始通过创建定期存款便利（TDF）等新工具（新“机”）

来弥补联邦基金利率等传统政策工具（旧“机”）的失效，向金融市场直接注入流动性。在其货币政策报告中也已多次重申“国际金融危机以来，以传统公开市场操作手段调节准备金规模来控制联邦基金利率的宏观调控手段已逐渐失效，联邦基金利率对准备金调节的敏感度已经降至历史最低”。由此，中央银行宏观调控的基础（“环境”）变化引发的货币政策操作工具（“机”）、传统机制（“机—环境”关系）的变化，反映出美联储当前主要调控机制已经转变为直接调控市场流动性的新范式（新“人—机—环境系统”）。

本研究结合“人—机—环境系统工程”理论，论证了：在金融体系市场化进程中，在宏观调控的“环境”（即金融市场）将不断变化的背景下，中央银行需要顺应市场化的长远发展趋势，改变原有的临时、被动应对危机的事后机制，应力求持续、主动进行货币政策工具的创新（即“机”的创新），疏通政策传导机制（即转变“机—环境关系”），并敢于积极主动打破传统职能范围，才能达到有效调控市场的预期，并有效地控制金融风险，防范金融危机，即达到人—机—环境系统中的“安全、高效、经济”的最终目标。

Application of Man-Machine-Environment Systems Engineering in Financial Innovation and the Transition of Central Banks

Yinying Huang and Zhihao Hu

To analyze the financial innovation and the transition of central bank, the research framework of man-machine-environment system engineering

(MMESE) on this field is proposed in this paper. The main conclusions are: central banks ("man") needs to comply with the long-term trend of marketization of financial market ("environment"), to change its temporary and passive crisis aid system afterwards into active continuous innovation of monetary policy tools ("machine") and policy transmission mechanism ("machine-environment relationship"). With breakthrough in its traditional function, the central bank can create a new "man-machine-environment system" to control financial risk and ultimately achieve its "safety, efficiency and economy" objectives.

Man-Machine-Environment System Engineering is a science employing systematic scientific theory and engineering approaches, dealing with the relationship between three factors, namely man, machine and environment and doing further research on the optimal combination of man-machine-environment system. In general, man-machine-environment can be divided into three categories: simple man-machine-environment system, complicated man-machine-environment system and generalized man-machine-environment system. Man-Machine-Environment System Engineering can be widely used not only in the field of natural science, but also has a strong theoretical and practical guiding significance in the field of social science. This article defines financial system as a generalized man-machine-environment system and attempts to state modern financial innovation and transition of monetary policy system of central banks by the research method of Man-Machine-Environment System Engineering and discusses the application of MME in research of monetary policy of Central Bank.

Since global financial crisis in 2008, various kinds of operation tools created by the Federal Reserve has gone far beyond the traditional functions that central banks can only provided financial support to commercial banks. The Federal Reserve has begun to compensate for the limitation of effect of traditional policy tools including federal funds rate (traditional "machine") by creating new tools such as term deposit facility to fill in the liquidity directly to financial market. Its monetary policy reports have also restated for several times, "Since international financial crisis, macro-control means by adjusting scale of reserve funds to control interest rate of federal rate through traditional open market operation has failed gradually and degrees of sensitivity from federal funds rate on adjustment of reserve funds has fallen to the lowest level in history." Thus, change of monetary policy tools ("machine") and that of traditional mechanism ("machine-environment" relationship) provoked by change of base of central banks' macro-control reflects that the current regulatory mechanism of the Federal Reserve has been transmitted to the new paradigm of regulating market liquidity directly (new "machine-environment" relationship).

With the Man-Machine-Environment theory, the conclusion of this analysis could be as follows: In the marketization process of financial system, under the background of continuous change of macro-control "environment" (as financial market), central banks are required to comply with the long-term development trend of marketization, to change its temporary and passive crisis aid system afterwards into active continuous innovation of monetary policy tools ("machine") and policy transmission mechanism ("machine - environment relationship"). With proactive breakthrough in its traditional functions, expected efficient control of financial risks can be reached. Central banks are also required to control financial risks efficiently and keep the financial crisis away, which means to achieve the final objectives of "Safety, efficiency and economy" in man-machine-environment system.

Ⅱ

粮食金融化与中非农业合作

薛翠　等

金融资本主导全球化已经造成的“粮食金融化”（亦称“粮食美元化”），是导致全球粮食安全形势严峻、造成粮食进口依存度高的低收入国家发生动乱的最重要因素。本研究以国际金融资本全球化为研究视角，分析21世纪的粮食安全问题，尤其关注中国与非洲在粮食金融化下共同合作，应付粮食与金融两重风险。

目前，全球小麦、玉米、稻谷和大豆市场的供求处于基本平衡状态，没有明显的供需缺口；而在价格方面，国际粮价近年来却剧烈波动，明显脱离了供求基本面。这表明，国际粮食市场的供求关系并不是构成粮价剧烈波动的最主要因素。同时，国际粮食价格的剧烈波动与美国数次量化宽松的货币政策存在紧密联系。

自华尔街金融海啸爆发、美国政府采取“超级量化宽松”政策向世界转嫁通货膨胀以来，美元的大量增发，造成越来越多的过剩流动性冲击粮食市场，导致粮食市场价格出现剧烈波动；粮食市场同时成为过剩金融流动性的“垃圾消纳场”，粮价的一次大起大落就能替西方主导国家制造的过剩流动性做消化：这两方面都显示出粮食市场的运行脱离物理层面，而被人为创造出“粮食的金融属性”。

在美元过量增发条件下，大量过剩流动性源源不断地强化着直接冲击粮食期货市场的投机性金融资本，造成粮食的金融属性与传统意义的产销供求等价格生成条件的脱节愈益凸显，进而形成金融投机资本成为粮食期货市场价格异常变化的主要因素，也成为导致世界范围的粮食危机的主要因素。国际市场粮食金融化对国际社会造成严重影响，包括国际粮食价格剧烈波动和高价运行，“单一经济”国家陷入饥荒以及北非、中东街头动乱和政权危机。

本研究旨在面对这种新的形势，即全球化竞争下的粮食金融化是威胁全球粮食安全的最重要因素，在粮食金融化的框架下探讨如何更好地保障中国与非洲的粮食安全。

GrainFinancialization and China-Africa Agricultural Cooperation

SIT Tsui et al.

The globalization led by financial capital has already resulted in “grainfinancialization” (or grain Dollarization), which is the most important factor giving rise to the grave situation in global food security, as well as turmoil in low-income countries that rely heavily on grain imports. This research studies and analyzes food security issues in the 21st century in the context of international financial globalization. In particular, it pays special attention to China-Africa cooperation in the context of grain financialization in order to deal with the dual risks existing in grain and financial markets.

At present, the global supply and demand of wheat, maize, rice and soybeans are essentially in a state of equilibrium, without obvious gap between two sides. It indicates that the supply-demand relationship in international grain market is not the main factor that causes severe fluctuations in grain prices. Rather, there is a close correlation between the severe fluctuations in international grain price and the several rounds of quantitative easing in the United State's monetary strategy.

Ever since the financial crisis erupted in the Wall Street in 2007, the US government adopted a "super quantitative easing" strategy to transfer the costs of the crisis and triggered inflation globally. The enormous amount of US dollars thus issued has produced increasing surplus liquidity which then gushed in the grain market, leading to wild fluctuations in grain market prices. The grain market has become the "garbage dump" of excessive financial liquidity. Every major rise and fall functions to digest the surplus liquidity that has been produced by the dominant nations in the West. Both these two aspects show that operation of the grain market has gone beyond the normal realm and the "financial properties of grain" has been artificially created.

Under the condition of over-supply of US currency, the large quantity of surplus liquidity continues to strengthen speculative financial capital, which is impacting on the grain futures market, creating an increasingly obvious mismatch between the financial properties of grain and the pricing conditions (production-sale, supply-demand etc.) in the traditional sense. Financial speculative capital has therefore become the main factor of the abnormal price fluctuations in grain futures market, and also the main reason in causing the food crisis around the world. Grainfinancialization has serious impacts on international community, including fluctuations in grain market and persistent high price level. As a result, "mono-economy" countries have fallen to starvation. We witness street riots in the Middle East and various other crises of sovereignty.

This research aims to confront the new situation— "grainfinancialization" under globalized competition becoming the main factor that threatens global food security—to investigate how to better protect food security in Africa and China within the framework of grain financialization.

后　记

本书是课题组所承担的国家社科基金重大项目“作为国家综合安全基础的乡村治理结构与机制研究”（14ZDA064）的阶段性研究成果汇总（中期报告）。

国家安全问题既有很强的现实性，也是一个历史范畴。从近代史起点的1840年鸦片战争开始，中国如何维护完整独立的国家主权、实现长远国家安全，一直就是最为紧迫的命题，中国人前赴后继奋斗了百余年，今天仍然在延续着这一未有穷期的历史脉络；在这个被认为是“撞击—反射”的所谓文明冲突过程中，致力于“启迪民智、开发民力”的乡村建设运动也薪火相传了百余年。

但“乡村建设不只是建设乡村”，其与国家安全的相关性早就有文字阐述。20世纪的乡建大家、文化上由儒而释的梁漱溟先生就强调过：“我所主张之乡村建设，乃是解决中国的整个问题，非是仅止于乡村问题而已。建设什么？乃是中国社会之心的组织构造（政治经济与其他一切均包括在内）……”这段话跨越茫茫时空，与马克思之语“哲学家只是在用不同的方式解释世界，而问题在于如何改变世界”，不期然而然地呼应着。

另一重跨越历史的遥相呼应是行动上的。21世纪初，课题主持人温铁军教授与海内外几家积极改良的社会力量合作，共同发起了民间为主的乡村建设运动。初创之艰辛朴陋自不必提，中途之波折多舛亦不足言，可堪慰藉的是，时隔百年，当代学者这一自觉承续前贤的努力已然“桃李不言，下自成蹊”。

值此，课题团队的另一种使命感油然而生：当代人既在实践行动上与前贤相应相和，在理论建构上也自当勉力为之！以此，系统阐释乡村建设与国家安全的关系，就不仅是本课题要完成的一个科研任务，更是一项对历史延续的归纳。据此，这份中期报告，也是课题团队告慰先人、立此存照、以启后人的一个工作成果。

这个中期报告，是课题组成员十余载甚至几十载持之以恒努力的结晶。如果没有课题主持人及志同道合者在几十年海内外调查和区域比较研究中形成的宏观和历史的多学科综合研究积累，没有分布在全球各地（高校、试验区、社会组织等）的乡建行动研究者们十多年来的思考交流、实践积累及与主流理论的碰撞，没有在大量调查研究中已经锻炼得十分过硬的科研团队，课题组确实不可能在短期内拿出一个内容丰富、视角广阔的项目设计，以及呈现在读者面前的这个中期成果。

诚然，之所以说这个中期报告只是这个涉猎广泛的课题组团队作战的成果之一，也是希望读者能够借此窥一斑而知全豹地了解我们团队的视野和积累。除本课题以外，近年来我们还开展了全球发展中国家比较研究，既包括新兴国家研究，也包括深陷于发展陷阱不能自拔的南方国家研究；中国区域发展比较研究，目前已经形成了对苏南、岭南、重庆、杭州、广西左右江、苏州工业园区等的系列研究成果；粮食金融化问题研究；农村金融问题研究；乡村冲突原因及转化机制研究；农村组织创新与制度创新研究等国内经验为主的研究领域，提出了“农户理性与村社理性”“外部性风险的内部化机制”“从农业 1.0 到农业 4.0”“‘三农’与‘三治’”等概念和成本转嫁理论。同期，还在国际比较研究中创新性地提出了全球化研究中“国家竞争的微笑曲线”，发展中国家研究中的“主权外部性”“南方陷阱”等思考。简列如下（纵向课题 10 项，其中社科基金课题 5 项、教育部课题 3 项、自科基金课题 2 项）：

1. 城乡二元结构下改善社会治理研究（15FXA003），北京市社科基金项目

2. 作为国家综合安全基础的乡村治理结构与机制研究（14ZDA064），国家社科重大项目

3. 粮食金融化与我国粮食安全战略研究（14BGJ048），国家社科一般项目

4. 中国工业化历程简明读本（12JPJ013），教育部人文社科项目

5. 我国农村金融体系建设与机制创新研究（07JZD0009），教育部人文社科重大项目

6. 通过新农村建设促进国际金融危机条件下中国经济社会的和谐和可持续发展（2009JYJR023），教育部人文社科应急项目

7. 完善社会管理与维护社会稳定机制研究——农村对抗性冲突的原因及其化解机制研究（07&ZD048），国家社科重大项目

8. 社会主义新农村的农田水利设施建设与管理问题研究：制度创新、组织创新与农民本位（70641020），国家自然科学基金项目

9. 建设社会主义新农村目标、重点和政策研究（06AJY003），国家社科重点项目

10. 中国农村城镇化进程与对策研究（79941019），国家自然科学基金项目

11. 建立农村投资长效机制课题研究，横向，国家发改委

12. 全球粮食发展趋势与我国的粮食安全，横向，国家粮食局战略性课题

13. 新兴国家包容性增长网络项目，横向，联合国开发计划署（中国）

14. 南南合作知识分享，横向，联合国开发计划署（中国）

15. 广西左右江革命老区规划，横向，广西发改委

16. 传统乡村治理模式对构建城市社会复合主体治理的借鉴，横向，中共杭州市委

17. 社会复合主体治理模式研究成果推广，横向，中共杭州市委

18.“基于我们”的社会主体结构和治理方式创新，横向，中共杭州市委

19. 网络状、生态型社会结构与和谐创新的经济运行，横向，中共杭州市委

20. 苏州工业园区二十周年总结，横向

这些已经被社会认可的理论思考和经年累月的调查研究，是本课题中期报告能够顺利完成的基础。

国家安全问题是一个宏大、综合而且现实形势不断变化的范畴，本课题在立项设计时就着力于多学科领域协作的交叉学科创新，因而尤其强调跨学科、跨校的团队合作。本课题由中国人民大学团队与两个子课题的执行单位——福建农林大学、西南大学团队，会同重庆大学、中国农业大学、香港岭南大学、梁漱溟乡村建设中心、晏阳初平民教育发展中心、国仁城乡科技发展中心（小毛驴市民农园）、江苏省常州市姬山书院、各地爱故乡协会（促进会）等多个参与单位共同形成理论框架、研究方案和调研计划，协同开展工作。大家在思想上多元共生，行动上参商各异，本是我们身处其中的这个“知识群体+小资社会”之常态，遂有综合各种意见最后由课题主持人在理论框架和实地调研方面进行最后的统一协调。

本课题除了调研执行当中出现很多需要统筹协调的情况之外，也遇到了一些其他实际困难，如课题组有的老师身患重病不得不退出，有的老师因家人患重病难以亲自深入基层调查，有的子课题需要根据变化情况更换主持人；另外，一般深入农村调查就难以得到正规发票，这恰与上级按照政府财务模式加强对项目经费的审计不

期而遇……凡此种种，都给课题执行和调整有关的主管部门造成很多麻烦。课题组对此深表歉意，也感谢主管部门的大度和宽容。

课题组于2014年9月、12月先后在子课题的执行单位福建农林大学经济学院（海峡乡村建设学院）、西南大学中国乡村建设学院举办了子课题的开题研讨会；2015年5月在中国战略与管理研究会支持下于北京钓鱼台国宾馆举办了总课题的开题会；2015年9月在北京北坞村举行了课题中期报告及理论务虚会。

课题组于2014年12月派团队成员赴台湾地区调研一个月；2015年7月、8月间组织了7支，共50余人参加的调研团队，分赴黑龙江、陕西、山西、甘肃、宁夏、内蒙古、河北、河南、江西、福建、浙江、广西等地，对将近50个村庄开展调研；2015年11月组织了3支调研队伍，分赴江苏、安徽的三个村庄开展调研；2016年1月组织了河北调研；2016年4月组织了湖南调研。

课题获批之后开展的境外调研有：刘健芝、薛翠分别在2014年7—8月赴英国、法国、墨西哥、秘鲁调研，2014年8月赴越南调研，2014年10月赴马来西亚调研，2015年3月赴泰国、突尼斯调研，2015年7—8月赴巴西调研，2015年10月赴印度尼西亚调研，2016年3月赴波兰、日本调研。

团队指导海外学生开展的国内调研有：Christof Lammer（谢帅东）于2014年9月—2015年9月在四川资阳市简阳市做深度调研；Ibrahima Niang（梁汉礼）于2015年在北京、广州、义乌开展调研；Tung-yi Kho（许统一）在深圳开展了总计超过30个月的调研；James Peter Francis Oswald（区吉民）于2014年两赴浙江浦江县调研，2015年在山东章丘市、平邑县，河南的弘农书院调研。

科研团队中参与本课题调研、写作、协调等任务的人员如下：

董筱丹担当项目综合协调，牵头起草了课题申请书，统筹和带领课题调研，参与历次讨论；黑龙江省政协热心组织大学生下乡的领导同志对问卷资料和调查研究提供了帮助；著名学者张晓山、沈原、刘伟平等多次与首席专家交流意见；计晗和高俊参与了课题申请书写作，带队进行多次实地调研，并负责编制课题的财务预算和处理财务工作；李行、兰永海、薛翠、张兰英、潘家恩、杜洁、杨帅、张晓蕾、刘雨晴、余甜等参与了课题申请书起草；何慧丽、张兰英、谷苇、潘家恩、邱建生、杜洁、刘传磊、石嫣、黄志友、白亚丽、何志雄、刘良、张斌、孙远东、杨云标、王茜、黄圣仙、刘伟国、程金台、邓清波等协调推荐调研点，帮助招募、组织学生；刘健芝、薛翠、黄德兴、严晓辉等承担了与国外合作机构的协调工作，在海外发表了多篇相关文章；刘伟平、潘家恩进行了大量的历史文献搜集和研究工作；杨帅、邱建生、王海侠、兰永海、侯宏伟、张俊娜、何志雄、罗士轩等人带队下乡调研，潘家恩、杜洁、刘传磊、黄胤英、兰永海、吕程平、倪坤晓、余翔、王淑羽、褚贤祥、张津、侯婷艳、刘亚慧、唐溧、韩山、刘岚、蔡哲毅、王翼、罗荣弟、刘鹏举、柳芳叶、潘婷、余鹏、林民悦、龙辣等五十余人参加了调研和写作；杜洁、张俊娜承担了两个子课题的综合联络工作。

历次会议上参与观点讨论的专家有（以姓氏拼音为序）：艾恺、陈传波、陈国樑、陈卫平、陈熙、丁建庆、丁宁宁、范焕谦、范水生、房宁、甘满堂、高梁、郭琼虎、郭为桂、黄跃东、黄志友、江涌、蒋年荣、康晓光、兰思仁、冷尚书、李莹星、连文、梁钦宁、梁钦元、廖晓义、刘飞翔、刘金龙、刘庆亮、刘欣华、卢国、罗加玲、毛飞、Marissa B. Espineli、庞晓鹏、仇焕广、生吉萍、石嫣、孙恒、孙永生、谭淑豪、唐宜存、陶育民、仝志辉、汪三贵、王姮、王佳、王松良、王西琴、王湘穗、王志刚、辛毅、徐家祥、徐以升、晏鸿国、尤婧、苑鹏、张木生、张孝德、赵法生、赵义熙、郑风田、周常勇、周立、朱启臻、朱乾宇、庄佩芬等。

课题组战略合作单位东方出版社有关领导参加了课题研讨会，

郭国编辑在书稿整理和出版中不遗余力地给予支持；中国人民大学、福建农林大学、西南大学的有关部门和领导对课题申请、执行提供了良好的条件；各调研地点对本课题的实地调研工作给予了充分保障。

应该说，迄今课题组完成的所有工作都是多方密切合作进行的集体劳动的成果。只是，当前高校考核制度很难适用于跨校的科研团队建设。本书综述由张俊娜起草，其他内容由本课题开展以来陆续发表的论文结集而成，以福建农林大学团队名义发表。本书即将付梓之际，福建农林大学团队成功申请到福建省人文社科基地——乡村建设与社区营造研究中心，我们的研究又多了一个良好的资源平台。

“山雨欲来风满楼”，与课题立项时的 2014 年比，中国在 2016 年面临的外部风险输入的压力更大，形势更加严峻。我们多年来强调利用乡土社会来吸纳风险从而帮助危机软着陆，一方面仍然是中国历史上屡次行之有效的经验；另一方面，其在危机严峻的压力下又往往更多地被短视者轻易破坏。亡羊补牢，犹未为晚，希望本书的提示在当下能够受到更多人的重视，引发更多的“居危思危”的思考。

课题组全体成员

2016 年 5 月 30 日

图书在版编目（CIP）数据

居危思危：国家安全与乡村治理 / 福建农林大学课题组等 编著. —北京：东方出版社，2016. 3

ISBN 978-7-5060-8982-1

Ⅰ. ①居…　Ⅱ. ①福…　Ⅲ. ①国家安全—研究—中国 ②农村—群众自治—研究—中国　Ⅳ. ①D631 ②D638

中国版本图书馆 CIP 数据核字（2016）第 058503 号

居危思危：国家安全与乡村治理

（JUWEI-SIWEI：GUOJIA ANQUAN YU XIANGCUN ZHILI）

编　　著：福建农林大学课题组　温铁军　张俊娜　邱建生

责任编辑：李　烨　吴晓月

出　　版：东方出版社

发　　行：人民东方出版传媒有限公司

地　　址：北京市东城区朝阳门内大街 166 号

邮　　编：100010

印　　刷：北京明恒达印务有限公司

版　　次：2016 年 7 月第 1 版

印　　次：2024 年 7 月第 17 次印刷

开　　本：660 毫米×960 毫米　1/16

印　　张：25. 75

字　　数：334 千字

书　　号：ISBN 978-7-5060-8982-1

定　　价：62. 00 元

发行电话：（010）85924663　85924644　85924641